수수께끼 같던 영혼몸의 비밀이 풀린다

하나님나라 관점에서 본 인간, 구원, 삶의 통합적 이해

수수께끼 같던 영혼몸의 비밀이 풀린다

손기철

규장

영혼몸과
하나님나라 복음의 비밀

오랜 세월 동안 신앙생활을 하면서 다른 교단과 교파의 교리를 알게되고, 서로 상충되는 주장들을 접하면서 진리에 대한 혼돈과 목마름 그리고 그에 따른 자유롭지 못한 신앙생활을 경험하게 되었다. 특히 만약 내가 처음 신앙생활을 할 때 지금과는 다른 교단에서 신앙생활을 시작했다면 그 때도 지금과 같은 교리를 견지(堅持)하게 되었을까 하는 의문이 항상 따라다녔다. 또한 성경 말씀을 번역된 용어 그대로 받아들이면 문맥적으로 뜻이 애매모호하거나 하나님나라의 관점에서 통합적으로 이해하고자 하면 할수록 혼돈을 일으켜 두루뭉술하게 받아들일 수밖에 없었다.

본서는 2005년에 하나님께서 저자에게 하나님나라의 복음을 전하라고 말씀하신 후부터 지금까지, 그 일을 위하여 성경 말씀에 대한 묵상과 기도, 동서고금을 아우르는 폭넓은 신앙 독서, 하나님의 창조 섭리와 인간의 존재를 이해하는 데 도움을 주는 물리학, 생물학, 뇌 과학, 심리학에 대한 연구, 성령의 역사에 대한 체험을 통해서 얻은 결과물이다. 수많은 혼돈과 혼미 속에서 주님께서는 성령님을 통하여 하나님나라 사고방식(kingdom mentality)을 가지게 하셨고, 거짓자아에서 벗어나 그리스도 안에서 그리스도 의식으로 내 마음의 생각과 감정을 보게 하셨다. 그 결과 뇌에 저장된 경험과 지식에 기초한 선악의 판단이 아닌, 성령을 통하여 심중(헬, 카르디아)에 기록된 말씀으로 하나님의 뜻을 분별하는 것이 무엇인지를 조금씩 경험하게 하셨다. 이 책은 지금도 그렇게 살고자 매일 믿음의 선한 싸움을 싸워 나가는 과정에 대한 기록이다.

지금까지 인간의 존재에 대한 질문인 '영혼몸'이나 '구원의 여정'에 대해 개별적으로 다루는 책들은 있었지만, 하나님나라 복음의 관점에서 구원의 여정을 영혼몸의 상태와 긴밀하게 연관 지어 기술한 책은 거의 없었다고 생각한다. 따라서 본서의 목적은 하나님나라의 관점에서 구원론과 인간론을 통전적으로 보고, 그 결과로 실천적인 측면에서 영성의 두 길(거짓자아의 관점에서는 자아부정의 길, 그리스도 안에 있는 자아의 관점에서는 자아긍정의 길)을 통합해보고자 하는 데 있다.

집필 목적을 달성하기 위해서 본서는 인간의 구성 요소인 영혼몸이 무엇을 의미하는지에 대한 질문을 세밀하게 살펴보는 미시적인 관점보다는, [2천 년 전 성경의 저자들이 예수 그리스도께서 이루어가시는 인간의 구원 여정을 그 당시 이원론과 영지주의라는 비복음적 가르침을 배격하고, 그 시대의 사고방식인 헬라적 개념과 용어로 전인적 통일체(psychosomatic unity)인 하나님의 자녀됨과 그 실제적인 삶을 기술한

것을| 거시적인 관점에서 오늘날 통용되는 개념과 용어로 분석함으로
써 하나님나라의 비밀을 전하고자 하는 데 중점을 두었다. 따라서 저
자나 문맥에 따라서 다양하게 사용되고 있는 히브리어나 헬라어 용어
의 용례나 의미를 이 흐름에 맞는 주 의미로 제한시켜 설명하고자 했
다. 그렇게 하지 않으면 물줄기의 흐름을 보지 못하고, 물속 돌멩이를
제거하는 데 초점을 둘 수밖에 없기 때문이다.

　이 책은 총 7장으로 나누어져 있다. 전반부 1-4장까지는 하나님나
라의 관점에서 구원의 여정 가운데 있는 그리스도인의 존재를 영혼몸으
로 설명하고자 했으며, 후반부 5-7장까지는 중생한 그리스도인이 어
떻게 구원을 이루어가야 하는지를 현재적 하나님나라의 관점에서 보고
자 했다. 이 과정을 설명하기 위해서 하나님의 영에 속한 혼의 구원함
의 중요성과 더불어 구원의 여정을 초림뿐만 아니라 재림의 관점에서,
그리고 차원의 관점에서 설명하고자 했다. 그 결과 독자가 하나님나
라의 비밀을 비유로 쓴 성경의 말씀을 볼 때 두 차원으로 이해하게 되
고, 진정한 주체를 파악하게 되고, 그리스도 안에서 주의 말씀을 이루
는 삶이 무엇인지를 체험하도록 했다. 그리고 그것을 통해서 궁극적으
로는 실제 삶에서 자기를 부인하고 자기십자가를 짊으로써 거짓자아
로부터 벗어나 그리스도 안에 거하고, 그리스도 의식으로 그의 나라와
의를 구함으로써 말씀의 실체를 삶에서 경험해 나가는 데 도움을 주고
자 했다.

이 책의 내용은 이전에 이 주제에 대해서 깊이 있는 묵상이나 심도 있는 내적 고민과 씨름을 해보지 않은 독자는 물론, 그렇게 해본 독자에게도 조금은 어렵게 느껴질 수 있을 것이다. 왜냐하면 자신의 기존 생각과 감정을 부인하고 내려놓는 것은 결코 쉽지 않기 때문이다. 그것은 곧 자신을 포기하는 것이라고 여기기 때문에, 많은 경우 진리의 말씀을 듣기는 하지만 무의식 가운데서는 오히려 자신을 지키기 위해서 그 말씀을 이용하여 더 견고한 진을 쌓기도 한다. 그러나 예수님께서는 하나님나라의 실제적인 삶을 살기 위해서 새 술은 새 부대에 담아야 한다고 말씀하셨다. 진리의 말씀은 영이고 생명이며 우리 내면의 상태를 비춰주는 거울이다. 말씀(새 술)으로 우리의 생각과 감정을 변화시키기 위해서는 먼저 내면의 견고한 진(믿음체계, 헌 부대)을 변화시켜야 한다. 이것은 결코 우리의 힘과 노력만으로는 불가능하며 오직 진리의 성령님의 도우심으로만 가능하다(고전 2:9-10).

댐의 둑은 한 번에 무너지지 않는다. 처음에는 둑의 일부에 실금이 가지만 점점 더 압력이 가해져서 임계점을 돌파하는 순간 그토록 견고해 보였던 둑이 갑자기 터진다. 진리의 말씀으로 우리의 견고한 진을 부수는 것도 이와 비슷하다(고후 10:3-5). 처음에는 도통 무슨 말인지 이해가 되지 않고 도저히 받아들일 수 없을 것 같을지라도, 그리스도 안에서 성령님의 조명하심을 통해 말씀을 계속 읽고 듣게 되면 어느 순간에 모든 것이 한꺼번에 이해가 되고, 그동안 진리에 대한 내면의 저항감이 사라지게 되어 말씀의 실체를 체험하게 된다. 그럴 때 이전에는 누려보지 못했던 자유와 해방감을 느끼며 자신의 상태와 처지에 상관 없는 평강과 기쁨을 경험하게 될 것이다.

만약 내용이 선뜻 다가오지 않는다면, 먼저 유튜브에서 '수수께끼 같던 영혼육의 비밀이 풀린다'를 찾아 들어보고, 또한 각 장의 핵심 요약을 읽은 다음 이 책을 정독해보기를 권한다. 진리에 대해서 알고 배우고자 하는 마음으로 읽지 말고, 예수 그리스도 안에서 하나님의 자녀로서 지혜, 의로움, 거룩함, 구원함을 이미 가진 자로서 읽어보라. 그때 진리의 영이신 성령의 인도함을 받게 될 것이다. 특별히 각 장에 나오는 말씀 중 영, 혼, 영혼, 육, 몸, 마음, 생각 등으로 번역된 단어의 괄호 속 히브리어나 헬라어 원어의 뜻을 생각하며 읽어보라. 당신이 지금까지 깨닫지 못하고 난해하던 말씀이 영이요 생명이 되어 당신의 마음을 꿰뚫고 들어오고, 당신의 영이 기뻐하는 것을 체험하게 될 것이다.

진리를 생명이 아닌 개념으로 또는 지식으로 받아들이거나 진리를 인간적인 의지로 믿으려고 노력한다면, 설령 머리로는 진리를 이해한 것 같아도 진정한 삶의 변화를 경험할 수 없고, 오히려 책을 덮고 얼마 지나지 않아서 다시 옛날 사고방식으로 되돌아가게 마련이다. 그래서 이해와 판단 이전에 믿음체계와 사고방식을 변화시킴으로써 말씀을 믿는 것이 아니라 믿어지도록 하기 위해 핵심적인 내용은 반복적으로 기술하였다.

특별히 이 책을 한평생 자식을 위해 헌신하신 자친(慈親) 배숙재 권사와 모든 것을 다 품고 다 주시고도 아무것도 기억하지 않으셨던 장모님 고 조유순 권사에게 헌정(獻呈)하고자 한다. 또한 이 책이 세상에 나오는 데 큰 힘이 되어준 HTM 파트너와 화요말씀치유집회를 시청하는 성도들에게 깊은 감사를 드린다. 그 분들의 복음에 대한 갈망, 새로운 삶을 살고자 하는 열정 그리고 계속되는 질문이 내 자신을 늘 주님 앞에 서게 하고 새롭게 하는 원동력이 되었다. 그리고 이 책의 내용을 전하고 책으로 편집하는 데 정보를 수집하고 정리해준 HTM 신학부의 송영호 목사님에게 감사를 드린다. 그와 나눈 대화는 늘 큰 즐거움이었다. 또한 어려운 시대에도 복음 전파의 사명을 다하기 위해 매일 간절한 기도로 돌파해 나가는 규장 출판사의 여진구 대표와 모든 직원들의 노고(勞苦)에 감사의 마음을 전한다.

이 책이 많은 성도들로 하여금 하나님나라의 실제적인 삶을 살도록 하는 데 도움이 되는 것을 믿음의 눈으로 바라보며, 하나님께 감사와 영광을 올려 드린다.

Veritas Vos Liberabit

HTM 센터에서
손기철 박사

CONTENTS

프롤로그

Part 1 ─── 구원의 여정과 그리스도인의 영혼몸

서론

1장 하나님나라의 복음과 구원의 여정

1 PART

구원의 여정과
그리스도인의
영혼몸

서론

1. 하나님나라의 관점에서 본 구원

우리는 오랫동안 구원을 하나님의 관점이 아닌 인간 중심의 관점으로만 보아왔다. 이러한 경향은 오늘날 점점 더 심해져서 복음뿐만 아니라 기독교 내 많은 진리들이 인본주의적으로 변해가는 것을 우리는 목도하고 있다. 하나님께서 베푸신 구원이 얼마나 놀라운 것인지 알기 위해서는 가장 먼저 복음을 하나님나라의 관점에서 올바르게 이해해야 한다. 인간 중심의 관점에서 보는 복음은 예수님께서 '나'의 모든 죄를 짊어지시고 십자가에서 죽으시고 부활하셨으며, 이 사실을 '내'가 믿으면, '내' 죄가 사함받고 구원받는 것이다. 물론 이것도 진리의 한 단면이기는 하지만, 부분적이고 단편적인 진리이지 온전한 진리가 아니다. 하나님의 관점에서 본 복음은 예수님께서는 내가 그분과 함께 죽도록 하기 위해서 십자가에 못 박혀 죽으셨고, 내가 이제는 그분의 생명 안에서 새롭게 태어나 새 생명 가운데 살아가도록 하기 위해 부활하셨다는 복된 소식이다. 그리고 그 예수님의 죽으심과 부활하심에 믿음으로 동참할 때 그리스도 안에서 새로운 피조물이 되어 이제는 내가 사는 것이 아니라 내 안에 계신 그리스도가 사는 삶을 살게 된다는 것이다.

인간 중심의 관점에서 보는 복음은 예수를 믿음으로 자신은 죽지 않고 자기 죄만 사함받았다고 믿는다. 그것도 단지 그 사실만을 개념적으로 믿을 뿐이다. 자기가 이미 그분과 함께 십자가에 못박혀 죽었다는 것을 체험하지 못하고 예수님께서 나를 위해서 죽으셨다는 것을 사변적으로 믿는 것은 아무 능력 없는 짝퉁 복음 그 이상도 그 이하도 아니다. 그러니 새로운 피조물이 무엇인지 알지 못하고, 십자가의 도의 능력도 경험하지 못하고, 결과적으로 새로운 삶을 살 수도 없는 것이 당연하다. 그리고 구원받을 때 이미 주어진 구원의 축복과 약속의 삶은 죽고 난 다음 천국에 가서야 자신의 삶에 이루어질 것이라고 생각한다. 그러나 예수님께서는 지금 이 땅에 하나님나라가 도래했다는 복된 소식(good news, 복음)을 전하기 위해서 오셨다.

인간 중심의 관점이 아닌 하나님나라의 관점에서 구원을 올바르게 이해하기 위해서는, 한편으로 구원은 오직 하나님의 은혜에 의하여(by grace) 믿음을 통하여(through faith) 주어지지만(엡 2:8), 다른 한편으로는 하나님께서 구원받은 자에게 그분의 의를 나타낼 것을 요구하신다는 것을 분명히 알아야 한다. 왜냐하면 구원에 이르게 하는 예수 그리스도 안에 있는 믿음은 사랑으로써만 역사하며, 속사람이 겉사람을 뚫고 나오는 행함을 이루게 하기 때문이다(갈 5:6 ; 약 2:14). 이 두 가지가 균형 잡혀야 한다. 어느 한쪽으로 치우치면 하나님의 사랑과 공의가 사라진다. 그런데 우리는 오직 구원받은 것과 죄를 짓지 않는 것에만 초점을 맞추는 신앙생활을 한다. 그것은 하나님의 구원 목적에서 벗어난 것이다. 성경은 예수 그리스도를 통하여 인간의 선행이나 공로가 아닌 하나님의 은혜로 구원받는 것을 강조하는 것과 똑같이 구원받은 하나님의 자녀로서 예수 그리스도 안에서 그분의 의를 나타낼 것을 요구하고 있다.

　하나님께서 이스라엘 백성을 출애굽 시키신 이유는 만나만 먹도록 하기 위해서가 아니라 젖과 꿀이 흐르는 가나안 땅으로 인도하시기 위해서다. 가나안 땅은 우리 안에 있는 하나님나라의 그림자이고 모형이다. 예수님께서 이 땅에 오셔서 우리를 구원하신 이유는 우리로 하여금 이 땅에서 잘 살도록 하기 위해서가 아니라 먼저 우리 안에 있는 하나님나라로 들어가도록 하기 위해서다. 그 말은 하나님의 통치함을 받아 하나님의 영광(형상과 의)을 나타내는 자녀가 되도록 하기 위해서라는 것이다. 그것이 바로 구원을 이루어가는 것이다.

　구원의 관점에서 설명하자면, 구원은 받으면 끝나는 것이 아니라 반드시 그 구원을 이루어가야 한다. 하나님의 의를 나타내는 것, 즉 구원을 이루어가는 것은 옵션이 아니라 필수이다(엡 2:10). 하나님의 의를 나타낸다는 것은 바로 혼(의식, 나, 목숨)의 구원을 이루어가는 것이며, 그 삶의 핵심은 우리가 사는 동안 내(거짓자아)가 죄를 짓지 않는 것이 아니라, 우리가 그리스도 안에 거함으로써 주님께서 나를 통하여 그분의 영광을 드러내는 것이다. 그러나 안타깝게도 지금 우리 신앙의 초점은 새로운 피조물로서 그리스도 의식으로 하나님의 의를 나타내는 데 있는 것이 아니라, 여전히 타락한 자기 의식으로 죄를 짓지 않으려고 애씀으로 스스로 더 의롭게 되기를 추구하는 데 있다(롬 10:2-3). 우리는 그리스도인임에도 불구하고 세속적 인본주의의 관점에서 성경을 볼 때가 너무나 많다. 이제는 거듭난 것을 믿는 자가 아니라 거듭난 자로

서 하나님나라의 관점에서 하나님나라의 사고방식(kingdom mentality)1
으로 성경을 보아야 한다.

[엡 2:10] 우리는 그가 만드신 바라 그리스도 예수 안에서 선한 일을 위하여
지으심을 받은 자니 이 일은 하나님이 전에 예비하사 우리로 그 가운데서
행하게 하려 하심이니라

[롬 10:2-3] 내가 증언하노니 그들이 하나님께 열심이 있으나 올바른 지식을
따른 것이 아니니라 하나님의 의를 모르고 자기 의를 세우려고 힘써 하나님
의 의에 복종하지 아니하였느니라

2. 하나님나라의 관점에서 본 인간

우리는 매일 내면에서 올라오는 수많은 목소리에 시달린다. 눈을 뜨
고 있을 때나 눈을 감을 때도 마찬가지이다. 그놈의 목소리는 어떤 경
우에도 쉬지 않고 말한다. 나로 하여금 귀 기울이게 하고, 반응하게 한
다. 심지어 잠도 제대로 자지 못하게 한다. 가만히 생각해보면, 정신
나간 사람이나 나나 동일하다는 생각이 든다. 차이가 있다면 단지 그
목소리나 그에 대한 반응을 입으로 말하느냐 하지 않느냐의 차이뿐

---

1 하나님나라의 사고방식(kingdom mentality) : 선험적 지식에 기초한 세속적 인본주의 사고
방식에서 벗어나 하나님나라에서 그리스도 의식으로 나와 세상을 바라보는 시각을 의미한다. 좀
더 구체적인 내용을 알기를 원하면 저자가 쓴 책《킹덤빌더》(규장, 2015)를 참고하라.

인 것 같다. 도대체 그 목소리는 무엇인가? 바로 우리 마음에 떠오르는 수많은 생각들이다.

우리의 존재와 삶은 내면에서 떠오르는 생각에 묶여 있다 해도 과언이 아니다. 어떤 때는 그 생각대로 추구하기 위해서 애를 쓰는 반면, 어떤 때는 그 생각에 저항하거나 부정하거나 억압하거나 심지어 그 생각을 다른 사람에게 전가시키기도 한다. 모든 인간은 이 생각을 잘 통제하는 것이 가장 인간답게 살 수 있는 길이라고 믿고 있다. 유사 이래로 모든 인간은 이 내면의 생각으로부터 자유함을 얻기 위해 갖가지 방법들을 사용해왔다. 그런데 가만히 들여다보면, 내면의 생각의 내용(좋고 싫고, 옳고 그르고, 해야 하고 하지 말아야 하고 등)에만 관심을 두고, 정작 태어나서부터 지금까지 항상 그 생각을 아무런 판단 없이 언제나 의식하고 있는 존재에 대해서는 거의 관심을 두지 않는다. 우리가 어떤 생각을 갖는 것을 '인식'한다고 말하고, 그 인식하는 주체를 '의식(혼)'이라고 부른다.

성령님을 통해 인간 내면의 역동성에 대한 깊은 고민과 깨달음의 시간이 없었다면, 일반적으로 자신의 생각과 감정을 자기 자신이라고 당연하게 받아들인다. 그것은 인간이 죄를 지음으로써 하나님의 영이 떠나고, 그 결과 자아의식체인 타락한 혼이 자신의 정체성을 유지하기 위해서 자신의 생각과 감정을 자신과 동일하게 여기기 때문이다. 이것을 심리학에서는 에고(ego) 또는 거짓자아 2 라고 부른다. 성경에서는 겉사

---

2 거짓자아 : 인간은 존재(본질)적으로 옛본성 혹은 옛자아(evil nature)를 가지든, 혹은 예수

람이 이에 해당한다.

그러나 생각해보라. 우리의 진정한 자아는 태어나서부터 지금까지의 모든 생각이나 감정의 총합체가 아닌 모든 생각과 감정을 인식하며 언제나 한결같이 바라보는 자아다. 그것이 바로 혼이고 의식이다. 흔히들 뇌의 활동이 의식이라고 생각하지만, 수많은 과학적 자료들은 죽은 후에도, 즉 뇌 활동이 정지된 이후에도 의식(혼)이 존재한다는 것을 알려주고 있다. 문제는 그 혼이 어떤 영에 속해 있느냐에 따라 다른 존재가 되는 것이다.

타락 전 본래 혼은 하나님의 영에 속한 자아를 의식하고 몸과 마음을 통제하는 역할을 했었다. 타락 이후의 몸과 마음은 세상의 것을 받아들이는 역할을 하고, 세상 신의 영향을 받은 영혼은 그것들(세상에 대한 생각과 감정 그리고 자신의 신체)에 기초하여 자아의 정체성을 가지기 때문에 결과적으로 인간은 세상을 통치하고 있는 세상 신의 종노릇을 하게 된 것이다. 깊이 생각해보면, 우리의 자아의식은 유전적 형질뿐만 아니라 외부로부터 오는 관습과 전통, 세상 풍조, 초등학문, 세상 신의 거짓말 등으로 들어오는 외부적 요인을 통하여 형성된 것이다.

그리스도 안에서 새로운 자아(divine nature)를 가지든 모두 영적 존재이다. 그러나 이 땅에서 그 자아를 나타내는 것이 바로 그 영에 속한 혼이다. 따라서 우리가 '나는'이라고 자기를 표현한 것이 바로 혼이다. 다른 말로 혼은 자기를 나타내는 의식체라고 볼 수 있다. 인간이 죄를 지음으로 하나님의 영이 떠나고 그 결과로 하나님과 생명적 관계가 끊어진 다음에는, 인간의 영은 존재하지만 정상적으로 기능하지 못하기 때문에 혼은 스스로의 정체성을 잃어버리게 되었다. 자아의식을 잃어버린 타락한 혼은 자기 마음의 생각과 감정을 자신과 동일시하고, 뇌의 기억에 기초한 심리적 시간과 상상을 통하여 실재하지 않는 자아(존재)를 만들었다. 우리는 그것을 거짓자아 혹은 에고라고 부른다. 마태복음 16장 24-25절을 보라.

죄의 결과는 하나님과의 분리이다. 즉 하나님의 영이 떠남으로 우리의 자아의식체인 혼이 더 이상 하나님의 영의 인도함을 받지 못한다는 것이다. 죄를 가장 잘 나타내는 헬라어 '하마르티아'는 "과녁에서 벗어나다"라는 의미를 지닌다. 즉 "하나님의 영광, 하나님의 법, 하나님의 생명에서 벗어나다"라는 뜻이다. 타락한 혼은 자신의 몸에 기초한 생각과 감정을 자기라고 받아들이지만, 본래 하나님 의존적인 상태의 혼적이 남아 있기 때문에 스스로 온전치 못하다는 의식을 근원적으로 가지고 있다. 따라서 그 자아의식 때문에 마음은 늘 부정적 사고와 감정을 가질 수밖에 없다. 이러한 부정적 사고와 그에 따른 감정은 외부에 의해서 만들어진 것이 아니라 제기능을 하지 못하는 인간의 영과 타락한 혼 때문에 내생적으로 만들어진 것이다. 이원성적 사고방식과 죄책감, 두려움, 결핍감, 수치심 등이다. 이러한 생각과 감정은 타락 후 모든 인간이 죄로 인하여 공통적으로 가지는 속성이다.

　죄 가운데 있는 인간은 스스로 한계짓는 믿음체계와 결핍과 부족을 채우기 위한 욕구에 기초한 믿음체계를 형성하게 되었고, 모든 생각과 행위의 주체는 더 이상 하나님이 아니라 자기가 되었다. 즉 내가 주체가 되어 모든 것을 경험한다고 생각하는 것이다. "내가 판단한다", "내가 경험한다", "내가 소유한다" 등을 생각해보라. 그 말은 다른 사람과의 분리, 세상과의 분리에 기초한 것이고, 이러한 타락은 자신을 이세상에서 스스로 살아남아야 할 존재로 의식하게 만들었고, 인간이 내면적으로 가지는 피해의식이나 우월의식 그리고 경쟁 투쟁 의식의 근원이 되었다. 따라서 모든 인간은 자연스럽게 그 마음에 자기중심적, 자기보호적, 외부통제적, 이해타산적인 사고방식을 가지게 된 것이다.

이 세상에서 "나는"이라고 말할 때 그것은 바로 타락한 후의 인간을 지칭하는 거짓자아를 말한다. 이 에고(ego)는 그야말로 하나님을 두기 싫어하는 자아(edging God out, 하나님 몰아내기)이다. 몸과 마음에 종노릇하는 타락한 혼에 의해 만들어진 자아이다. 왜 거짓자아 혹은 겉사람이라고 말하는가? 그것은 본래 인간의 진정한 참자아가 아니라, 타락한 혼이 자신의 정체성을 유지하기 위해서 만든 거짓자아이기 때문이다. 인생이 고통이고 유한하며, 죄 가운데 놓여 있고, 하나님의 인도함을 받지 못하고, 질병에 걸리는 것은 이 거짓자아가 나라고 생각하며 살기 때문이다. 거짓자아가 나라고 믿는 한 세상(환경, 물질, 대상) 의존적인 삶을 살 수밖에 없기 때문에 자유와 평강과 행복을 누리지 못하는 것이 당연하다.

그렇다면 지금 우리는 어떻게 신앙생활을 하고 있는가? 하나님께서 죄로 말미암아 타락한 인간을 다시 자녀 삼으시려고 예수 그리스도를 통해서 우리의 모든 죄와 죄악을 대속하시고, 하나님의 영을 우리 안에 보내주셔서 우리로 하여금 물과 성령으로 거듭나게 하셨다(요 3:3-6). 예수님께서 전하신 복음은 우리의 인식을 변화시키는 것이 아니라 우리로 하여금 새로운 의식(혼, 목숨, 생명)을 가지도록 하는 것이다(마 16:25). 예수 믿기 전과 예수 믿은 후 우리는 다른 사람이 되었다고 믿지만 실제 신앙생활의 주체는 누구인가? 여전히 동일한 내(거짓자아)가 아닌가? 만약 그렇다면 당신은 비록 거듭났다 할지라도 복음적인 삶을 살지는 못하고 있는 것이다. 당신은 단지 과거의 세상적 생각과 감정에서 벗어나 말씀에 따른 생각과 감정을 가지려고(새로운 인식을 가지려고) 무진 애를 쓰고, 그것으로 당신의 삶을 바꾸고자 최선을 다한 것뿐이다. 사도 바울도 처음에는 그와 같은 삶을 살았다(롬 7:15-24). 그러나 그는 마침내 자신의 존재가 거짓자아가 아니라 그리스도 안에 있는 새로운 피조물, 즉 새로운 의식을 가진 존재라는 것을 깨닫게 된 것이다(롬 7:24-8:2). 이제 우리는 예수님께서 전해주신 하나님나라(천국)의 비밀을, 거짓자아의 관점이 아닌 그리스도 안에 있는 나(그리스도 의식)로 볼 줄 알아야 한다. 그럴 때 비로소 이 땅에서 그 나라와 의의 비밀을 깨달을 수 있고 그에 따른 하나님나라의 실제적인 삶을 살 수 있게 된다.

[롬 7:24-25] 오호라 나는 곤고한 사람이로다 이 사망의 몸에서 누가 나를 건져내랴 우리 주 예수 그리스도로 말미암아 하나님께 감사하리로다 그런즉 내 자신이 마음으로는 하나님의 법을 육신으로는 죄의 법을 섬기노라

[롬 8:1] 그러므로 이제 그리스도 예수 안에 있는 자에게는 결코 정죄함이 없나니

3. 새로운 관점으로 본 구원론과 인간론

[롬 12:2] 너희는 이 세대를 본받지 말고 오직 마음을 새롭게 함으로 변화를 받아 하나님의 선하시고 기뻐하시고 온전하신 뜻이 무엇인지 분별하도록 하라

우리는 이 말씀이 너무나 귀하고 중요하다는 것을 알고 있다. 그러나 실제로 이런 삶을 사는 것이 거의 불가능하다고 여긴다. 왜 그럴까? 이렇게 살기가 어렵기 때문이기도 하지만 그보다 우리에게 이런 일이 어떻게 이루어질 수 있는지에 대한 정확한 이해가 없기 때문이다. 예수 그리스도로 인하여 거듭난 우리가 이 말씀대로 살기 위해서는 먼저 우리 몸을 거룩한 산 제물로 드릴 줄 알아야 한다(롬 12:1). 그렇게 하기 위해서는 구원 전후 인간의 존재에 대해 알아야 하고, 동시에 지금의 의식(혼, 목숨, 생명)과 인식의 상태가 어떤지를 알아야 한다.

[롬 12:1] 그러므로 형제들아 내가 하나님의 모든 자비하심으로 너희를 권하노니 너희 몸을 하나님이 기뻐하시는 거룩한 산 제물로 드리라 이는 너희가 드릴 영적 예배니라

성경에서는 인간의 존재가 영혼과 육체 또는 영혼몸으로 이루어졌다고 말한다. 따라서 인간의 존재 상태를 정확히 알기 위해서는 영혼몸에 대한 명확한 정의와 상관관계를 알아야 한다. 그렇게 하기 위해서 지금과는 다른 하나님나라의 관점에서 성령님을 통하여 구원의 여정을 볼 필요가 있다. 하나님나라, 즉 하나님의 통치는 하나님께서 인간과 맺은 모든 언약들의 근원이자 본질이며 하나님 섭리의 알파이고 오메가이기 때문이다.

흔히 영혼몸의 진정한 의미를 알고자 다양한 해석학적 관점에서 논하거나 이해하고자 한다. 예를 들어 성경 저자의 출신과 신앙적 배경, 문화적 배경, 역사적 사건 등을 종합하여 저자의 집필 의도 및 문맥과

정황에 따라 사용한 단어의 뜻과 전하고자 하는 의도를 파악하고자 한다. 그렇기 때문에 동일한 단어일지라도 해석하는 자의 관점에 따라 뜻하는 바가 서로 다르거나, 반대로 다른 단어일지라도 동일한 의미를 지니는 경우가 허다하다.

그러나 우리가 성경의 말씀을 이해하는 것이 아니라 성경이 우리에게 말하는 것을 알고 체험하기 위해서는 먼저 두 가지를 알 필요가 있다. 첫째, 우리는 성경 저자에 대해서 많이 안다고 생각하지만, 우리 관점에서 저자의 의도를 이해하고자 애쓸 뿐 실제 저자의 존재에 대해서는 잘 알지 못하고 있다. 구약의 저자는 성령의 인도함을 받았고, 신약의 모든 저자들은 내주하시는 성령님의 영감을 통해서 그리스도 안에서 그리스도 의식의 관점으로 성경을 기록했다. 그런데 우리는 여전히 구약적 사고방식인 거짓자아의 의식으로 그 말씀을 이해하고자 애쓴다. 그렇기 때문에 저자가 정말 말하고자 하는 것이 무엇인지를 놓칠 때가 많다.

성경의 저자들은 성령님의 인도함을 받아 그리스도 의식의 차원에서 우리의 본질에 대해 이야기하고, 몸의 차원의 삶에 대해서도 말하고 있다. 전자의 경우는 그리스도 안에 있는 자로서 이 땅에 주의 뜻을 나타내는 삶을 강조하고, 후자의 경우는 비록 몸을 가지고 살며 환난과 고통을 겪고 있지만, 하나님의 영원한 유업을 이어받은 자로서 산 소망을 하늘에 두고 살아야 한다는 것을 강조하는 것이다. 필요에 따라 두 차원의 상태와 삶에 대해서 동시에 말하기도 한다.

[고전 2:16] 누가 주의 마음을 알아서 주를 가르치겠느냐 그러나 우리가 그

따라서 성경의 저자가 말하는 것을 이해하기 위해서는 우리의 경험과 지식으로 하나님의 말씀을 이해하고자 애쓰는 것이 아니라, 먼저 성령님의 인도함을 받아야 한다. 그럴 때 그 성경이 우리에게 말하는 것을 깨닫고 체험할 수 있게 된다.

둘째, 한 걸음 더 나아가 성경의 각 저자의 관점을 넘어 하나님의 깊은 곳을 통달하시고 시작과 끝을 함께 보시는 성령님의 관점에서 보아야 한다. 그분이 성경의 원저자이시고 유일무오한 해석자이시며, 성경의 모든 말씀을 예수 그리스도의 참 빛으로 비추어 보게 하시기 때문이다. 성령님은 각 시대에 따라 각기 다른 저자들의 삶과 지식, 상황과 배경을 사용하셔서 성경이 다양한 방법으로 기록되게 하셨다. 우리는 이제 성경 각 저자들을 넘어 모든 저자에게 영감을 주신 원저자이신 성령님께서 들려주시는, 성경 전체에 흐르고 있는 예수 그리스도를 통한 하나님나라의 이야기를 들을 수 있도록 해야 한다.

생각해보라. 지금 완성된 정경을 가지고 성경을 읽을 때면, 각 저자가 성령의 인도함을 받아 성경의 말씀을 기술했지만 정작 자신이 기술한 말씀이 정확히 무엇을 의미하는지, 정경적 문맥 속에서 자신의 기록이 하나님나라의 관점에서 어떤 심오한 진리를 담고 있는지 다 인지하지 못한 경우가 많지 않은가? 이는 인간이 성령의 인도함을 받아 미로를 가는 것과 시공간을 초월하신 성령 안에서 미로를 한눈에 내려다보며 가는 것의 차이와 같다. 우리가 이러한 관점에서 성경의 말씀을 볼 때 각 저자의 의도나 문맥과 정황에 따른 다양한 용례와 의미를 넘어

시대와 상황을 초월하여 하나님나라의 중심을 관통해 나가는 본질적이고 일관된 진리와 복음의 의미를 제대로 파악할 수 있게 될 것이다.

본서는 다음과 같은 의도와 목적을 가지고 인간론과 구원론에 대한 통전적 이해를 시도하였다. ① 하나님나라의 관점에서 예수님께서 이루어가시는 구원의 여정을 영혼몸의 존재적 변화와 연계하여 설명하고자 했다. ② 구약에서 이미 선포된 새 언약의 성취의 관점에서 현재적 하나님나라의 복음과 인간의 본질과 현실적 존재를 설명하고자 했다. ③ 현재적 하나님나라의 속성인 '이미 그러나 아직'의 개념을 시간적 관점만이 아닌 현실적·법정적 관점과 두 차원(하나님나라와 세상나라)의 관점으로 보며 성경의 말씀을 새로운 관점에서 보고자 했다. ④ 영혼몸, 영혼, 마음, 몸, 육과 같은 용어에 있어 성경의 각 저자별 용례를 설명하는 데 초점을 두기보다는 구원의 여정을 인간의 존재적 변화로 설명하는 데 초점을 두어 각 용어들의 의미를 다루었다. ⑤ 성경의 말씀을 좀 더 정확히 이해하도록 하기 위해서 오늘날 우리에게 익숙한 과학적 개념과 단어를 사용하여 설명하고자 했다. ⑥ 현재적 하나님나라에서 자녀의 실제적인 삶과 예수 그리스도의 재림을 준비하는 신부로서의 정결한 삶에 대한 도전과 경각심을 주고자 했다. ⑦ 기독교 내 여러 대립적 주장을 하나님나라의 관점에서 구원 전후 인간의 존재를 영혼몸으로 나누어 설명함으로써 통합적으로 이해하고자 했다.

4. 장별 주요 핵심 내용

긴 여정을 떠나기 전에 지도를 보며 미리 일정을 확인하는 것처럼,

하나님나라 복음의 관점에서 보는 구원론과 인간론이라는 나름 긴 여정의 윤곽을 그려볼 수 있는 장별 주요 핵심 내용을 다음과 같이 정리해보았다. 각 장을 읽기 전에, 그리고 읽은 후에 이 내용을 읽으면 책의 전반적인 흐름과 각 장의 연관성을 이해하는 데 큰 도움이 될 것이다.

본서는 총 7장으로 이루어졌으며, 크게 볼 때 현재적 하나님나라의 관점에서 인간론과 구원론을 통합적으로 이해하고자 했다. 1장은 구원의 여정을 전통적인 칭의, 성화, 영화의 관점으로만 보는 것이 아니라 하나님나라의 복음과 연관지음으로써, 구원을 단지 시간적 개념으로만 이해하는 것이 아니라 법정적 관점과 차원적 관점에서도 보아야 한다는 점을 제시하였다. 그러나 현재적 하나님나라 관점에서 인간의 구원은 인간의 존재에 대한 이해 없이는 설명할 수 없기 때문에 2장에서는 영혼몸에 대해서, 3장은 몸과 마음에 대해서 새로운 성경적 이해를 시도하였다.

2장과 3장은 성경적 인간론에 대한 것이라고 볼 수 있다. 2장에서는 하나님나라의 관점에서 인간의 존재를 통전적으로 보기 위해 하나님의 창조 목적과 타락 그리고 예수 그리스도를 통한 현재적, 미래적 하나님나라의 회복을 관통하는 일관된 구원의 관점에서 영혼몸에 대한 정의를 시도함으로써 전인적 통일체인 인간을 이해하고자 하였다. 이 일을 위해서 영과 혼은 항상 함께하지만 동일하지 않음을 강조하였으며, 다양한 번역본을 참고하여 영혼몸에 대한 기존의 이해가 온전하지 못함을 지적하였다.

한편 3장은 인간을 단지 물질과 비물질로 나누어서 생각하는 헬라적 개념(예를 들어 영혼과 육체, 몸과 마음 등)을 제거함과 동시에 헤브라이

즘에 속한 유대인과 헬레니즘에 속한 모든 이방인들에게 인간의 내면을 설명하기 위해 다양한 헬라적 개념으로 설명된 성경의 의도를 이해하고자 했다. 우리가 흔히 사용하는 몸과 마음 그리고 히브리어 및 헬라어로 기록된 다양한 언어의 개념을 생물학, 정신심리학, 양자물리학 등으로 설명하고자 했으며, 대부분 한글성경에서 '마음'으로 번역된 용어가 사실은 심중(heart)과 마음(mind)으로 분리되어 이해되어야 함을 강조했다. 그리고 성경적 인간의 존재를 정확히 파악하기 위해서 2장의 내용을 기초로 혼과 심중, 마음과 양심과의 관계를 말씀을 통해 비교 고찰했다.

4장은 1,2,3장의 논의를 토대로, 성경에 기록된 옛사람과 새사람, 겉사람과 속사람, 육의 사람, 육신에 속한 사람을 영혼몸의 관점에서 구원 전후 인간의 존재적 변화로 설명하였다. 기존의 관점에서는 혼을 영혼으로 생각하고, 혼을 목숨, 전인적 인간으로 두루뭉술하게 보기 때문에, 오히려 인간의 존재를 정확하게 파악하지 못한 것에 대해 지적하고, 특별히 구원 전후 영의 존재와 더불어 구원 후 인식의 변화가 아닌 그리스도 안에서 혼(의식)의 소생이 구원을 이루어가는 삶에 결정적인 핵심이라는 것을 설명하였다.

5장은 4장에서 한 걸음 더 나아가 하나님나라의 복음이 새 언약의 성취이기 때문에 우리는 하나님과 맺은 새 언약 안에 거해야 하며, 그 삶의 핵심이 자유의지를 가진 혼이라는 것을 강조했다. 영혼이 아니라 자유의지를 가진 혼이 타락함으로 하나님의 영이 떠난 것이고, 예수 그리스도를 통하여 다시 하나님의 영이 임했기 때문에 우리의 혼은 다시 타락 전 자유의지를 가지고 하나님의 안식 안에서 영광을 드러내는 삶을 살아야 한다는 것을 설명하고자 했다. 한마디로 예수 그리스도께서 구원받은 자 안에 오셔서 행하시고자 하는 것은, 타락 전 인간이 생명과와 선악과를 먹을 수 있는 혼의 자유의지를 가지고 하나님을 사랑한 것처럼, 현재적 하나님나라에서도 그렇게 살아갈 기회를 주신 것이라는 것이다. 그것이 바로 구원을 이루어가는 성화의 삶이라는 것을 강조했다.

6장은 기독교 역사 이래 초미의 관심이 되어왔던 구원의 영속성과 영원성에 대하여 성경적으로 설명하고자 했다. 구원을 인간의 관점이 아니라 하나님나라의 관점에서 보고자 했으며, 예수 그리스도의 초림에 기초한 구원만이 아니라 예수 그리스도의 재림에 기초한 구원도 보아야 하며, 동시에 하나님의 영으로 인하여 거듭난 자가 구원을 이루어가는 혼의 관점에서도 보아야 함을 강조했다. 그리고 만약 혼의 구원을 이루지 못한다면 어떠한 일이 발생하는지와 구원받은 자도 실족할 수 있기 때문에 예수님께서 혼의 구원을 반복적으로 강조하셨음을 성경 말씀을 통해 심도 있게 살펴보았다.

7장은 마지막 장으로서 성경이 말하는 영혼몸의 온전한 구원에 대한 통합적 이해를 시도했다. 먼저 6장에서 언급한 구원의 영속성과 영원성에 대한 상충된 주장의 핵심 요인이라고 할 수 있는 하나님의 섭리(예정과 예지)와 인간의 자유의지가 그동안 왜 대립적 관계 속에서 이해되었는지를 설명하였다. 이를 토대로 현재적 하나님나라의 속성을 시간적 관점뿐만 아니라 법정적·현재적 관점과 차원적 관점에서 볼 때 하나님의 불가항력적 은총과 성도의 견인과 더불어 인간의 자유의지는 서로 상충되는 것이 아니라 통합적으로 이해될 수 있음을 저자 나름의 해석

34

으로 설명하였다. 그리고 오늘날 회자되고 있는 유보적 칭의론은, 현실의 온전치 못한 그리스도인의 삶을 회복시키고자 하는 좋은 의도로 주장되었지만, 칭의와 성화를 보는 주체 의식이 동일하지 않다는 한계점을 가지고 있음을 지적했다.

또한 하나님나라의 관점에서 볼 때 인간의 구원은 예수 그리스도의 초림과 재림 모두를 통해서 보아야 하며, 구원의 여정은 영의 구원을 통한 혼의 구원, 혼의 구원을 끝까지 이루어감으로 몸의 구원까지도 포함하고 있으며, 몸의 구원은 죽음을 통해서 이루어지며 영원한 구원 여정의 클라이맥스임을 설명했다. 그리고 마지막으로 현재적 하나님나라에서 온전한 자녀의 삶을 살아가기 위해서 항상 병행되어야 하는 자기부정의 길과 자기긍정의 길에 대해서 언급하였다.

성경은 한 권이지만 주석서는 수도 없이 많고, 시간이 지남에 따라 새로운 주장과 해석이 나오는 것을 보게 된다. 그 말은 비록 인간이 성령님의 인도함을 받는다 할지라도 성경의 말씀을 인간의 지식과 이해로 온전히 다 알 수 없음을 반증하는 것이다. 본서 중 기존의 전통적 해석과 상이한 부분에 대해서는 다양한 이견(異見)과 반론이 있을 수도 있으리라 짐작된다. 하지만 하나님나라의 복음에 기초하여 구원의 여정을 법정적 차원적 관점에서 영혼몸의 존재적 변화로 해석함으로써, 성경적 인간론과 구원론을 통합적으로 새롭게 조명한 본서가 신앙생활 가운데 마주치는 수많은 모순과 한계로 힘들어하고 고민하는 분들에게 빛이 되기를 기대해본다.

1

하나님나라의
복음과 구원의 여정

그리스도인이라면 '구원', '복음', '하나님나라'라는 말을 들어보지 못한 사람은 없을 것이다. 하지만 각 단어를 어떻게 이해하는가에 대한 질문에는 각자가 속한 교단 또는 신앙공동체, 자라온 신앙 배경에 따라 다를 것이다. 구원과 복음과 하나님나라는 성경 전체를 관통하는 핵심 주제임에도 불구하고 피상적으로, 개념적으로 이해되고 있다는 느낌을 지우기가 힘들다. 왜냐하면 구원과 복음과 하나님나라는 떼려야 뗄 수 없는 밀접한 관계를 가지고 있는데, 이 셋을 통합적으로 이해하지 못하고 있기 때문이다.

우리는 오랫동안 구원과 하나님나라의 복음을 분리해서 이해해왔다. 그러나 예수님께서 전하신 복음이 바로 하나님나라 복음이고(눅 4:43), 새 언약의 성취가 바로 하나님나라 복음이라는 사실을 안다면(눅 22:20), 그리고 예수님께서 새 언약의 중보자로 오셨다는 것(히 8:6)과 우리가 새 언약의 일꾼이 되어야 한다는 것을 이해한다면(고후 3:6), 이제는 구원받고 하나님나라의 복음을 믿는 것이 아니라, 하나님나라의 복음을 통해서 구원을 이해해야 한다.

구원의 서정(序程)은 라틴어로 구원의 순서(the ordo salutis)를 한국말로 번역한 표현인데, 영어로는 구원의 순서(the order of salvation) 또는 구원의 길(the way of salvation)이라고도 한다. 구원의 서정이란 하나님께서 죄인을 구원하기 위해 예수 그리스도를 통해 이루신 구원 사역이 각 개인에게 어떠한 순서(order)로 적용되는지를 논의할 때 사용되는 신학 용어이다. 성경에는 예수님을 통한 구원 사역의 순서가 명확히 제시되어 있지만(성육신, 죽으심과 부활, 승천, 성령 강림, 재림), 우리의 구원의 과정에 대해서는 그렇지 않기 때문에, 각 교단과 신학적 입장에 따라 구원의 서정을 다르게 이해한다. 그러나 공통적으로 등장하는 요소들 중에는 부르심(소명), 믿음, 회개, 의롭다 하심(칭의), 거룩하게 하심(성화), 영화롭게 하심(영화) 등이 있다. 따라서 구원의 서정이란 그리스도께서 인간을 위한 구원 사역의 순서로, 구원의 여정(the journey of salvation)이란 예수님께서 행하신 구원 사역이 죄인들의 심령과 삶에 주관적으로 실현되는 과정을 서술하는 용어로 보고자 한다. 이 장에서는 구원의 여정을 이야기할 때, 회개-칭의-성화-영화라는 구원의 단계를 시간적 관점과 더불어 법정적, 차원적 관점으로 다루고자 한다.

지금까지는 구원의 여정을 단지 예수 그리스도께서 우리를 위해서 행하신 대속 사역에 기초하여 보았지만, 이제는 좀 더 넓게 하나님나라의 관점에서 볼 줄 알아야 한다. 왜냐하면 하나님나라는 구약의 모든 선지자들이 예언한 새 언약의 성취일 뿐만 아니라, 예수 그리스도께서 전하신 복음의 핵심으로서 그분의 초림과 재림 모두를 포함할 뿐만 아니라 천지창조부터 새 하늘과 새 땅에 이르기까지 영원을 관통하는 핵심 주제이기 때문이다. 이와 더불어 우리는 복음과 구원을 단순히 우리가 구원을 얻기 위해서 무엇을 해야 하는가 하는 인본주의적 관점이 아니라 하나님께서 예수 그리스도를 통하여 우리를 위해서 무엇을 하셨는가를 신본주의적 관점에서 보아야 한다. 왜냐하면 복음과 구원의 궁극적인 주체는 구원받는 우리가 아니라 구원을 이루시는 하나님이시기 때문이다.

1. 구원의 여정과 예수님이 전하신 복음

그동안 우리는 교회에서 구원에 대한 많은 이야기를 들어왔다. 특히 이신칭의, 즉 율법을 지켜 행함이 아니라 오직 예수 그리스도를 믿음으로 구원을 얻게 된 것으로 받아들였다. 반면에 하나님나라에 대해서는 단편적이고 지엽적이고 피상적인 내용들이 대부분이었다. 따라서 하나님나라 혹은 천국에 대해 수없이 들었음에도 불구하고 제대로 깨닫고 체험하지 못했기 때문에 구원과 하나님나라의 관계를 올바로 이해하지 못하고, 구원의 여정이 이 땅에 도래한 하나님나라와는 상관없이 하늘에 있는 천국이라고 여기는 것이 일반적인 생각이었다. 이것은 정말 하나님나라의 복음을 제대로 알지 못하는 것이며, 제대로 가르치지 못한 결과이다.

돌이켜보면, 우리는 ① 이 땅의 삶을 마치고 가는 천국이 아니라 이 땅에 도래한 하나님나라에 대해서는, ② 죄인이 아니라 의인에 대해서는, ③ 죄를 짓지 않는 삶이 아니라 하나님의 의를 행하는 삶에 대해서는, ④ 제자가 아니라 하나님의 자녀(예수님의 신부)에 대해서는, ⑤ 하나님을 향한 우리의 열심이 아니라 우리를 향한 하나님의 최선에 대해서는, ⑥ 교회생활이 아니라 일상의 삶에서 하나님의 나타나심에 대해서는 제대로 균형 잡힌 말씀을 많이 들어보지 못했다. 그 결과 우리는 지금 비복음적인, 또는 한쪽으로 치우친 신앙생활을 하고 있다고 해도 과언이 아니다.

구원의 여정을 하나님의 관점에서 보아야지, 인간의 관점에서 본다면 신학의 틀이 바뀌게 된다. 그런 의미에서 구원과 하나님나라의 관계를 제대로 이해하는 것은 매우 중요하다. 이 관계를 제대로 이해하기 위해서는 지금까지의 전통적 방식과는 달리, 구원의 관점으로 하나님나라를 보는 것이 아니라 하나님나라의 관점에서 구원을 보아야 한다. 이런 관점에서 구원을 볼 때 비로소 신앙의 주체와 틀과 방향을 새롭게 정립할 수 있게 된다.

(1) 예수님이 전하신 복음의 핵심은 하나님나라이다. 예수님께서 전하신 복음은 마침내 하나님의 통치가 임했다는 소식인 것이다. 인간의 타락 이후로 마귀는 인간에게서 찬탈한 합법적인 권리를 가지고 인류를 통치해왔다. 그러나 이제 예수님을 통해서 다시 하나님의 통치를 받을 수 있는 길이 열린다는 복된 소식이다.

[마 4:23] 예수께서 온 갈릴리에 두루 다니사 그들의 회당에서 가르치시며 천국 복음을 전파하시며 백성 중의 모든 병과 모든 약한 것을 고치시니

예수님께서는 구약에서부터 예언되어온 하나님나라가 다시 이 땅에 도래하였다는 좋은 소식을 전하셨다. 그리고 그 나라가 임할 때 일어날 일들을 공생애 동안 미리 우리에게 보여주셨다. 그것이 바로 죄사함을 받을 뿐만 아니라 질병이 떠나가고 마귀의 일을 멸하는 것이다. 그

결과 우리가 다시 하나님의 자녀가 될 뿐만 아니라 왕의 자녀의 삶을 살 수 있다는 것을 알려주셨다.

(2) 그 복음을 누리게 하기 위해서 하나님께서는 예수님을 통하여 우리를 구원하신 것이다. 그 구원 사건이 바로 먼저 우리의 죄를 대속하시기 위해서 예수님께서 십자가를 지시고, 부활 승천하셔서 약속하신 보혜사 성령님을 우리에게 보내주신 사건이다. 그리고 그 결과 예수 그리스도 안에 있는 자는 하나님나라의 삶을 살 수 있게 되었다.

[요 3:5-6] 예수께서 대답하시되 진실로 진실로 네게 이르노니 사람이 물과 성령으로 나지 아니하면 하나님의 나라에 들어갈 수 없느니라 육으로 난 것은 육이요 영으로 난 것은 영이니

[행 1:8] 오직 성령이 너희에게 임하시면 너희가 권능을 받고 예루살렘과 온 유대와 사마리아와 땅 끝까지 이르러 내 증인이 되리라 하시니라

이 말씀의 핵심은 우리로 하여금 하나님나라에서 그리스도를 믿는 증인이 아니라 그리스도를 나타내는 증인이 되라는 것이다. 우리는 지금까지 얼마나 교회에 충성 봉사하는 신실한 사람인지를 가지고 그 사람의 신앙을 평가해왔다. 그러나 하나님나라의 관점에서 볼 때 그것은 잘못된 판단이다. 왜냐하면 그 사람을 통해서 얼마나 그리스도를 볼 수 있는지, 그 사람의 삶에 얼마나 그리스도의 인격과 능력이 나타나는지를 가지고 판단해야 하기 때문이다. 하나님의 자녀의 삶은 인

간의 뛰어남이 아니라 그리스도의 나타남으로 판단되어야 한다.

(3) 하나님나라의 관점에서 볼 때 예수님께서 우리를 위하여 이루어 가시는 구원의 여정은 그분의 성육신, 십자가의 죽으심과 부활, 승천과 영광받으심, 성령 강림이다. 그 결과로 인간이 경험하는 구원의 과정은 인간이 어두움과 죽음으로부터 해방되는 것이며(반대로 빛 가운데서 영생을 누리는 것이며)(요 8:12), 궁극적으로 그리스도의 형상으로 빚어지는 것이다(롬 8:29 ; 고후 3:18 ; 갈 4:19).

[요 8:12] 예수께서 또 말씀하여 이르시되 나는 세상의 빛이니 나를 따르는 자는 어둠에 다니지 아니하고 생명의 빛을 얻으리라

[롬 8:29] 하나님이 미리 아신 자들을 또한 그 아들의 형상을 본받게 하기 위하여 미리 정하셨으니 이는 그로 많은 형제 중에서 맏아들이 되게 하려 하심이니라

(4) 예수님을 통한 하나님의 구원 사역의 결과로 우리 인간이 경험하는 것은 구원을 받는, 구원을 이루어가는, 그리고 구원을 완성시키는 세 단계로 나누어볼 수 있다. 성경은 구원의 세 가지 시제(과거, 현재, 미래)에 대해 말하고 있기 때문이다. 그러나 이것은 인간의 논리적 이해를 위해 구분한 것일 뿐, 하나님나라의 관점에서 볼 때는 동일한 사건을 시공간 안에 풀어놓은 것일 뿐이다.

① 받은 구원 (과거 시제)

[롬 8:24] 우리가 소망으로 구원을 얻었으매 보이는 소망이 소망이 아니니 보는 것을 누가 바라리요

② 이루어가야 하는 구원 (현재 시제)

[빌 2:12 새번역] 그러므로, 사랑하는 여러분, 여러분이 언제나 순종한 것처럼, 내가 함께 있을 때뿐만 아니라, 지금과 같이 내가 없을 때에도 더욱 더 순종하여서, 두렵고 떨리는 마음으로 자기의 구원을 이루어 나가십시오.

③ 받을 구원 (미래 시제)

[딤후 4:18] 주께서 나를 모든 악한 일에서 건져내시고 또 그의 천국에 들어가도록 구원하시리니 그에게 영광이 세세무궁토록 있을지어다 아멘

(5) 따라서 인간 중심적인 관점에서 보면 '내'가 죄사함을 받았기 때문에 구원받으면 모든 것이 다 끝난 것처럼 보이겠지만, 하나님나라의 관점에서 볼 때 구원받은 것은 끝이 아닌 시작이다. 거듭난 하나님의 자녀는 이제 우리 안에 임한 하나님나라에서 구원을 이루어가야 하며 (즉, 이 땅에서 온전히 그리스도를 나타내는 삶을 살아야 하며)(요일 4:17), 예수님께서 재림하실 때 몸의 부활을 입음으로써 구원의 최종적 완성을 체험해야 한다.

[요일 4:17] 이로써 사랑이 우리에게 온전히 이루어진 것은 우리로 심판 날에 담대함을 가지게 하려 함이니 주께서 그러하심과 같이 우리도 이 세상에서 그러하니라

[요일 4:17 표준새번역] 이것으로써 사랑은 우리에게서 완성된 것이니, 곧 심판 날에, 우리가 담대함을 가지는 것입니다. 우리가 이렇게 담대해지는 것은, 그리스도께서 사신 대로, 우리도 이 세상에서 그대로 살기 때문입니다.

[요일 4:17 현대인의 성경]이것으로 사랑이 우리 가운데서 완성되어 우리가 떳떳하게 심판 날을 맞이할 수 있게 될 것입니다. 이것은 우리도 이 세상에서 예수님과 같아지기 때문입니다.

[요일 4:17 NLT] And as we live in God, our love grows more perfect. So we will not be afraid on the day of judgment, but we can face him with confidence because we live like Jesus here in this world.

그런데 대부분의 그리스도인은 예수 그리스도의 초림 후 이루신 십자가 사건에 기초한 죄사함에 초점을 둔 구원과 주로 윤리 도덕 및 번영의 삶에 대한 말씀만을 들어왔기 때문에, 하나님나라 안에서 구원을 이루어가거나 구원을 완성시키는 것에 대해서는 잘 모르고 있다.

2. 구원의 여정과 하나님나라의 관계

그렇다면, 구원과 하나님나라는 어떠한 관계를 가지고 있을까? 구원이 세 가지 시제로 표현되고 있는 것처럼, 구원의 여정과 하나님나라를 연관지어 볼 때, 구원의 각 시제마다 우리의 존재적 변화와 밀접한 관련이 있는 것을 볼 수 있다.

(1) 구원을 받은 것은 하나님나라로 침노한 것이다.

이것은 영원한 죄의 형벌로부터 자유함을 누리는 것이며, 원죄를 사함 받는 것으로, 우리의 본성, 본질이 새롭게 창조되는 것을 말한다. 이것은 회심 또는 회개를 통해 예수 그리스도를 믿음으로 이루어지는 칭의(稱義, justification)라고 말할 수 있다.

예수님께서는 이것을 설명하기 위해서 다음과 같이 말씀하셨다.

[막 1:15] 이르시되 때가 찼고 하나님의 나라가 가까이 왔으니 회개하고 복음을 믿으라 하시더라

[눅 16:16] 율법과 선지자는 요한의 때까지요 그 후부터는 하나님 나라의 복음이 전파되어 사람마다 그리로 침입하느니라

[요 3:5] 예수께서 대답하시되 진실로 진실로 네게 이르노니 사람이 물과 성령으로 나지 아니하면 하나님의 나라에 들어갈 수 없느니라

사도 바울도 다음과 같이 고백했다.

[롬 6:6] 우리가 알거니와 우리의 옛 사람이 예수와 함께 십자가에 못 박힌 것은 죄의 몸이 죽어 다시는 우리가 죄에게 종 노릇 하지 아니하려 함이니

[고후 5:17] 그런즉 누구든지 그리스도 안에 있으면 새로운 피조물이라 이전 것은 지나갔으니 보라 새 것이 되었도다

(2) 구원을 이루어가는 것은 이 땅에(더 정확하게는 믿는 자 안에) 도래한 현재적 하나님나라의 삶을 살아내는 것이다.

이것은 죄의 세력으로부터 자유함을 누리는 것이며, 우리의 거짓자아로부터 벗어나 그리스도 의식(하나님의 영의 인도함을 받은 혼)3을 가지고 일상의 삶을 살아가는 것을 훈련(믿음의 선한 싸움)하는 것이다. 그결과 우리 안에 계신 그분의 영광을 나타내는 삶을 살게 된다.

[고후 4:16] 그러므로 우리가 낙심하지 아니하노니 우리의 겉사람은 낡아지나 우리의 속사람은 날로 새로워지도다

[벧전 2:9] 그러나 너희는 택하신 족속이요 왕 같은 제사장들이요 거룩한 나

---

3 그리스도 의식 : 거듭난 후 하나님의 영이 임하심으로 말미암아 우리의 옛 본성, 옛 자아는 없어지고, 우리는 예수 그리스도 안에서 새로운 자아를 가진 영적 존재가 되었다. 그 존재를 "예수 그리스도 안에 있는 새로운 피조물(예수 그리스도 안에 있는 새로운 자아 : divine nature)"이라고 한다(고후 5:17). 그러나 하나님의 영에 속한 혼(의식, 생명, 목숨)을 가진 자를 삼인칭으로 나타내기 위해서는 '그리스도 의식'으로 표현할 수 있다. 2장에서 자세히 설명하겠지만, 혼은 의식, 생명, 목숨과 동일한 의미를 지니고 있으며 문맥에 따라 다르게 표현되었다.

라요 그의 소유가 된 백성이니 이는 너희를 어두운 데서 불러 내어 그의 기이한 빛에 들어가게 하신 이의 아름다운 덕을 선포하게 하려 하심이라

이러한 삶을 살기 위해서는 우리의 감각과 경험에 기초한 삶을 사는 것이 아니라 날마다 하나님의 자녀로서 그리스도 의식을 가지고 살아야 한다. 그것은 바로 자기를 부인하고 자기십자가를 지는 삶이다. 이 것을 성화(聖化, sanctification)의 삶이라고 말할 수 있다. 성화의 삶이란 거짓자아로 주의 말씀을 지키고 행하며 열심히 사는 삶이 아니라, 새로운 자아로 자신의 평범한 일상에서 주의 지혜와 의와 거룩함과 구원을 나타내는 삶이다.

[고전 1:30] 너희는 하나님으로부터 나서 그리스도 예수 안에 있고 예수는 하나님으로부터 나와서 우리에게 지혜와 의로움과 거룩함과 구원함이 되셨으니

⑶ 구원의 최종적 완성은 예수님의 재림을 통하여 몸의 부활을 입고 영원한 미래적 하나님나라의 삶을 사는 것이다.

우리는 언젠가 육신의 연수를 다하게 될 것이고, 구원을 이루어간 자는 하나님의 부르심을 따라 그 영혼이 천국에 가게 될 것이다. 이것을 영화(榮化, glorification)라고 말할 수 있다. 그때는 죄의 존재로부터 자유함을 얻고 하나님이 계시는 천국에서 최고의 복을 누리겠지만 지금은 아직 몸의 부활을 입지 않았기 때문에 구원이 최종적으로 완성된 것은 아니다. 그러나 예수님의 재림 때 모든 성도들이 몸의 부활을 입

고 신랑 되신 예수 그리스도와 천국 혼인 잔치에 참여하게 될 것이고, 예수 그리스도와 함께 이 땅에서 천년 동안 왕노릇하게 된다. 그리고 이 천년왕국이 끝나고 최후의 심판 이후에 우리는 새 하늘과 새 땅 그리고 영원한 도성, 새 예루살렘에서 영원한 안식을 누리게 된다.

[살전 4:15-18] 우리가 주의 말씀으로 너희에게 이것을 말하노니 주께서 강림하실 때까지 우리 살아 남아 있는 자도 자는 자보다 결코 앞서지 못하리라 주께서 호령과 천사장의 소리와 하나님의 나팔 소리로 친히 하늘로부터 강림하시리니 그리스도 안에서 죽은 자들이 먼저 일어나고 그 후에 우리 살아 남은 자들도 그들과 함께 구름 속으로 끌어 올려 공중에서 주를 영접하게 하시리니 그리하여 우리가 항상 주와 함께 있으리라 그러므로 이러한 말로 서로 위로하라

[고전 15:42-50] 죽은 자의 부활도 그와 같으니 썩을 것으로 심고 썩지 아니할 것으로 다시 살아나며 욕된 것으로 심고 영광스러운 것으로 다시 살아나며 약한 것으로 심고 강한 것으로 다시 살아나며 육의 몸으로 심고 신령한 몸으로 다시 살아나나니 육의 몸이 있은즉 또 영의 몸도 있느니라 기록된 바 첫 사람 아담은 생령이 되었다 함과 같이 마지막 아담은 살려 주는 영이 되었나니 그러나 먼저는 신령한 사람이 아니요 육의 사람이요 그 다음에 신령한 사람이니라 첫 사람은 땅에서 났으니 흙에 속한 자이거니와 둘째 사람은 하늘에서 나셨느니라 무릇 흙에 속한 자들은 저 흙에 속한 자와 같고 무릇 하늘에 속한 자들은 저 하늘에 속한 이와 같으니 우리가 흙에 속한 자의 형상을 입은 것 같이 또한 하늘에 속한 이의 형상을 입으리라 형제들아 내

가 이것을 말하노니 혈과 육은 하나님 나라를 이어 받을 수 없고 또한 썩는 것은 썩지 아니하는 것을 유업으로 받지 못하느니라

3. 하나님나라의 도래는 무엇을 의미하는가?

하나님나라에서 '나라'는 히브리어로는 '말쿠트', 헬라어로는 '바실레이아'이며, 이 단어의 뜻은 "다스림, 통치(dominion, reign)"를 의미한다. 그래서 하나님나라를 영어로는 'Kingdom(king's dominion) of God'이라고 표현한다. 성경에서 하나님나라를 읽을 때는 하나님의 통치를 가장 주된 의미로, 그리고 부차적으로 그 통치가 임함으로 인하여 하나님의 영광이 나타난 그 장소 또는 영역으로 이해하면 좋을 것이다. 성경에 나오는 하나님나라(the kingdom of God)와 천국(the kingdom of heaven)은 동일한 의미이며, 사복음서 중 마태복음에서만 두 용어가 모두 사용되었고, 다른 복음서에서는 (하나님)나라만 사용되었다.

우리는 흔히들 이 땅에 하나님나라가 도래했다고 말한다. 그것은 아마 '나라'라는 뜻을 무의식 가운데 땅을 차지하고 있는 국가(nation)의 의미로 받아들이기 때문일 것이다.

[눅 4:43] 예수께서 이르시되 내가 다른 동네들에서도 하나님의 나라 복음을 전하여야 하리니 나는 이 일을 위해 보내심을 받았노라 하시고

또한 그 당시 예수님께서 위의 말씀을 하실 때 마침내 로마의 통치에서 벗어나 다윗 왕조가 새롭게 시작될 것이라는 뜻으로 받아들였기 때

문에 그렇게 생각할 수도 있다. 그러나 전혀 그런 뜻이 아니다. 왜냐하면 하나님나라는 우리 안에(within you, among you) 있기 때문이다.

[눅 17:20-21] 바리새인들이 하나님의 나라가 어느 때에 임하나이까 묻거늘 예수께서 대답하여 이르시되 하나님의 나라는 볼 수 있게 임하는 것이 아니요 또 여기 있다 저기 있다고도 못하리니 하나님의 나라는 너희 안에 있느니라

따라서 하나님나라가 이 땅에 도래했다거나 이 세상을 하나님나라로 변화시킨다는 것은 정확한 표현이 아니다. 하나님나라는 우리 안에 임하는 것이며, 우리 안에 계신 그분께서 우리를 통해서 그분의 뜻을 이룰 때, 즉 그분의 영광을 드러낼 때 그곳에 하나님나라가 임했다고 말할 수 있을 것이다. 하나님나라가 되려면(하나님의 통치가 이루어지려면) 무엇보다 먼저 하나님께서 계셔야 한다. 우리에게 하나님나라가 임할 수 있는 이유는 우리의 몸이 하나님의 영이 계시는 성전이 되었기 때문이다.

[고전 6:19-20] 너희 몸은 너희가 하나님께로부터 받은 바 너희 가운데 계신 성령의 전인 줄을 알지 못하느냐 너희는 너희 자신의 것이 아니라 값으로 산 것이 되었으니 그런즉 너희 몸으로 하나님께 영광을 돌리라

[요 14:16] 내가 아버지께 구하겠으니 그가 또 다른 보혜사를 너희에게 주사 영원토록 너희와 함께 있게 하리니

[요 14:23] 예수께서 대답하여 이르시되 사람이 나를 사랑하면 내 말을 지키리니 내 아버지께서 그를 사랑하실 것이요 우리가 그에게 가서 거처를 그와 함께 하리라

그러나 하나님께서 우리 안에 계셔도 그분에게 통치권이 주어지지 않으면 하나님나라가 이루어진다고 말할 수 없다. 예를 들어, 영국을 생각해보면 영국은 'United Kingdom'이다. 그러나 왕에 대한 예우는 있지만, 실제적인 통치권은 영국 총리에게 있다. 이런 의미에서 영국은 진정한 킹덤이라고 말할 수 없다.

[시 145:13] 주의 나라는 영원한 나라이니 주의 통치는 대대에 이르리이다

예수님께서 하나님나라에 대해서 전하실 때는 오순절 날 이후에 시작된 하나님나라와 예수님께서 재림하신 후의 하나님나라를 모두 포함하여 말씀하시고 계신다. 그래서 오순절 날 성령강림으로부터 예수님께서 재림하시기 전까지의 기간을 현재적 하나님나라라고 부르고, 재림 후를 미래적 하나님나라라고 부른다. 예를 들어 다음 구절은 미래적 하나님나라를 나타내고 있다.

[고전 15:49-50] 우리가 흙에 속한 자의 형상을 입은 것 같이 또한 하늘에 속한 이의 형상을 입으리라 형제들아 내가 이것을 말하노니 혈과 육은 하나님 나라를 이어받을 수 없고 또한 썩는 것은 썩지 아니하는 것을 유업으로 받지 못하느니라

하나님나라의 관점에서 구원의 서정을 이해하는 데 가장 중요한 개념은 다음 두 가지로 볼 수 있다. 첫 번째는 '전에는 그러나 이제는'(then… but now)이라는 개념이며, 두 번째는 '이미 그러나 아직'(already… but not yet)이라는 개념이다.

(1) 전에는 그러나 이제는(then… but now)

구원의 서정으로 볼 때 구원을 받는다는 것은 하나님나라로 침노한다는 뜻이라는 것을 살펴보았다. 그것은 바로 복음을 듣고, 회심하여 그리스도 안에서 새로운 존재로 거듭났다는 것이다. 이것을 표현하는 것이 바로 "전에는 그러나 이제는"(then… but now)이다. 사도 바울은 우리가 예수 그리스도로 말미암아 새로운 피조물이 된 것이 얼마나 놀라운 일인지 강조하기 위해서 이런 표현을 반복적으로 사용하고 있다. 개역개정 성경에서는 단지 '이제는'이라는 표현으로 번역했지만, 헬라어 원어의 의미는 "과거에는 어떠했지만, 그러나 이제는"이라는 뜻이다.

① 전에는(then…)

마귀의 통치 아래 종노릇하며 살았다. 고통과 괴로움 속에서 소망이 없는 삶 그 자체였다. 하나님나라의 복음의 관점에서 볼 때 더 정확한 표현은 육체에 기초한 삶을 살았다고 할 수 있다. 즉 자신의 감각으로 세상을 경험하고, 자신의 과거의 경험과 지식에 기초한 생각과 감정으로 살아가는 삶을 말한다.

② 그러나 이제는(but now)

하나님나라의 복음을 듣고 예수 그리스도를 믿음으로 예수 그리스도 안에서 새로운 피조물이 되어 이제는 그리스도 의식으로 살 수 있는 하나님의 자녀가 되었다는 것이다. 본질적으로 새롭게 변화했다는 뜻이지 현실적으로 그렇게 되었다는 뜻이 아님을 아는 것이 매우 중요하다. 죄로 인해 타락한 인간이 예수 그리스도를 믿음으로 인하여 구원을 받게 되었다는 것이다. 구원을 받게 되었다는 것은 우리가 물과 성령으로 거듭났다는 것을 의미하며, 그 결과로 죄의 형벌로부터 자유함을 얻게 되었다는 것이다. 그 말은 하나님나라로 침노함으로 하나님의 자녀로서의 삶을 살 수 있게 되었다는 뜻이다(요 3:5-6). 구약적으로 보면 있을 수 없는 일이 일어난 것이다. 어떤 인간도 도달할 수 없고, 어떤 인간에게도 일어날 수 없는 일이 하나님의 은혜로 이루어진 것이다. 따라서 '전에는 그러나 이제는'은 극적인 반전을 의미한다. 더욱 더 놀라운 사실은 이러한 반전이 우리의 행위나 공로에 달려 있는 것이 아니라 바로 예수 그리스도의 십자가 공로에 달려 있으며, 우리의 믿음으로 누릴 수 있게 된다는 것이다.

[롬 3:23] 모든 사람이 죄를 범하였으매 하나님의 영광에 이르지 못하더니

[엡 2:1-8] 그는 허물과 죄로 죽었던 너희를 살리셨도다 … 전에는 우리도 다 그 가운데서 우리 육체의 욕심을 따라 지내며 육체와 마음의 원하는 것을 하여 다른 이들과 같이 본질상 진노의 자녀이었더니 긍휼이 풍성하신 하나님이 우리를 사랑하신 그 큰 사랑을 인하여 허물로 죽은 우리를 그리스도와

함께 살리셨고 너희는 은혜로 구원을 받은 것이라 … 너희는 그 은혜에 의하여 믿음으로 말미암아 구원을 받았으니 이것은 너희에게서 난 것이 아니요 하나님의 선물이라

예수님께서 전하신 복음은 하나님의 통치에 대한 복된 소식이다. 그것은 바로 우리가 마귀의 통치를 받으며 비참히 살다가 영원한 형벌 속에 던져질 수밖에 없는 운명에서 예수 그리스도로 말미암아 하나님의 생명 안에 영생을 누리는 존재가 되었다는 너무나 놀랍고 복된 소식이다. 게다가 더 이상 육체에 매여 마귀에게 종노릇하는 삶을 사는 것이 아니라 그리스도 안에서 하나님을 나타내는 삶을 사는 자가 되었다는 것이다.

그런데 안타깝게도 오늘날 우리가 받아들이는 복음은 과거에는 죄와 마귀로 인한 고통과 괴로움 속에서 살았는데, 예수 그리스도를 믿음으로 행복과 풍성함을 누린다는 반전을 의미하는 것으로 왜곡되어 버렸다. 하나님께서 우리를 재창조하신 것에 초점을 맞추기보다 지금 우리에게 무엇을 해주시는가에 초점을 맞추고 있는 것이다.

예수님을 믿는다는 것은 단지 죄사함 받았다, 구원받았다, 그래서 천국에 갈 수 있다는 의미 만이 전부가 아니다. 진정한 복음은 그리스도 안에서 내가 새로운 피조물이 되어 하나님을 나타내는 존재가 된다는 것을 알려주는 좋은 소식인데, 가짜 복음은 내면의 본질적 변화 없이 하나님을 자신의 문제를 해결해주는 알라딘 램프의 지니 같은 분으로 격하시켜버렸다. 우리는 내가 예수님을 믿고 난 다음에 그전과 비교했을 때 내 삶에서 무슨 좋은 일이 일어났는가, 무슨 유익이 있는가

로 복음을 생각하고 있다. 그리고 그것이 얼마나 어처구니없고 두려운 일인지를 알지 못한다.

하나님의 영광으로 임하는 영적 세계인 하나님나라에 대해서 다시 한번 생각해보자.

> [눅 17:20-21] 바리새인들이 하나님의 나라가 어느 때에 임하나이까 묻거늘 예수께서 대답하여 이르시되 하나님의 나라는 볼 수 있게 임하는 것이 아니요 또 여기 있다 저기 있다고도 못하리니 하나님의 나라는 너희 안에 있느니라

"하나님의 나라는 볼 수 있게 임하는 것이 아니요"라는 말은 감각에 기초한 세계가 아니라는 것이다. "또 여기 있다 저기 있다고도 못하리니"라는 것은 시간과 공간에 제한된 세계가 아니라는 뜻이다. 마지막으로 "하나님의 나라는 너희 안에 있느니라"라는 뜻은 육체에 기초한 우리 안이 아니라 하나님의 영에 의해서 거듭난 존재 안에 있다는 것이다.

육체에 기초한 삶을 사는 자는, 몸은 물리세계에 거주하면서 자신의 거짓자아로 만든 가공세계에서 살아간다. 그리고 그 세상에서 어떤 행복과 성공을 누리는가가 그 인생의 목적이다. 그러나 영에 기초한 삶을 사는 자는 거짓자아에서 깨어나 그리스도 의식을 가지고, 몸은 물리세계에 거주하지만, 그 영혼은 시공간을 초월한 그리스도의 세계에서 살아가야 한다. 그리고 그곳에서 주의 말씀으로 이미 이루어진 것을 이 땅에 나타내는 삶을 살아야 한다.

[골 1:13] 그가 우리를 흑암의 권세에서 건져내사 그의 사랑의 아들의 나라로 옮기셨으니

[빌 3:20] 그러나 우리의 시민권은 하늘에 있는지라 거기로부터 구원하는 자 곧 주 예수 그리스도를 기다리노니

복음의 핵심은 예수 그리스도께서 우리의 죄를 대속하심으로 다시 하나님의 영이 임하고, 그 결과 우리가 새로운 피조물이 된다는 것이다. 즉 육체에 기초한 삶을 살던 육적 존재에서 영에 기초한 삶을 사는 영적 존재가 된다는 것이다. 그것은 바로 죄로 인해 밝아진 육신의 눈이 닫히고(창 3:5) 성령으로 인하여 마음의 눈이 열려서(엡 1:18) 더 이상 감각에 기초하여 외부세계를 경험하고 과거의 경험과 지식에 기초한 생각으로 나와 세상을 판단하는 것이 아니라, 하나님의 영에 기초하여 경험하는 새로운 나와 새로운 의식으로 세상을 보고, 우리의 몸이 하나님을 경험하고, 그 몸을 통하여 하나님의 뜻을 나타내는 삶을 살게 된다는 것이다. 이것이 바로 '전에는 그러나 이제는'(then… but now)의 개념이다.

(2) 이미 그러나 아직(already… but not yet)

하나님나라의 관점에서 볼 때 하나님나라로 침노하는 것은 구원을 받은 것이고, 하나님나라의 삶을 살아가는 것은 구원을 이루어가는 것이다. 이 현재적 하나님나라의 특성을 설명하기 위해서 신학자들은 '이미 그러나 아직'(already… but not yet)이라는 말을 사용한다. 본래 이

개념은 오스카 쿨만(Oscar Cullmann)이라는 신학자에 의해 처음 사용되었다. 이것은 쉽게 'D-day'와 'V-day'로 설명될 수 있다. 제2차 세계대전에서 연합군이 프랑스 서부 해안 노르망디 상륙작전을 하면서 나온 말이다.

연합군이 정한 D-day는 1944년 6월 6일이었다. 연합군은 결국 노르망디 상륙작전에 성공했으며 이날 이후 전세는 역전되었지만, D-day가 곧 V-day(victory day)는 아니었다. 실제로 연합군이 최종 승리를 한 것은 1년 뒤인 1945년 6월이었다. 이처럼 우리는 이미 구원을 얻었지만(법적으로 하나님의 자녀가 되었지만 D-day), 우리가 얻은 구원의 완성은 예수 그리스도의 재림의 날에 이루어지는데, 그날은 아직 오지 않았다(현실적으로는 우리의 삶이 아직 온전하지 못함을 나타내기 위해서 V-day). 이처럼 우리의 삶이 이미 받은 구원과 그러나 아직 완성되지 않은 구원 사이의 긴장 속에 있기 때문에 '이미 그러나 아직'이라는 개념으로 이를 표현한 것이다.

이러한 '이미'와 '아직' 사이의 긴장 상태는 예수님의 가르침 속에 명백히 나타난다. 왜냐하면, 예수님께서 하나님나라는 현재적인 실재인 동시에 미래적 소망이라고 가르치셨기 때문이다. 따라서 현재적 하나님나라에서 구원을 받은 우리가 해야 할 일은 바로 구원을 이루어가는 것이다. 왜냐하면 우리는 영적으로(본질적으로) 이미 새로운 피조물이 되었지만, 여전히 육체에 묶인 삶을 살고 있기 때문이다. 즉 영으로는 새롭게 되었지만, 육신(혼과 몸)으로는 여전히 구습에서 벗어나지 못하고, 타락한 영혼이 나라고 믿는 거짓자아로 살아가기 때문이다. 따라서 우리의 육신이 구원을 이루어가기 위해서는 거듭날 때 우리 안에 오신 하나님의 영의 인도하심을 따라 육신이 죄의 세력으로부터 자유함을 얻도록 해야 한다.

> **[롬 8:10-11]** 또 그리스도께서 너희 안에 계시면 몸은 죄로 말미암아 죽은 것이나 영은 의로 말미암아 살아 있는 것이니라 예수를 죽은 자 가운데서 살리신 이의 영이 너희 안에 거하시면 그리스도 예수를 죽은 자 가운데서 살리신 이가 너희 안에 거하시는 그의 영으로 말미암아 너희 죽을 몸도 살리시리라

> **[롬 8:13]** 너희가 육신대로 살면 반드시 죽을 것이로되 영으로써 몸의 행실을 죽이면 살리니

> **[롬 8:5-6]** 육신을 따르는 자는 육신의 일을, 영을 따르는 자는 영의 일을 생각하나니 육신의 생각은 사망이요 영의 생각은 생명과 평안이니라

'이미와 아직 사이'로 표현되는 현재적 하나님나라에 대해 좀 더 구체적으로 알아보자. 오늘날 현재적 하나님나라를 이해하는 데 가장 큰 걸림돌은 하나님나라의 관점에서 그의 나라를 보는 것이 아니라 선험적 조건 4 이라는 세속적 사고방식 5 (secular mentality or mindset)으로

---

4 선험적 조건 : 선험적이라는 말은 "경험에 앞서서 인식의 주관적 형식이 내재하고 있다고 주장하는"의 뜻이고, 그 조건은 여러 가지를 들 수 있지만 크게는 ① 시공간에 제한된 생각, ② 거짓 자아가 인식의 주체가 되는 것, ③ 시간의 축상에 기초한 인과법칙을 들 수 있다. 일반적으로 우리의 모든 인식은 이 선험적 조건하에서 이루어진다.

보는 것이다. 그 결과 그동안은 전통적으로 현재적 하나님나라를 단지 시간적인 관점에서 보았다. 그러나 하나님의 통치가 이루어지는 영적 세계인 현재적 하나님나라를 제대로 이해하기 위해서는 성령 안에서 법정적 현재적 관점과 차원적 관점으로 볼 줄 알아야 한다. 현재적 하나님나라는 다음의 세 가지를 모두 포함하는 실재이다.

① 시간적 측면에서 볼 때

현재적 하나님나라를 바라보는 가장 보편적인 방법으로 "이미… 그러나 아직"이라는 개념을 선형적인 시간의 축상에서 이해하는 것이다. 즉 예수님의 초림으로 이미 도래한 하나님나라가 예수님의 재림 때 온전하게 완성될 것을 바라보는 것이다.

[마 25:34] 그 때에 임금이 그 오른편에 있는 자들에게 이르시되 내 아버지께 복 받을 자들이여 나아와 창세로부터 너희를 위하여 예비된 나라를 상속받으라

[고전 15:24] 그 후에는 마지막이니 그가 모든 통치와 모든 권세와 능력을 멸하시고 나라를 아버지 하나님께 바칠 때라

---

5 세속적 사고방식(secular mentality) : 종교와 과학은 별개의 것으로 분리되어야 한다는 사고방식에 의해서 종교를 배제한 인본주의적 관점을 말한다. 믿는 그리스도인들도 일평생 그렇게 교육받아왔기 때문에 세상의 이치뿐만 아니라 성경의 말씀도 자연스럽게 그런 관점에서 보게 된다.

② 법정적 측면에서 볼 때

이미 법적으로는 판결이 났지만(계약이 이루어졌지만) 현실적으로 아직 실현되지는 못한 상태를 말할 수 있다. 이것은 예수 그리스도의 구원 사역이 법적으로는 영혼몸 모두에서 이루어졌지만, 현실의 측면에서는 영에서만 이루어진 것을 의미한다(롬 8:5-6, 10-11, 13). 따라서 우리는 예수 그리스도 안에서 성령과 말씀을 통하여 우리 육신이 현실적으로 구원을 이루어가도록 해야 한다.

[롬 8:14] 무릇 하나님의 영으로 인도함을 받는 사람은 곧 하나님의 아들이라

[살전 5:23] 평강의 하나님이 친히 너희를 온전히 거룩하게 하시고 또 너희의 온 영과 혼과 몸이 우리 주 예수 그리스도께서 강림하실 때에 흠 없게 보전되기를 원하노라

③ 차원적 측면에서 볼 때

영적 세계에서는 이미 이루어졌지만 물리세계에서는 아직 나타나지 않은 상태를 말한다. 물리세계의 오감으로는 감각할 수 없지만, 영적 세계에서는 이미 존재하는 것을 의미한다.

[마 6:10] 나라가 임하시오며 뜻이 하늘에서 이루어진 것 같이 땅에서도 이루어지이다

[골 3:2-3] 위의 것을 생각하고 땅의 것을 생각하지 말라 이는 너희가 죽었고 너희 생명이 그리스도와 함께 하나님 안에 감추어졌음이라

[히 11:1] 믿음은 바라는 것들의 실상이요 보이지 않는 것들의 증거니

5. 현재적 하나님나라에서 '이미 그러나 아직'의 개념이 왜 중요한가?

"이미… 그러나 아직"의 개념이 중요한 이유는 우리의 정체성에 대한 명확한 이해와 더불어 현재적 하나님나라에서 우리가 어떻게 살아야 할지를 알려주기 때문이다. 그리스도인이 그리스도 안에서 이미 소유했지만 그와 동시에 아직 향유하지 못하는 것을 깨닫게 해준다. 또한 우리의 본질은 이미 하나님 우편에 계신 예수 그리스도 안에 거하기도 하지만, 동시에 몸을 통하여 이 땅에서 주님을 나타내는 삶을 살아야 한다는 것을 알게 한다. 그 결과 이 긴장 관계 속에서 자신을 바라보며, 이미 그리스도 안에서 새로운 피조물이 되었음에도 불구하고 현실적으로는 거짓자아로 그렇게 살지 못하는 이유와 그러면 어떻게 해야 하는지를 알게 해주기 때문이다.

[엡 2:6] 또 함께 일으키사 그리스도 예수 안에서 함께 하늘에 앉히시니

[요일 3:2] 사랑하는 자들아 우리가 지금은 하나님의 자녀라 장래에 어떻게 될지는 아직 나타나지 아니하였으나 그가 나타나시면 우리가 그와 같을 줄을 아는 것은 그의 참모습 그대로 볼 것이기 때문이니

그런데 문제는 이 '이미 그러나 아직'이라는 현재적 하나님나라의 속성을 차원적으로 보지 않고 단지 시간적으로만 보고 있다는 것이다. 그래서 대부분의 성도들은 '이미 그러나 아직'을 "지금은 아니지만 언젠가는"으로 받아들이고 있다. 우리 자신의 신앙생활을 생각해보라. 지금은 아니지만 좀 더 기도하고, 좀 더 거룩해지고, 좀 더 헌신하면 하나님의 축복 속에서 살 수 있을 것이라고 생각하지 않는가? 지금은 아니지만 언젠가 죽고 나서 천국에 가면 모든 것이 해결된다는 식으로 생각하지 않는가?

결국 우리 삶의 초점은 지금 이 순간 여기가 아니라 미래에 있게 된다. 우리의 실재는 오직 지금 이 순간 여기에만 존재하는데, 우리의 마음은 언제나 미래에 가 있는 것이다. 현재를 있는 그대로 바라보지 못하고, 지금 여기서는 늘 온전치 못하고 만족스럽지 못하다고 느끼는 것이다. 그렇게 되면 우리는 늘 거짓자아로 시간의 축상에서 추구하는 삶을 살 수밖에 없다. 그러나 예수님께서 전하신 현재적 하나님나라의 복음은 이미 거듭났기 때문에 현존하는 그리스도 안에서 그리스도 의식을 가지고(즉 소생되어 하나님의 영을 나타내는 혼이) "뜻이 하늘에서 이루어진 것같이 땅에서도 이루어지도록" 하는 지금 여기서 누리는 삶에 대하여 말하고 있다.

우리의 시민권은 이미 하늘에 있지만(빌 3:20), 이 땅에 몸을 가지고 하나님을 나타내는 대사적 삶을 살아가는 것이다(고후 5:20). 이 몸을 통하여 하나님을 경험하고, 이 세상에 하나님을 나타내는 삶을 사는 것이다. 우리는 이 두 차원의 삶을 사는 자이다. 이러한 차원적 관점에서 볼 때 우리는 본질적으로는 구원을 받았고 새로운 피조물이 되었지만, 여전히 구원을 이루어가야 하는 존재이다. 법적으로는 이미 하나님의 자녀이나, 현실적으로는 그 법이 실현되지 못하여 여전히 구습을 좇아 살고 있는 것이 우리의 현 상태이다. 영적으로는 하나님 우편에 계시는 예수 그리스도 안에 있지만, 현실적으로 이 세상에서 육신에 속하여 여전히 마귀의 종노릇하고 있는 상태를 말한다. 그래서 우리는 이 현재적 하나님나라에서 법적으로 이루어진 것을 현실적으로 누리기 위해 자기를 부인하고 자기십자가를 지고, 먼저 그의 나라와 의를 구하는 삶을 살아야 하는 것이다. 그것이 바로 구원을 이루어가는 삶이다.

그러나 다시 한번 강조되어야 할 사실은 '전에는 그러나 이제는'의 개념을 제대로 알지 못하거나, '이미 그러나 아직'의 긴장 상태에서 '이미'에만 집착하면 구원파의 주장이 되고, 반대로 '아직'에만 집착하면 세대주의적 시한부 종말론자가 된다는 것이다. 우리가 과거에는 육체에 기초한 삶을 살았지만, 지금은 예수 그리스도 안에서 그리스도 의식으로 살아가는 존재라는 사실을 안다면, 더 이상 '이미 그러나 아직'의 개념을 시간적 관점을 넘어 법정적 그리고 차원적인 관점에서 이해함으로써 "뜻이 하늘에서 이루어진 것같이 땅에서도 이루어지는 것을 경험하는 삶"을 살아야 한다. 즉, 거짓자아의 측면에서 보면 아직 이루어지지 않은 것처럼 보이기 때문에 그것을 이루기 위해 추구하는 삶을 살아가는 것이지만, 새로운 피조물의 측면에서 볼 때는 영적 세계에서 이미 이루어진 것을 물리세계에 지금 이 순간에 나타내는 것이다. 이것이 바로 '이미 그러나 아직'의 긴장 속에서도 우리가 죄의 세력을 이길 수 있고, 기사와 표적을 경험할 수 있고, 마귀의 일을 멸할 수 있는 이유이다. 다른 말로 최종적 구원을 얻기 위해서가 아니라 이미 받은 구원을 누리기 위해서 살아가는 것이다.

[요일 5:4-5] 무릇 하나님께로부터 난 자마다 세상을 이기느니라 세상을 이기는 승리는 이것이니 우리의 믿음이니라 예수께서 하나님의 아들이심을 믿는 자가 아니면 세상을 이기는 자가 누구냐

그렇다면 현실적으로 왜 그런 일이 일어나지 않느냐고 질문할 수 있다. 그것은 바로 얼마만큼 거짓자아의 죽음을 경험했는지와 그리스도 안에 있는 믿음을 사용하는지에 따라 현재적 하나님나라의 삶의 실제를 경험하는 수준이 결정되기 때문이다. 새로운 피조물이 안 되어서가 아니라 아직 거짓자아로부터 완전히 벗어나지 못하기 때문이다. 그리스도인으로서 이미 재창조된 우리의 새로운 자아는 그 자체가 계속 새롭게 되어가는 것이 아니라, 거짓자아가 죽어감으로써 그 자아가 내 몸을 통하여 더 나타나는 삶을 살아야 한다. 이 삶을 속사람이 겉사람을 뚫고 나오는 삶이라고 할 수 있고, 거짓자아가 아닌 내 안에 계신 그리스도가 사시는 삶이라고도 할 수 있다.

[골 3:9-10] 너희가 서로 거짓말을 하지 말라 옛 사람과 그 행위를 벗어 버리고 새 사람을 입었으니 이는 자기를 창조하신 이의 형상을 따라 지식에까지 새롭게 하심을 입은 자니라

[고후 4:16] 그러므로 우리가 낙심하지 아니하노니 우리의 겉사람은 낡아지

나 우리의 속사람은 날로 새로워지도다

우리는 믿음의 선한 싸움을 끝까지 싸워야 한다. 그것이 바로 현재적 하나님나라에서 성화의 삶이고, 구원을 이루어가는 삶이다. 이 싸움에서 승리하기 위해서는 우리는 아직 땅(현실)보다 이미 하늘(영적 세계)에서, 아직 이루어지지 않은 것보다 이미 이루어진 것을, 아직 보이지 않는 것보다 이미 보이는 것을, 아직 나타나지 않은 것보다 이미 나타난 것을 믿음으로 취할 줄 알아야 한다.

[막 11:24] 그러므로 내가 너희에게 말하노니 무엇이든지 기도하고 구하는 것은 받은 줄로 믿으라 그리하면 너희에게 그대로 되리라

[고후 4:18] 우리가 주목하는 것은 보이는 것이 아니요 보이지 않는 것이니 보이는 것은 잠깐이요 보이지 않는 것은 영원함이라

하나님나라, 말씀의 세계, 영의 세계, 그리스도의 세계는, 아무것도 없지만 이미 모든 것이 존재하는 세계이다. 보이지 않는 것을 보는 것이 영의 생각이고, 그것을 실체로 나타내는 것이 예수 그리스도 안에 있는 믿음이다. 우리 안에 있는 하나님나라에서 예수 그리스도 안에 있는 믿음으로, 예수님께서 부활 승천하심으로 하나님의 뜻을 하늘에서 이루심같이 이 땅에서도 나타내도록 하자.

[롬 8:6-8] 육신의 생각은 사망이요 영의 생각은 생명과 평안이니라 육신의

생각은 하나님과 원수가 되나니 이는 하나님의 법에 굴복하지 아니할 뿐 아니라 할 수도 없음이라 육신에 있는 자들은 하나님을 기쁘시게 할 수 없느니라

1 우리는 지금까지 예수 그리스도의 대속의 관점에서 구원을 받아들였지만, 그보다 더 큰(예수님의 초림과 공생애 사역과 재림 모두를 포함하는) 하나님나라의 관점에서 구원을 볼 때 진정한 복음을 이해할 수 있게 된다.

2 하나님나라의 관점에서의 구원의 의미는 타락한 인간이 예수 그리스도로 말미암아 죄사함을 받아 새로운 피조물이 된 것과 예수 그리스도 안에서 하나님의 의가 되어 본질적으로 주를 나타내는 존재가 된 것을 의미한다.

3 구원의 서정에서 구원받는 것은 현재적 하나님나라로의 침노, 구원을 이루어가는 것은 하나님나라의 실제적인 삶, 그리고 구원을 완성시키는 것은 예수 그리스도의 재림을 통한 미래적 하나님나라의 삶이다.

4 그 구원의 서정을 이해하기 위해서는 '전에는 그러나 이제는'(then… but now)과 '이미 그러나 아직'(already… but not yet)이라는 개념을 시간적 관점 뿐만 아니라 동시에 법정적, 차원적 관점으로도 이해해야 한다.

5 차원적 관점으로 거듭남을 이해할 때 비로소 본질적으로 재창조된 나(그리스도 안에 새로운 자아)를 의식하게 되고, 현재적 하나님나라에서 왜 두 차원의 삶을 살아야 하는지, 그리고 왜 구원받기 전에 나와 동일시했던 자신의 생각과 감정을 부인하고 거짓자아를 십자가를 못 박아야 하는지를 알게 된다.

6 구원을 받았기 때문에 구원을 이루어가야 하며, 그것은 육신의 소욕에 묶여 있는 타락한 혼(자신의 생각과 감정에 종노릇하는)이 아니라 성령의 소욕에 이끌림을 받은 소생된 혼(그리스도 의식)이 하나님의 영의 인도함을 받아 몸의 행실을 죽이는 삶을 사는 것이다.

2

영혼몸에 대한
성경적 이해

1장에서 예수님께서 전하신 올바른 복음, 하나님나라의 복음과 구원의 여정에 대해 알아보았다. 그렇다면 이 두 가지가 영혼몸에 대한 성경적 이해와 무슨 연관이 있을까? 아주 밀접한 관련이 있다. 앞서 살펴본 것처럼 현재적 하나님나라에서는 '전에는 그러나 이제는'과 '이미 그러나 아직' 이 두 개념 사이에 팽팽한 긴장이 존재한다. 이 긴장 속에서 구원을 온전히 이루어가기 위해서는 영혼몸에 대한 성경적 이해가 반드시 필요하다. 그렇지 않으면 마치 줄타기하는 사람처럼 제대로 균형을 잡지 못해 떨어지거나 한쪽으로 치우친 신앙생활을 할 수밖에 없다.

법적으로는(차원적으로는) 영혼몸 모두가 구원을 받았지만, 현실적으로는(시간적으로는) 영만 온전한 구원을 선취하였기 때문에 혼과 몸은 법적으로, 그리고 차원적으로 이미 받은 구원을 예수 그리스도 안에서 현실적으로(시간적으로) 이루어가야 한다. 이 말이 지금은 잘 이해가 되지 않을 수도 있지만, 이 장이 끝날 즈음에는 온전하게 깨닫게 될 것이고 자신의 신앙생활에 어떻게 적용해야 하는지도 알게 될 것이다.

1. 영혼몸의 성경적 이해의 중요성

우리는 흔히 '영혼육'이라는 표현을 쓰는데 성경적인 표현은 '영혼몸'이다. 왜냐하면 육(flesh)은 혼(soul)과 몸(body)을 합친 표현이기 때문이다.[6] 왜 우리는 영혼몸(spirit, soul, body)에 대한 올바른 성경적 지식을 가져야 하는가? 영, 혼, 몸 또는 영혼과 육체에 대한 바른 이해는 첫째, 우리의 올바른 구원론과 둘째, 우리 자신의 정체성 그리고 셋째, 구원을 이루어가야 하는 신앙생활에 있어 지대한 영향을 미치기 때문이다. 우리가 하나님나라 복음의 관점에서 영, 혼, 몸을 제대로 이해하지 못하면, 그리스도 안에서 새로운 피조물로 살 수 없고, 구원에 대한 확신 없이 혼돈 속에서 살 수밖에 없다. 또한 구원파나 이단들이 구원과 같은 기독교의 핵심진리를 공격하고 왜곡할 때 그 부분에 대해서 정확한 답을 할 수 없고 무엇이 진리인지 헷갈리기 때문에 그들에게 속아 이단에 빠질 수도 있다.

현재 신학계에서는 교단과 교파에 따라서 인간의 존재를 전통적으로 영혼과 육체 또는 영혼몸으로 나눈다. 그것을 흔히 이분설 또는 삼분설이라고 한다. 이러한 관점은 하나님이 창조하신 인간을 하나님나라의 구속사적 관점에서 본 것이 아니라 인간 중심의 관점에서 인간을 좀 더 잘 이해하기 위해 개념적으로 나누어 놓은 것일 뿐이기 때문에, 어느 한 주장에 집착하거나 고집하는 것은 바람직하지 않다. 이 장에서 말하고자 하는 영혼몸에 대한 내용은, 오랜 세월 수많은 신학자들

---

6 좀 더 자세한 내용을 위해서는 본 장의 2(5)를 참고하라.

이 연구하고 주장한 인간의 구조적 요소에 대해서 어떤 것이 옳다고 주장하는 것이 아니라, 하나님나라의 관점에서 영혼몸의 상태로 구원의 여정을 더 명확히 설명하고자 하는 데 역점을 두었다.

이분설에 있어 주된 관점은, 인간을 단지 물질과 비물질적 측면에서 나누어 생각하기 때문에 영혼과 육체로 보고 있다. 그래서 영과 혼을 분리시킬 수 없다고 생각한다. 또한 성경에서 인간을 영과 육, 영과 몸으로 설명하고 있는 몇 구절에 집착하여 영 또는 혼이 동일한 것으로 보고 영혼이라고 말한다. 물론 영과 혼은 서로에게 불가분의 관계를 가지지만, 영과 혼은 결코 동일한 것이 아님을 알아야 한다. 영혼이 하나라는 관점을 가지는 이유는 타락한 인간의 구속을 새 언약의 성취 즉 하나님나라의 복음적 관점에서 보지 않기 때문이라고 생각한다.

삼분설의 주된 주장은, 영은 하나님을 의식하고 영적 세계와 관계하는 일을 담당하고, 혼은 자아를 의식하고 정신세계와 관계하는 것을 담당하고, 몸은 세상을 의식하고 물리세계와 관계하는 것으로 본다. 그러나 영혼몸은 서로 떼려야 뗄 수 없는 유기적인 관계를 가지며 이 긴밀한 관계 속에 서로 상호작용하며 '인간'이라는 온전한 인격체를 이루고 있다. 따라서 영혼몸을 단지 기능이나 역할적 측면으로만 나누어 생각하는 것은 온전하지 않다. 성경에서는 구원 전후 및 구원을 이루어갈 때 인간 존재의 상태나 활동을 정확하게 표현하기 위해서 영혼몸을 각각 분리된 상태의 개념으로, 혹은 합쳐진 개념으로 설명하고 있을 뿐이다. 따라서 인간의 존재를 삼분설로만 규정짓는 것도 온전하지 않다.

히브리적 관점으로 볼 때 인간의 존재는 전인적 통일체(psychosomatic

unity)이다. 신약의 경우 히브리적 개념의 인간 존재를 헬라적 개념으로 설명하기 위해서 구원 전후의 상태에 따라 이분적으로 또는 삼분적으로 나누어 설명하고 있다. 하나님나라의 복음을 모든 민족에게 전하기 위해 그렇게 한 것이지 인간의 영혼몸을 이분설이나 삼분설과 같은 구조론적으로 나누기 위한 것이 아니다. 그러나 그 당시 그리스의 이원론적 사유방식과 영지주의는 하나님의 영의 인도함을 받기보다는 오히려 이성과 사유에 기초하여 인간의 존재를 이원론적으로 분리하여 이해하고, 세상과 물질에 속한 것은 속되기 때문에 육체로부터 벗어나 영혼의 해방과 순전한 앎을 추구하는 것이 가장 소중한 것이라고 주장하여 인간의 존재를 영혼몸으로 분리하였다. 그 후 역사적으로 볼 때는, 중세 암흑시대에 반발한 르네상스7 이후 계몽주의8 영향으로 인간의 이성과 경험 그리고 과학적 방법론에 대한 지나친 추구와, 그에 반하여 영적인 초자연 세계의 실재와 역동성에 대해서는 부정하는 영향력이 기독교 내에 들어온 것도 이러한 혼동의 원인이 되었다.

이와 더불어 또 하나의 혼동 요인은 번역하는 과정 가운데서 성경 원어(히브리어, 헬라어)가 가지는 진정한 의미를 온전히 번역하는 것이 불가능하다는 점이다. 또한 번역하는 과정 가운데 번역가들의 신학적 견

---

7 르네상스(renaissance) : 14-16세기에 일어난 문화운동으로 중세 암흑기 전 로마-헬라 시대의 인본주의적으로 꽃피웠던 시절로 돌아가자는 운동

8 계몽주의(enlightenment) : 16-18세기에 유럽 전역에 일어난 혁신적 사상으로, 교회의 권위에 바탕을 둔 구시대의 정신적 권위와 사상적 특권과 제도에 반대하고, 이성과 합리적 사유를 통하여 사회의 무지를 타파하고 현실을 개혁하자는 사상

해와 판단이 불가피하게 개입될 수밖에 없다는 점이다. 따라서 인간의 존재적 요소에 대한 히브리어와 헬라어 단어들은 문맥에 따라 원어적으로 같은 단어임에도 다른 단어로 번역되거나 반대로 다른 단어임에도 같은 단어로 번역되기도 한다. 현재적 관점에서(정경이 완성된 이후 그리고 현대과학의 관점에서) 이를 제대로 인지하고 있지 않으면 성경이 전달하는 정확한 의미와 문맥적 뉘앙스를 놓치게 된다.

따라서 성경의 말씀을 제대로 이해하기 위해서는 먼저 성령의 도우심을 받아야 하며, 성경 원어를 볼 수 있는 경우가 아니라면 다양한 성경 역본들을 비교하여 살펴봄으로써 구약과 신약의 원어가 전달하고 있는 의미를 최대한 포착하는 것이 반드시 필요하다. 그런데 대부분 우리는 한 권의 역본을 가지고 신앙생활을 한다.

현재 한국 교회에서 가장 많이 사용하고 있는 개역개정판은 귀한 번역본이다. 그러나 이 번역본은 히브리어나 헬라어의 영, 혼, 몸, 육, 마음, 심령과 같은 단어들에 대하여 원문의 본뜻을 이해하기 어렵게 번역된 곳이 있다. 그중 가장 혼란스러운 것은 영과 혼 그리고 영혼에 대한 번역이다.

일례로, 당신이 구원받았다고 말할 때 당신의 무엇이 구원받은 것으로 생각하는가? 반자동적으로 내 영혼이 구원받았다고 생각하지 않는가? 흔히들 그렇게 말하기 때문이다. 그러나 베드로전서 1장 9절에 "믿음의 결국 곧 영혼의 구원을 받음이라"라고 기록되어 있다. 모순과 같은 상황, 즉 이미 영혼이 구원을 받았는데, 믿음의 결국이 다시 영혼의 구원이라는 말을 도대체 어떻게 받아들여야 하는가? 야고보서 2장 26절의 '영혼'의 원어는 프뉴마(헬)이고, 베드로전서 1장 9절의 '영혼'의 원어는 프쉬케(헬)이다. 원어로 서로 다른 단어를 똑같이 '영혼'이라는 단어로 번역했기 때문에 이러한 혼돈이 생기게 된 것이다.

> **[약 2:26]** 영혼(프뉴마) 없는 몸이 죽은 것같이 행함이 없는 믿음은 죽은 것이
> 니라

> **[벧전 1:9]** 믿음의 결국 곧 영혼(프쉬케)의 구원을 받음이라

먼저 알아두어야 할 사실은, 한글에서 영과 혼 또는 영혼은 인간 존재론적 요소의 특정 부분만을 지칭하는 의미로 사용되지만, 히브리어 '루아흐'나 헬라어 '프뉴마'는 영(spirit), 바람(wind), 호흡(breath), 생각 또는 마음(mind) 등 폭넓은 의미를 가지며 저자와 문맥에 따라 다른 의미로 사용되어진다. 특히, 히브리어는 헬라어보다 그리고 헬라어는 영어나 한글보다 그 의미 범위(semantic range)가 훨씬 넓다. 본서는 성경 원어의 넓은 의미 범위를 인지하면서도, 구원 전후의 존재적 변화와 주 독자층의 효율적인 이해에 초점을 두고자 했다. 그래서 히브리어 '루아흐'와 '네페쉬', 헬라어 '프뉴마'와 '프쉬케'를 주 의미인 '영'과 '혼'이라는 좁은 범위의 의미로 해당 용어를 사용하였다. 9

이렇듯 우리의 구원론과 자아의 정체성 그리고 구원을 이루어가고 있는 지금의 상태를 정확하게 알기 위해서는 먼저 성경이 타락 전 인간

---

9 추가적으로 앞서 언급했듯이, 인간의 존재는 전인적 통일체로서 영혼몸 모두 긴밀하게 연결되

과 타락 후 인간 그리고 죽은 후 인간의 영혼몸의 상태를 문맥에 따라 어떻게 표현하고 있는가를 정확히 알아야 한다. 영혼몸의 상태를 현상적으로 규정하는 것이 아니라 문법적, 역사적, 정경적 해석 모두를 포함하여 하나님나라의 관점에서 통전적으로10 해석하는 것이 필요하다. 이러한 영혼몸의 통전적 이해를 위한 여덟 가지 열쇠를 살펴보자.

2. 영혼몸의 성경적 이해를 위한 여덟 가지 열쇠

(1) 첫 번째 열쇠 – 원어성경에는 '영혼'이란 말이 없으며, 일반적으로 영어 번역본에는 히브리어 '루아흐', 헬라어 '프뉴마'는 영(spirit)으로, 히브리어 '네페쉬', 헬라어 '프쉬케'는 혼(soul)으로 번역되었다는 것을 아는 것이다.

어 있다. 그래서 성경은 인간의 존재를 영혼몸으로 구별하여 말하기도 하지만, 때로는 영, 혼, 몸을 의미하는 단어가 전인적 통일체로서의 인간 전체를 지칭하는 용례로도 사용되고 있다. 이와 유사한 언어적 비유법에는 제유법(synecdoche)이 있다. 예를 들면, 전도서 3장 21절에서 사용되는 "인생들의 혼(히, 루아흐)"은 단순히 '영'만을 지칭하는 것이 아니라 인간 전체를 지칭하고 있다. 요한계시록 6장 9절에서 순교 당한 영혼들이 나오는데, 여기서 '영혼들'은 '프쉬케'의 번역인데, 이 경우에도 단순히 '혼'만을 지칭하는 것이 아니라 하나님의 영에 속한 혼으로 인간 전체를 지칭하는 용례로 사용되고 있다.

10 통전적(holistic) : "가능한 모든 진리를 아우르고 조화시키고 통합함으로써 온전함(wholeness)을 추구하는"의 의미로, 절충주의나 혼합주의가 아니라 하나님의 온전함을 더 드러내기 위한 관점을 의미한다.

영혼몸에 대한 성경적 이해를 위한 첫 번째 열쇠는 영혼몸, 영혼과 육체에 관련된 구절을 읽을 때 지금 읽고 있는 성경 역본뿐만 아니라 다른 번역본(외국어 역본 포함)을 대조하여 봄으로써 우리가 읽고 있는 번역본의 본래 뜻이 정확히 무엇을 의미하는지를 확인해보라는 것이다. 그럴 때 번역자의 의도 및 문맥에 따라 현대어로 다양하게 번역된 원어의 본뜻을 좀 더 정확하게 이해할 수 있을 것이다. 성경의 원문과 한국 번역본이 어떻게 다른지 다음 예시들을 통해 살펴보자. 영을 뜻하는 헬라어 원어인 '프뉴마'를 개역개정에서는 문맥에 따라 '심령', '마음', '영혼', '귀신', '중심', '영' 등으로 번역하였다.

[마 26:41] 시험에 들지 않게 깨어 기도하라 마음(프뉴마)에는 원이로되 육신이 약하도다 하시고

[막 2:8] 그들이 속으로 이렇게 생각하는 줄을 예수께서 곧 중심(프뉴마)에 아시고 이르시되 어찌하여 이것을 마음(카르디아)에 생각하느냐

[눅 1:17] 그가 또 엘리야의 심령(프뉴마)과 능력으로 주 앞에 먼저 와서 아버지의 마음을 자식에게, 거스르는 자를 의인의 슬기에 돌아오게 하고 주를 위하여 세운 백성을 준비하리라

[약 2:26] 영혼(프뉴마) 없는 몸이 죽은 것 같이 행함이 없는 믿음은 죽은 것이니라

한편, 혼을 뜻하는 헬라어 원어인 '프쉬케'를 개역개정에서는 대부분 '영혼'으로, 때로는 '목숨'으로 번역하였다.

[마 10:28] 몸은 죽여도 영혼(프쉬케)은 능히 죽이지 못하는 자들을 두려워하지 말고 오직 몸과 영혼을 능히 지옥에 멸하실 수 있는 이를 두려워하라

[약 1:21] 그러므로 모든 더러운 것과 넘치는 악을 내버리고 너희 영혼(프쉬케)을 능히 구원할 바 마음에 심어진 말씀을 온유함으로 받으라

[벧전 1:9] 믿음의 결국 곧 영혼(프쉬케)의 구원을 받음이라

[마 16:25] 누구든지 제 목숨(프쉬케)을 구원하고자 하면 잃을 것이요 누구든지 나를 위하여 제 목숨을 잃으면 찾으리라

그렇지만 개역개정판에서도 헬라어 원문에 충실하여 영, 혼, 몸을 구분하여 번역한 구절이 나온다.

[살전 5:23] 평강의 하나님이 친히 너희를 온전히 거룩하게 하시고 또 너희의 온 영(프뉴마)과 혼(프쉬케)과 몸(소마)이 우리 주 예수 그리스도께서 강림하실 때에 흠 없게 보전되기를 원하노라

[히 4:12] 하나님의 말씀은 살아 있고 활력이 있어 좌우에 날선 어떤 검보다도 예리하여 혼(프쉬케)과 영(프뉴마)과 및 관절과 골수를 찔러 쪼개기까지

하며 또 마음의 생각과 뜻을 판단하나니

이 예만 보아도 한글 번역본이 헬라어의 동일한 단어를 문맥에 따라 적절하게 번역하고자 노력은 하였지만, 경우에 따라서는 성경 원문의 의미를 다 담아내지 못했다는 것을 볼 수 있다. 히브리어나 헬라어 성경 그리고 모든 영어 번역본은 영(spirit) 또는 혼(soul)으로 번역되어 있지, 영혼이라는 단어 자체가 없다. '영혼'이라는 말은 중국어 성경과 한국어 성경에서만 사용하고 있다. 성경에 영혼이라는 용어는 없지만, 개념적으로 볼 때 경우에 따라서 이 표현이 완전히 잘못된 것은 아니다. 왜냐하면 인간의 혼은 혼자서 존재할 수 없고 어떤 영을 나타내는 역할을 하기 때문이다. '혼'을 성경적으로 정확히 표현한다면, "어떤 영을 나타내는 혼", "영에 속한 혼"이라고 표현해야 한다. 영과 혼은 이렇게 밀접한 관계에 있지만 결코 동일하지 않은 실체이다.

(2) 두 번째 열쇠 – 인간은 하나님께서 생기를 불어넣으심으로써 몸을 가진 생혼이 되었다. 그러므로 본래 하나님께서 창조하신 인간은 육적으로는 산소를 공급하고 이산화탄소를 배출하는 가스교환을 위해 호흡하지만 영적으로는 하나님의 생기를 호흡함으로 살아가는 존재였다.

하나님의 관점에서 인간의 창조와 타락에 대한 이야기를 기록한 창세기를 살펴봄으로써 하나님께서 인간을 어떠한 존재로 어떻게 창조하셨는지, 그리고 타락 전후로 인간의 존재에 어떠한 일이 일어났는지를 알아보자. 먼저 창조 때 영과 혼에 대해서 한 번 알아보자.

> **[창 2:7]** 여호와 하나님이 땅(히, adamah)의 흙(히, 아프르 : 먼지, 티끌)으로 사
> 람(히, adam)을 지으시고 생기(히, 네샤마 하임, 생명의 숨. 인공호흡 하듯이)를
> 그 코에 불어넣으시니 사람(adam)이 생령(히, 네페쉬 하야, living soul)이 되
> 니라

위 구절에서 '생기'는 히브리어로 '네샤마 하임'이다. '생'(하임)은 '하
야'에서 파생한 명사 '하이'의 복수형으로 "생명들"이라는 뜻이고 '기'(니
쉬미트)는 '네샤마'의 연계형으로 호흡, 숨을 의미한다. 따라서 '생기'는
"생명들의 숨결"을 말한다. 한편 생혼(네페쉬 하야)에서 '하야'는 형용사
'하이'의 여성형으로11 앞과 같은 의미이고, 혼(네페쉬)은 존재(생명)를 의
미한다. 따라서 생혼은 "living soul" 또는 "living being"으로 번역된
다.

하나님께서 우리의 코에 숨(생기)을 불어넣으심으로 흙으로 만든 인
간이 하나님의 생명으로 숨쉬는 살아 있는 존재(생혼)가 되었다는 것이
다. 개역개정은 이 구절을 "사람이 생령"이 된다고 번역하였지만 원문
에는 '네페쉬 하야' 즉 생혼(living soul)이라는 뜻으로 쓰여 있다. 한국
어와 중국어 성경을 제외한 모든 성경에 생혼으로 표기되어 있다. 한마
디로 하나님께서 생명의 숨(생기)을 코에 불어넣음으로써, 우리가 하나

---

11 '하이'는 명사도 되고 형용사도 된다. 문법적 형태를 보고 구분하는데, '네페쉬'가 여성명사이
기 때문에 '하야'는 형용사로 쓰인 것이다.

님의 영을 나타내는(즉 하나님을 이 땅에 나타내는) 자아의식을 가진 존재가 되었다는 것이다.[12]

타락 전에 인간은 하나님의 생명 안에서 하나님을 나타내는 의식을 가지고 살았다. 어떻게 그렇게 할 수 있었을까? 그것은 바로 언제 어디서나 무소부재하신 하나님의 생명을 호흡함으로 그분의 형상대로 살 수 있고 이 땅에 그분을 나타낼 수 있었던 것이다. 그러나 우리가 죄를 짓고 타락하였을 때 하나님의 영이 떠났다. 우리는 더 이상 하나님의 생기로(영적으로) 하나님과 교제하며 하나님을 나타낼 수 없게 되었다. 하나님 없이는 한순간도 존재할 수 없는 존재임에도 불구하고 마귀의 꾀임에 넘어가 죄를 짓고 타락함으로 하나님과 분리된 후 스스로 존재해야 하는 인격체(하나님과 생명적 관계가 없는)가 되어버린 것이다.

[창 3:5] 너희가 그것을 먹는 날에는 너희 눈이 밝아져 하나님과 같이 되어 선악을 알 줄 하나님이 아심이니라

우리가 살아갈 때 가장 중요하게 여기는 것이 무엇인가? 바로 숨을

---

12 히브리어 '네페쉬'는 단지 인간에게만 쓰인 것이 아니라 생물(생명)을 표현할 때도 사용되었다(창 1:21, 24, 30). 이에 따라서 아담이 동물과 구별된 존재로 창조되었고 영생을 누릴 수 있는 무형의 인격적 본질을 받은 것이 아니라고 주장하기도 한다. 그러나 인간은 하나님의 생기가 임할 때 단순히 호흡하는 자아의식을 가진 동물과는 달리 하나님의 생명으로 호흡하는 존재임을 알아야 한다. 이러한 관점에서 동물이 비록 혼을 가지고 있지만 하나님의 형상을 따른 영은 없으며 동물의 혼은 인간의 혼과 질적으로도 다르다는 것을 알아야 한다. 그리고 타락 후 하나님의 영이 떠난 인간은 기능하지 못한 영과 혼에 하나님의 흔적을 가지고 있는 존재라고 보아야 한다. 따라서 타락한 인간이라 해도 생물과는 완전히 구분된 영적 존재이다.

쉬는 것이다. 어느 누구도 호흡하지 않고는 살 수 없다. 우리는 호흡하는 것을 단지 온 몸의 세포에 산소를 공급하고 이산화탄소를 배출하는 가스교환 기능으로만 생각하지만, 본래 인간은 육체의 생명 유지와 더불어 하나님의 생기로 호흡함으로써 영의 생명을 유지하고 혼과 몸으로 하나님을 나타내는 존재였다. 우리가 호흡할 때마다 육체의 가스교환이 이루어질 뿐만 아니라 하나님의 생명의 숨결을 체험하는 것이다.

그런데 타락한 인간은 하나님과의 생명적 관계보다 단순히 자신의 육신적 생명을 유지하는 것이 전부라고 생각한다. 우리가 예수 그리스도를 통하여 다시 태어났다면, 우리는 하나님의 생기로 호흡하며 살아갈 줄 알아야 한다. 그래서 예수님께서 공생애 마지막 때 제자들에게 다시 생명을 불어넣으신 것이다.

[요 20:22] 이 말씀을 하시고 그들을 향하사 숨을 내쉬며 이르시되 성령을 받으라

[요 3:5-6] 예수께서 대답하시되 진실로 진실로 네게 이르노니 사람이 물과 성령으로 나지 아니하면 하나님의 나라에 들어갈 수 없느니라 육(사르크스)으로 난 것은 육이요 영(프뉴마)으로 난 것은 영이니

우리가 육신의 부모로부터 태어날 때 처음 하는 것이 무엇인가? 바로 스스로 호흡하는 것이다. 그렇다면 우리가 거듭났을 때 가장 먼저 해야 하는 일이 무엇인가? 바로 하나님의 생기로 호흡하는 것이다. 그

럴 때 하나님의 영이 우리를, 혼과 몸을 통치하게 되고(우리가 하나님의 영의 인도함을 받게 되고) 세상을 경험하던 몸이 하나님을 경험하게 되는 것이다.

그렇다면 창세기 1장 2절에 나오는 하나님의 영과 창세기 2장 7절에 나오는 생기는 구체적으로 어떤 관계가 있을까?

[창 1:2] 땅이 혼돈하고 공허하며 흑암이 깊음 위에 있고 하나님의 영(히, 루아흐 : 숨, 바람, 영)은 수면 위에 운행하시니라

욥기 32장 8절을 표준새번역으로 보면, 사람 안에 있는 영이 곧 전능하신 분의 입김이라고 표현하고 있다.

[욥 32:8] 그러나 사람의 속에는 영(히, 루아흐) **13**이 있고 전능자의 숨결(히, 네샤마 : the breath of Almighty)이 사람에게 깨달음을 주시나니

[욥 32:8 표준새번역, NIV, NLT, ESV] 그러나 깨닫고 보니, 사람에게 슬기를 주는 것은 사람 안에 있는 영, 곧 전능하신 분의 입김이라는 것을 알았습니다.

이를 종합해보면, 하나님의 영(루아흐, 창 1:2)과 전능자의 숨결(네샤마, 욥 32:8) 그리고 생기(네샤마 하임, 창 2:7)는 '루아흐'가 영, 호흡, 바람

---

13 '루아흐'의 비물리적인 의미는 영, 물리적인 의미일 때는 바람, 숨을 의미한다. 이에 해당되는 헬라어는 '프뉴마'이고, 영어로는 'spirit'이다.

을 의미한다는 것을 고려할 때, 거의 동일한 의미로 사용된 것으로 보인다. 즉 하나님은 영(루아흐)이시며, 인간에게 생기를 불어넣으셨다는 것을 강조하고 생생하게 표현하기 위해, 루아흐를 '네샤마 하임'으로 사용한 것이라 볼 수 있다.

(3) 세 번째 열쇠 – 타락 때 하나님의 영이 떠남으로 영적 죽음을 경험했지만, 인간 안에는 본래의 기능을 하지 못하는 영이 존재하며, 타락한 영 안에도 하나님의 흔적이 남아 있다는 것을 아는 것이다.

우리가 죄를 짓고 타락했을 때 어떤 일이 일어났는가? 하나님의 영이 떠나게 되었다. 죄를 짓는 주체는 누구인가? 영혼이 죄를 지었는가? 그것은 말이 안 된다. 타락 이전의 영은 하나님의 영과 온전히 하나 되어 있는 상태이기 때문이다. 영이 죄를 지을 수는 없다. 혼이 죄를 지은 것이다. 인간의 자유의지를 가진 것은 혼이다. 자유의지를 가진다는 것은 혼이 판단하고 선택하고 행동으로 옮기는 주체라는 것이다.

하나님께서 혼을 창조하실 때 자유의지를 주셨는데, 이 자유의지에는 심지어 하나님을 거역할 수 있는 의지까지 포함한다. 누군가를 사랑하기로 선택하거나 그러지 않기로 선택할 수 있는 자율권이 보장될 때에만이 비로소 진정한 사랑이 이루어지기 때문이다. 만약 자유의지가 없다면 우리는 하나님을 사랑하도록, 그리고 창조성 없이 시키는 것만을 하도록 만들어진 로봇에 지나지 않을 것이다. 그러나 내 의지로 사랑할 수 있어야 진정한 사랑이라고 할 수 있다. 하나님께서는 이 목적으로 동산에 선악을 알게 하는 나무를 두셨다. 그러나 인간은 하나님의 영의 인도함을 받고, 스스로 판단하는 일을 하지 말라는 하나님의 말씀을 어기고 마귀에게 속아 선악과를 먹게 된 것이다. 이렇게 생각과 감정을 자유의지로 선택하여 행동하는 주체는 바로 혼이다.

[창 3:6] 여자가 그 나무를 본즉 먹음직도 하고(육신의 정욕) 보암직도 하고(안목의 정욕) 지혜롭게 할 만큼 탐스럽기도 한(이생의 자랑) 나무인지라 여자가 그 열매를 따먹고 자기와 함께 있는 남편에게도 주매 그도 먹은지라

[요일 2:16] 이는 세상에 있는 모든 것이 육신의 정욕과 안목의 정욕과 이생의 자랑이니 다 아버지께로부터 온 것이 아니요 세상으로부터 온 것이라

우리 혼이 자유의지를 가지고 하나님을 거절했을 때 하나님의 영은 죄 가운데 거하시지 못하기 때문에 인간에게서 떠나셨다. 그 결과 우리는 영적 죽음 속에서 살아가게 된 것이다.

[창 6:3] 여호와께서 이르시되 나의 영(히, 루아흐)이 영원히 사람과 함께 하지 아니하리니 이는 그들이 육신(히, 바사르)이 됨이라 그러나 그들의 날은 백이십 년이 되리라 하시니라

정리하면, 타락 전 인간은 '영적인 것을 경험하는 육적 존재'가 아닌 '하나님의 생기로 호흡하며 그분이 창조하신 육신으로 물리적 세계를 경험하고 다스리는 영적 존재'였다는 사실을 알아야 한다. 그러나 하나님께서 자유의지를 준 혼이 죄를 짓고 타락했을 때 영적 죽음을 경험

하며 육적 존재로 전락하게 된 것이다.

우리는 하나님의 영이 떠났다는 말을 제대로 이해해야 한다. 중요한 사실은 하나님의 영이 떠났기 때문에, 인간의 영이 사라진 것이 아니라는 것이다. 이것을 설명하기 위한 가장 쉬운 예를 들자면 전류가 전깃줄을 통해 흐르는 것에 비유할 수 있을 것이다. 하나님께서는 우리와 생명으로 연결되도록 하기 위해 그분의 영을 주시고 호흡하게 하셨다. 하나님의 영이 떠났다는 것은 더 이상 전기 공급이 없다는 말로, 전선(우리의 영)이 없어졌다는 것이 아니라 전류(하나님의 생명)가 더 이상 흐르지 않는다는 것을 의미한다. 그러니까 우리에게 영은 있으되, 그 본래의 기능을 하지 못하게 되었다는 것이다. 하나님의 관점에서 우리는 죽은 자가 된 것이다. 하나님의 영이 떠난 인간의 영은 본래의 기능을 하지 못하고, 마귀의 직간접적인 영향을 받게 된다.

[욥 33:4] 하나님의 영(히, 루아흐)이 나를 지으셨고(히, 아사) 전능자의 기운 (히, 네샤마 : the breath of Almighty)이 나를 살리시느니라

이것을 알 수 있는 신약성경의 말씀을 보면,

[롬 8:16] 성령이 친히 우리의 영과 더불어 우리가 하나님의 자녀인 것을 증언하시나니

[고전 2:11] 사람의 일을 사람의 속에 있는 영 외에 누가 알리요 이와 같이 하나님의 일도 하나님의 영 외에는 아무도 알지 못하느니라

[고전 6:17] 주와 합하는 자는 한 영이니라

우리는 이 말씀을 통하여 타락한 인간이라 할지라도 영적 존재라는 것을 분명히 알 수 있다. 그러나 인간 안에 영이 있지만, 본래의 역할을 하지 못하고 육신의 소욕에 따라 살아가는 존재가 된 것이다. 그럼에도 불구하고 인간의 영 안에는 하나님의 영의 본질에 대한 흔적이 남아 있다. 그렇기 때문에 각 사람마다 차이는 있지만, 모든 인간에게는 하나님에 대한 갈망과 선과 거룩에 대한 갈증이 내재되어 있는 것이다. 즉 현실적으로는 죄악 가운데 살지만 우리가 죄책감과 두려움을 느끼고, 모든 일에 결핍과 부족 그리고 자신이 온전치 못함을 느끼는 것이 바로 자신의 영 안에 하나님의 흔적이 있기 때문이다.

[전 3:11] 하나님이 모든 것을 지으시되 때를 따라 아름답게 하셨고 또 사람들에게는 영원을 사모하는 마음(히, 레브)을 주셨느니라 그러나 하나님이 하시는 일의 시종을 사람으로 측량할 수 없게 하셨도다

하나님의 영이 떠난 우리에게 하나님께서 하신 일이 무엇인가? 그분의 모양과 형상을 따라 창조한 우리를 포기하지 않으시고 예수 그리스도를 통하여 우리를 구원하신 것이다. 구원의 의미를 인간 중심의 관점이 아닌 하나님의 관점에서 본다면, 구원은 하나님께서 다시 인간과 새 언약을 맺는 것이며, 우리에게 하나님의 영을 불어넣는 것이다. 그 일을 예수님께서 하신 것이다. 이것에 대해서 성경은 어떻게 말하고 있는가?

[고전 15:45] 기록된 바 첫 사람 아담은 생령(자오 : 살아 있는, 프쉬케 : 혼 또는 목숨)이 되었다 함과 같이 마지막 아담은 살려주는 14영(프뉴마)이 되었나니

이 구절을 개역개정에서 '생령'이라고 번역했는데, '생혼(living soul)'이 헬라어 원어에 더 가까운 번역이라고 할 수 있다. 분명 원문에는 영(프뉴마)가 아닌 혼(프쉬케)이라는 단어를 사용하고 있기 때문이다. "아담이 생령이 되었다 함과 같이(아담이 혼적인 존재가 되었다는 것은)"의 뜻은 본래 아담이 처음 지음 받았을 때 하나님의 영을 나타내는 혼(살아있는 혼)이었다는 뜻이다. 그러나 아담이 타락함으로 하나님의 영이 떠나게 되자 마귀의 영향을 받는 타락한 혼과 몸이 된 것이다. 그래서 마지막 아담인 예수님께서는 살려주는 영으로서 아담(인간을 대표)에게 하나님의 영을 다시 주시기 위해 이 땅에 오신 것이다.

(4) 네 번째 열쇠 – 혼은 자아의 정체성을 의식하는 곳이며, 인간을 대표하는 단어이다. 우리가 흔히 인간을 영적 존재라고 말하지만, 그 존재를 나타내는 것은 혼이다. 즉 지금의 개념으로는 영은 자아(본성, 본질), 혹은 자아의식체를 의미한다. 육적 존재이든 영적 존재이든 혼으로 자신을 의식하고 자신을 대표한다.

영에 속한 혼은 어떤 역할을 하는가? 혼은 자아의 존재를, 즉 본질

---

14   살려주는 : 헬라어 '조오포이에오'로 70인역에서 히브리어 '하야'(살다, 생명을 가지다)의 역어로 사용되었다.

을 의식하는 곳이다. 인간의 본질은 영이지만 그 자신은 혼으로 표현한다. 그래서 성경에서 '혼'으로 번역되는 히브리어 '네페쉬'와 헬라어 '프쉬케'는 문맥에 따라 목숨, 생명, 나, 그 사람 자체를 표현할 때 사용된다. 즉 어떤 생명체를 대표하거나 지명하거나 구분할 수 있는 핵심개념으로 사용되는 것이다.

[출 12:15] 너희는 이레 동안 무교병을 먹을지니 그 첫날에 누룩을 너희 집에서 제하라 무릇 첫날부터 일곱째 날까지 유교병을 먹는 자(히, 네페쉬 : 혼)는 이스라엘에서 끊어지리라

[잠 11:30] 의인의 열매는 생명 나무라 지혜로운 자는 사람(히, 네페쉬 : 혼)을 얻느니라

[마 16:25] 누구든지 제 목숨(프쉬케 : 혼)을 구원하고자 하면 잃을 것이요 누구든지 나를 위하여 제 목숨을 잃으면 찾으리라

[롬 13:1] 각 사람(프쉬케 : 혼)은 위에 있는 권세들에게 복종하라 권세는 하나님으로부터 나지 않음이 없나니 모든 권세는 다 하나님께서 정하신 바라

[행 2:41] 그 말을 받은 사람들은 세례를 받으매 이 날에 신도의 수(프쉬케 : 혼)가 삼천이나 더하더라

[살전 2:8] 우리가 이같이 너희를 사모하여 하나님의 복음뿐 아니라 우리의

목숨(프쉬케 : 혼)까지도 너희에게 주기를 기뻐함은 너희가 우리의 사랑하는 자 됨이라

타락 전의 혼은 하나님의 생명(본질)을 나타내는 자아의식체였다. 자신이 아니라 하나님을 나타내는 자기의식이 정상적인 혼이다. 그러나 타락 후 영이 제 기능을 하지 못하기 때문에 혼은 하나님의 본질을 나타내는 자기의식이 아니라 스스로를 나타내는 자아의식체로 전락한 것이다.

(5) 다섯 번째 열쇠 – 육, 육체, 육신이라는 말은 영과 대비되는 개념으로 사용되며, (물질로 지음을 받은) 몸에 종속된 혼을 가진 인간을 표현할 때 사용한다.

"타락 후 하나님의 영이 떠남으로 육적 존재가 되었다"라는 말도 정확하게 이해해야 한다. 앞서 살펴본 것처럼 육적 존재라고 해서 영이 없는 것이 아니다. 인간의 영이 존재하지만 그 영이 본래 기능을 하지 못하는 영인 것이다.

[창 6:3] 여호와께서 이르시되 나의 영(히, 루아흐)이 영원히 사람과 함께 하지 아니하리니 이는 그들이 육신(히, 바사르)이 됨이라 그러나 그들의 날은 백이십 년이 되리라 하시니라

생각은 몸의 감각기관을 통해 뇌로 들어온 정보가 풀어지는 것이고

감정은 그 생각에 대한 몸의 반응이다. 그런데 하나님을 나타내는 자아의식을 가지지 못한 타락한 혼은 자기 정체성을 유지하려고 마음판에 투사된 생각과 감정을 자신과 동일시한다. 그것에 기초하여 행동하며 살아가는 존재를 '육에 속한 사람'이라고 부르는 것이다(고전 2:14). 육에 속한 사람(거듭나지 못한 자연인, 즉 옛본성을 가진 자)은 하나님의 뜻을 나타내기보다는 세상의 것에 반응하고, 그 정보를 자신의 뇌에 저장하고, 그 정보들이 생각과 감정으로 마음에 풀어질 때 혼은 그것에 기초하여 '나는', '내가'라고 살아가는 것이다. 이것은 하나님이 보시기에 영혼몸의 완전한 타락이며 전적인 부패이다.

[고전 2:14] 육에 속한 사람은(프쉬키코스)15 하나님의 성령의 일들을 받지 아니하나니 이는 그것들이 그에게는 어리석게 보임이요, 또 그는 그것들을 알 수도 없나니 그러한 일은 영적으로 분별되기 때문이라

이때 '육에 속한 사람'은 '영적이 아닌 사람'(공동번역), '자연에 속한 사람'(표준새번역), '거듭나지 못한 자연인'(현대인의성경), '본성에 속한 사람'(킹제임스흠정역)으로 번역되어 있다. 그리고 대부분의 영어 역본은 'natural man'으로 번역되어 있다. 현대인의성경 번역이 가장 정확한 상태를 나타내준다. 이 표현은 고린도전서 15장 44절에서도 볼 수 있다.

---

15 '육에 속한'(프쉬키코스)은 헬라어 프쉬케(혼)에서 유래한 형용사이며, 헬라어 '사르크스'와는 어원적 연관성이 없는 말이다. 하나님의 영이 없는 인간을 강조하기 위해서 쓴 용어로 보인다.

[고전 15:44] 육의 몸으로 심고 신령한 몸으로 다시 살아나나니 육의 몸이 있은즉 또 영의 몸도 있느니라

그러나 고린도후서 7장 1절의 말씀은 다르게 해석되어야 한다.

[고후 7:1] 그런즉 사랑하는 자들아 이 약속을 가진 우리는 하나님을 두려워하는 가운데서 거룩함을 온전히 이루어 육(사르크스)과 영(프뉴마)의 온갖 더러운 것에서 자신을 깨끗하게 하자

한편, 전통적으로 이 말씀에 기초하여 인간을 영혼과 육체로 나누는데 그렇지 않다. 영과 육체(즉 혼과 몸)로 나누어 생각해야 한다. 그동안 인간을 영혼과 육체로 나누는 이유는 영혼은 비물질이고 육체는 물질이라고 생각하기 때문이다. 그러나 영혼과 육체가 아니라 영과 육체이다. 육신(헬, 사르크스)은 몸을 포함하고 있는 혼을, 더 정확하게 말하자면 몸과 몸의 종노릇하고 있는 혼을 합한 인간을 나타내는 용어이다. 이때 혼은 본래는 하나님의 영을 나타내는 역할을 하였는데, 타락한 후에는 몸의 종노릇을 하고 있는 것이다.

이 사실을 좀 더 구체적으로 확인하기 위해서는 옛 언약과 새 언약, 선지자들의 예언, 예수 그리스도의 대속 사건, 예수님과 성경 기자의 가르침 등을 정경적으로 살펴볼 필요가 있다. 우선, 구원을 받았다 또는 구원을 이루어가야 한다는 것의 뜻이 무엇인지 알아야 한다. 즉 "우리가 구원받았을 때 영이 구원받았는가? 혼이 구원받았는가? 아니면 영혼 모두가 구원받았는가?", "믿는 자가 죽을 때 영이 구원받아야 하

는가? 아니면 혼이 구원받아야 하는가? 아니면 영혼 모두가 구원을 받아야 하는가?"라는 질문에 대한 답을 알아야 한다. 이 부분에 대해서 다시 구체적으로 알아보도록 하자. 정리하면, 육, 육체 또는 육신 (히, 바사르, 소 사르크스)이라는 말은 혼과 몸을 나타내는 말로서, 몸에 종속된 혼을 가진 인간을 표현하며 영과 대비되는 개념으로 성경에서 사용되었다.

한편, 사도 바울이 그리스도인들에게 사용하는 '육신에 속한 자'라고 말할 때는 거듭났음에도 불구하고 여전히 '육에 속한 자'(거듭나지 못한 자연인)처럼 살아가는 자를 나타낼 때 사용된다. 이 표현은 고린도전서 2장 14절과 고린도전서 3장 1절을 통해서 분명히 알 수 있다.

> **[고전 3:1]** 형제들아 내가 신령한 자들을 대함과 같이 너희에게 말할 수 없어서 육신에 속한 자 곧 그리스도 안에서 어린 아이들을 대함과 같이 하노라

> **[고전 3:1 NASB]**And I, brethren, could not speak to you as to spiritual men, but as to men of flesh(사르크스), as to babes in Christ

> **[고전 3:1 NKJV]**And I, brethren, could not speak to you as to spiritual people but as to carnal(사르크스), as to babes in Christ

정리하면, 고린도전서 2장 14절 그리고 고린도전서 3장 1절 모두 육이라는 표현을 쓰지만 성경적인 뜻은 완전히 다르다. 고린도전서 2장 14절의 '육에 속한 사람'에서의 육은 하나님의 영이 없는 자연인을 나

타내는 말이고, 고린도전서 3장 1절의 '육신에 속한 자'에서의 육은 거듭났음에도 불구하고(하나님의 영이 임했음에도 불구하고) '육에 속한 사람'처럼 살아가는 자로서 '신령한 자'와 비교하기 위하여 사용된 말이다.

물론 헬라어 사르크스가 부정적인 뉘앙스가 아닌 중립적인 뉘앙스로 사용되기도 한다. 예를 들어, 요한복음 1장 14절에는 "말씀이 육신(헬, 사르크스)이 되어 우리 가운데 거하시매…"라고 표현되어 있는데, 이때의 육신은 결코 하나님의 영이 없는 혼과 몸으로 볼 수 없을 것이고, 흔히들 잘못 알고 있는 타락한 인간의 본성으로도 볼 수 없을 것이다. 왜냐하면 예수님은 성령으로 잉태하셨기 때문이다. 따라서 이때의 육신(헬, 사르크스)은 부정적인 용어가 아닌 중립적인 용어로 '인간'(human)을 뜻한다.

[요 1:14] 말씀이 육신이 되어 우리 가운데 거하시매 우리가 그의 영광을 보니 아버지의 독생자의 영광이요 은혜와 진리가 충만하더라

[마 1:18] 예수 그리스도의 나심은 이러하니라 그의 어머니 마리아가 요셉과 약혼하고 동거하기 전에 성령으로 잉태된 것이 나타났더니

(6) 여섯 번째 열쇠 – 예수님께서 이루실 새 언약의 핵심은 하나님의 영, 즉 새 영을 우리에게 주심으로 다시 생명을 얻게 하신다는 것이다.

영혼몸에 대해서 옛 언약과 새 언약은 무엇이라고 말하고 있는가?

왜 이것이 중요한가? 예수님께서는 구약의 선지자들에 의해서 예언된 새 언약을 성취하기 위해서 오셨기 때문이다. 예수님께서는 자신의 피로 이미 구약에 선포된 새 언약을 성취하셨다. 그것이 바로 하나님나라의 복음이다. 구약의 사람들은 하나님의 영이 떠남으로 본래의 기능을 하지 못하는 영과 스스로 존재한다고 의식하는 혼과 몸을 가진 상태로 살았다. 이러한 상태 즉 '육에 속한 사람'(고전 2:14)으로 살아가는 이스라엘 백성에게 하나님께서 주신 것이 바로 율법이다. 율법은 하나님의 생명(영)이 없는 자들에게 하나님이 누구이신지, 죄가 무엇인지를 알게 하고, 스스로 존재한다고 믿는 혼적 존재로서는 결코 죄에서 벗어날 수 없다는 것을 가르쳐주고 있다. 그래서 때가 되었을 때 하나님께서 율법의 마침이 되시는 예수 그리스도를 통하여 옛언약(구약)을 폐하시고 새언약(신약)을 이루신 것이다. 하나님께서 구약 때부터 예언하신 새언약의 핵심은 다음 에스겔의 두 구절에 잘 나타난다.

[겔 11:19] 내가 그들에게 한 마음(히, 레브)을 주고 그 속에 새 영(히, 루아흐)을 주며…

[겔 36:26] 또 새 영(히, 루아흐)을 너희 속에 두고…

예수님께서 이 땅에 오서서 세우신 새언약의 핵심은 하나님을 거절함으로 타락한 인간에게 단지 죄를 사하여주는 것뿐만 아니라 인간이 죄를 범하여 떠났던 하나님의 영을 다시 우리에게 보내주심으로 새 생명 가운데 살아가도록 하기 위해서다.

[요 3:3-6] 예수께서 대답하여 이르시되 진실로 진실로 네게 이르노니 사람이 거듭나지 아니하면 하나님의 나라를 볼 수 없느니라 … 예수께서 대답하시되 진실로 진실로 네게 이르노니 사람이 물과 성령으로 나지 아니하면 하나님의 나라에 들어갈 수 없느니라 육(사르크스)으로 난 것은 육이요 영(프뉴마)으로 난 것은 영이니

거듭난다는 것은 하나님의 영으로 다시 태어나야 한다는 것을 의미한다. 창조 때를 생각하면 재창조에 해당하는 것이다. 육으로 났다는 것은 부모로부터 났다는 것이며, 그것은 하나님의 영 없이 인간의 영과 혼과 몸으로 태어난 것을 의미한다. 만약 사르크스(육)가 아닌 소마(몸)를 사용한다면, 그것은 혼 없이 태어나는 것과 같은 말이 된다.

인간이 범죄함으로 하나님의 영이 떠났고, 에스겔서(11:19-20, 36:26-27), 예레미야서(31:31-33)의 새 영을 주시겠다고 하신 새 언약을 예수님께서 자신의 피로 성취함으로써 가능하게 하셨다. 따라서 진정으로 회개하고 예수님을 믿은 자에게 하나님의 영이 다시 임하여 그 사람의 영이 거듭나게 되고 새로운 피조물이 되어 새 생명 가운데 살아갈 수 있게 된 것이다.

자유의지를 가진 혼의 잘못된 선택으로 인해 하나님의 영이 떠남으로 육체가 전적으로 타락한 우리에게, "그는 허물과 죄로 죽었던(헬, 네크로스) 너희를 살리셨도다"(엡 2:1) 그리고 "또 범죄와 육체의 무할례로 죽었던(헬, 네크로스) 너희를 하나님이 그와 함께 살리시고 우리의 모든 죄를 사하시고"(골 2:13)를 이루셨다. 따라서 하나님의 영이 다시 임하여 인간의 영이 거듭남으로 새로운 피조물이 되는 길을 여신 것이다.

성경은 분명히 우리의 영이 법적으로 뿐만 아니라 현실적으로 거듭났다고 말하고 있다.

> **[롬 8:10-11]** 또 그리스도께서 너희 안에 계시면 몸(소마)은 죄로 말미암아 죽은(네크로스) 것이나 영(프뉴마)은 의로 말미암아 살아(조에) 있는 것이니라 예수를 죽은(네크로스) 자 가운데서 살리신 이의 영(프뉴마)이 너희 안에 거하시면 그리스도 예수를 죽은(네크로스) 자 가운데서 살리신 이가 너희 안에 거하시는 그의 영(프뉴마)으로 말미암아 너희 죽을(드네토스) 몸(소마)도 살리시리라(조오포이에오 : 구원적 의미에서의 살리다, 생명을 주다)

> (7) 일곱 번째 열쇠 – 구원받은 우리가 구원을 이루어간다는 것은 우리 안에 오신 성령님의 통치를 받는 혼이 몸의 행실을 죽임으로써 법적으로 이미 선취한 구원을 현실적으로 실현해나가는 것이다.

본서 1장과 2장 서두에서 이미 언급한 바와 같이 하나님나라의 복음적 관점에서 볼 때 예수 그리스도의 구원 사역은 우리의 영혼몸의 구원을 법적으로 단번에 온전케 하셨다는 것이다. 그러나 현실적으로는 우리의 영의 구원만이 이루어졌으며, 혼과 몸의 구원은 현재적 하나님나라에서 이루어가야 한다. 즉 법적으로 이미 이루어진 것을 현실적으로 이루어가는 것이다(차원의 관점에서 볼 때는 하늘에서 이루어진 것같이 땅에서 이루어지도록 한다는 것이다).

이것은 집을 사는 것에 비유할 수 있다. 부동산 사무소에서 계약서를 작성하고 돈을 지불하여 계약이 완료되면, 그 집은 계약자의 소유가 된다. 그 집이 어디에 있든지 그 집은 법적으로 내 집인 셈이다. 그러나 그 집의 주인이 된 것과 그 집에 실제적으로 들어가 사는 것은 완전히 다른 이야기이다. 예수 그리스도를 믿음으로 구원받았을 때, 그분이 우리 안에 들어와 계시기 때문에, 우리의 영혼몸의 구원이 법적으로 이루어졌다. 그러나 그 구원을 현실적으로 이루어가야 하는 것은 다른 문제이다.

우리가 구원받았을 때 하나님의 영이 우리 영과 하나가 되고, 그 결과 예수 그리스도께서 믿는 자 안에 지금도 계셔서 우리의 혼과 몸도 구원을 이루어가도록 말씀과 성령을 통해 그의 일을 행하고 계신다. 할렐루야! 따라서 법적인 측면이 아니라 현실적인 측면에서 볼 때, 우리는 영이 구원을 받았기 때문에 살아가는 동안 혼의 구원을 이루어가야 하며, 그렇게 살 때 언젠가 몸은 흙으로 돌아가지만, 예수님께서 재림하실 때 몸의 부활을 얻게 된다.

[롬 8:13] 너희가 육신(사르크스)대로 살면 반드시 죽을 것이로되 영(프뉴마)으로써 몸(소마)의 행실을 죽이면 살리니

위 구절이 말씀하고 있는 영으로써 몸의 행실을 죽인다는 것은 무슨 뜻일까? 그것은 의지를 가진 자아의식체는 혼이기 때문에, 이 말씀은 '하나님의 영에 속한 혼'으로서 자신의 몸의 행실을 복종시켜야 한다는 뜻이다. 그렇게 하기 위해서는 과거처럼 혼이 마음에 종노릇하던 것에서 벗어나 하나님의 영에 속한 혼이 되어야 한다. 이것이 바로 사도 바울이 말한 구원을 이루어가는 핵심 비밀이다.

[벧전 1:9] 믿음의 결국 곧 영혼(프쉬케 : 혼)의 구원을 받음이라

만약 영과 혼을 구분하지 않고 단지 영혼으로 말한다면, 우리 자신의 구원에 큰 혼돈을 일으키게 되고, 자신의 생각과 행위에 따라 자신의 존재가 죄인과 의인 사이를 오락가락하며 헤매게 된다. 어떻게 하나님의 통치를 받지 못하고 있는 몸이 살아나게 되는가? 소생된 혼이 구원을 이루어감으로써 가능한 것이다. 즉 다시 말하자면, 몸의 종노릇하던 혼에서 이제 다시 하나님의 영에 속한 혼으로 소생케 됨으로써 가능한 것이다.

다시 한번 강조하면, 진리는 예수 그리스도의 구원 사역으로 우리의 영혼몸 모두가 법적으로 구원을 받은 것이지만 현재적으로는 영만 구원을 받은 것이기 때문에 혼과 몸의 구원은 지속적으로 이루어가야 한다. 그것이 바로 '이미 그러나 아직'의 긴장이 존재하는 현재적 하나님 나라의 속성이다. 그렇기 때문에 구원은 단지 구원받은 것으로 끝나는 것이 아니라 구원을 이루어가야 하는 것이고, 구원을 완성시켜야 하는 것이다. 이를 위해 예수님께서 우리 안에 오셔서 성령님을 통하여 우리의 혼이 자기를 부인하고 자기십자가를 짊으로써 그리스도 안에서 몸의 구원을 이루어가도록 하신 것이다. 그리고 우리의 몸이 수명을 다할 때까지 우리의 혼이 지속적으로 구원을 이루어가면, 예수님께서 다시오실 때 우리의 몸도 부활의 몸으로 구원을 받게 되는 것이다. 이것을 이해한다면 다음 구절을 보라.

[벧전 1:9] 믿음의 결국 곧 영혼(프쉬케)의 구원을 받음이라

[히 10:38-39] 나의 의인은 믿음으로 말미암아 살리라 또한 뒤로 물러가면 내 마음이 그를 기뻐하지 아니하리라 하셨느니라 우리는 뒤로 물러가 멸망할 자가 아니요 오직 영혼(프시케)을 구원함에 이르는 믿음을 가진 자니라

[약 1:21] 그러므로 모든 더러운 것과 넘치는 악을 내버리고 너희 영혼(프쉬케)을 능히 구원할 바 마음에 심어진 말씀을 온유함으로 받으라

또한 혼의 구원의 중요성을 알리는 말씀은 베드로전서에서도 볼 수 있다. 베드로전서 2장 25절에 나오는 '영혼'을 자아와 인격을 포함한 전인적 존재를 의미한다고 볼 수도 있지만, 좀 더 구체적으로 표현하자면 우리 혼의 목자와 감독이 되신다는 것으로 볼 수 있다. 왜냐하면 구원받은 자에게 영은 이미 하나님의 영이기 때문에 구원받은 자에게 주님께서 영의 목자와 감독이 되실 수는 없기 때문이다. 주님께서 우리 안에 오셔서 우리 혼의 목자와 감독이 되시는 것이다. 또한 베드로전서 4장 19절도 마찬가지이다. 그렇기 때문에 우리의 혼이 하나님의 영에 속하여 그리스도를 나타낼 수 있도록 신실하신 창조주께 의탁하는 것이 필요하다.

[벧전 2:25] 너희가 전에는 양과 같이 길을 잃었더니 이제는 너희 영혼(프쉬케)의 목자와 감독 되신 이에게 돌아왔느니라

[벧전 4:19] 그러므로 하나님의 뜻대로 고난을 받는 자들은 또한 선을 행하는 가운데 그 영혼(프쉬케)을 미쁘신 창조주께 의탁할지어다

(8) 여덟 번째 열쇠 - 몸은 보이지 않은 세계에 계시는 하나님께서 보이는 세계로 현시하시는 통로이며, 인간이 현실에서 하나님을 경험하고 하나님을 나타내는 성전이다.

몸(헬, 소마)은 70인역본(구약의 헬라어 번역본)에서 대략 73번 나오며 주로 히브리어 '바사르'의 역어로 사용되었다. 신약에서는 142번 나오는데, 그중 91번이 바울 서신에서 사용되었다. 몸은 하나님께서 인간에게만 주신 가장 놀라운 선물이다. 천사도 갖지 못한 것이 바로 몸이다. 이 땅에서 하나님을 나타낼 수 있는 유일한 생명체는 몸을 가진 인간뿐이다. 보이지 않는 하나님께서 이 땅에 자신을 보이도록 나타나실 때 사용하시는 통로가 바로 몸을 가진 하나님의 자녀이다. 그래서 인간을 하나님의 형상을 따라 모양대로 지음을 받았다고 말하는 것이다. 악한 영들이 가장 부러워하는 것이 바로 이 인간의 몸이다. 악한 영들이 우리의 몸에 들어와 우리를 도둑질하고 죽이려고 하는 이유는 인간에게만 주어진 몸을 시기 질투하기 때문이다. 그들은 우리의 몸에 들어와 이 땅에서 하나님께서 창조한 인간처럼 살아보기를 간절히 원하고 있다.

이원론적 헬라적 사고방식 때문에 영혼몸을 계층적으로 보아 몸을 가장 하찮은 것으로 여긴다. 그러나 이미 언급한 바와 같이 인간의 존재를 영혼몸으로 나눌 수 없으며, 인간은 전인적 통일체이다. 그런데 그리스도인조차 몸은 영혼을 담는 그릇 정도로 생각하며, 혼은 하나님께 드려야 하지만 몸은 내 마음대로 사용해도 괜찮다는 생각을 가지고 있다. 그렇기 때문에 열심히 신앙생활을 하는 자라 할지라도 자신의 몸을 제대로 관리하지 않아 질병에 걸리거나 하나님께서 허락하신 연수를 다 채우지 못하는 경우가 허다하다.

인간의 구성 요소로서의 몸(헬, 소마)은 우리가 흔히 인식하는 것처럼 비물질과 반대되는 물리적인 신체만을 뜻한다기보다는 인격적 실재의 가시적 형태를 지닌 요소로 보아야 한다. 우리는 흔히 인간을 몸과 마음이라고 표현한다. 그리고 마음은 정신, 혼, 심지어 영과 동일한 것으로 이해하기도 한다. 그러나 이러한 분류는 몸은 물질에 속한 것이고 마음은 비물질에 속한 것이라는 이원론적 개념에서 나온 것일 뿐이다.

성경에는 뇌에 대한 언급이 없지만 오늘날 신경과학은 뇌의 활동으로 나타난 것이 마음의 생각이고, 그에 따른 몸의 반응을 감정이라고 본다. 우리는 생각과 감정을 마음이라고 부른다. 따라서 성경적으로 볼 때 몸이란 단순한 신체뿐만 아니라 마음의 생각과 감정 그리고 뇌까지도 포함하는 용어라고 보아야 한다(더 구체적인 내용은 3장 4절을 참고할 것).

신체를 의미

[눅 12:23] 목숨이 음식보다 중하고 몸(소마)이 의복보다 중하니라

[고전 5:3] 내가 실로 몸(소마)으로는 떠나 있으나 영으로는 함께 있어서 거기 있는 것 같이 이런 일 행한 자를 이미 판단하였노라

[마 6:22] 눈은 몸(소마)의 등불이니 그러므로 네 눈이 성하면 온 몸이 밝을 것이요

[롬 12:1] 그러므로 형제들아 내가 하나님의 모든 자비하심으로 너희를 권하노니 너희 몸(소마)을 하나님이 기뻐하시는 거룩한 산 제물로 드리라 이는 너희가 드릴 영적 예배니라

하나님의 통치를 받는 몸과 그렇지 않은 몸

[고전 15:44] 육(프쉬키코스)의 몸(소마)으로 심고 신령한(프뉴마티코스) 몸(소마)으로 다시 살아나나니 육의 몸이 있은즉 또 영의 몸도 있느니라

결론적으로 성경 말씀에서 육(헬, 사르크스)은 타락한 혼과 몸을 합한 인간의 존재(죄 아래 있는 타락한 존재와 그로 인해 하나님을 의지할 수밖에 없는 한계적 존재)를 나타내는 용어로 주로 사용되는 반면, 몸(헬, 소마)은 단지 신체, 뇌, 마음을 포함하는 중립적인 용어로 주로 사용된다.

1 성경 원본에는 영혼이라는 말이 없으며, 영 아니면 혼으로 표현하고 있다.

2 하나님의 영이 떠나도 우리 안에는 본래의 기능을 하지 못하는 영이 존재
   한다. 따라서 타락한 영 안에도 하나님의 흔적이 있다.

3 혼은 자아의 정체성을 의식하는 곳이며, 영의 본질을 나타내는 자아의식
   체이다. 따라서 혼은 단독으로 존재할 수 없으며, 하나님의 영에 속한 혼
   이거나 인간의 영 또는 마귀의 영에 속한 혼으로 존재한다.

4 어떤 존재를 대표하고 현시하는 것은 자아의식체인 혼이다. 육적 존재이
   든 영적 존재이든 혼으로 자신을 의식하고 자신을 대표하며, 생명, 목숨,
   나, 자(者) 등으로 번역된다.

5 개역개정 성경에는 동일하게 '육'으로 표현되어 있지만, 헬라적 의미는 서
   로 다른 뜻을 가질 수 있다. 예를 들어, 거듭나지 않은 자연인을 말할 때
   는 '육(헬, 프쉬키코스)에 속한 사람'이라고 부르고, 거듭난 사람이라 할지
   라도 과거와 동일하게 자신의 혼이 마음에 묶여 살고 있는 사람을 지칭할
   때는 '육신(헬, 사르크스)에 속한 또는 육체에 속한 사람'이라고 표현한다.

6 흔히 우리가 말하는 육체, 육신 또는 육이라는 말은 영과 대비되는 개념
   으로 사용되며, 몸에 종속된 혼을 가진 인간을 표현할 때 사용한다. 따
   라서 인간은 영혼과 육이 아니라 영과 육으로 표현될 수 있다. 영과 육이
   라고 말할 때 육은 혼과 몸을 합한 상태를 의미한다.

7 예수님께서 이루신 새 언약의 핵심은 죄사함을 받은 인간에게 하나님의
  영, 즉 새 영을 주심으로 다시 생명을 얻게 하신 것이다.

8 하나님나라의 복음적 관점에서 볼 때 예수 그리스도의 구원 사역은 법적
  으로 우리의 영혼몸을 온전하게 하신 것이다. 그러나 현실적으로는 우리
  영의 구원만이 이루어졌으며, 혼과 몸의 구원은 예수 그리스도 안에서 말
  씀과 성령으로 현재적 하나님나라에서 이루어가야 한다.

9 구원받은 우리가 구원을 이루어간다는 것은 구원받을 때 우리 안에 오신
  성령님의 통치를 받는 혼이 몸의 행실을 죽여감으로써 법적으로 이미 선취
  한 구원을 현실적으로 실현시켜나가는 것이다.

10 몸은 하나님께서 보이지 않는 세계에서 보이는 세계로 현시하시는 통
   로이며, 인간이 현실에서 하나님을 경험하고 하나님을 나타내는 성전
   이다.

3

몸과 마음에 대한
성경적 이해

지난 장에서는 인간의 존재를 나타내는 영혼몸 중 주로 영과 혼에 대해서 알아보았다. 이번 장에서는 영혼몸 중 몸에 속하는 마음에 대해 집중적으로 살펴보고자 한다. 우리가 성경 말씀을 이해하고 적용하는 데 있어 가장 큰 혼돈은 바로 몸과 마음에 대한 잘못된 이해에서 비롯된 것이다. 우리는 이 장을 통해서 오랫동안 당연시해 왔던 몸과 마음에 대한 피상적인 이해가 아닌, 성경이 말하는 몸과 마음의 개념을 정확히 파악함으로 성경에서 말하는 인간의 존재를 좀 더 정확히 이해하고자 한다.

이를 위해서는 '마음'으로 번역된 다양한 헬라어 단어들을 살펴볼 필요가 있다. 인간의 내면을 묘사하는 헬라어 단어는 카르디아, 누스, 디아노이아, 노에마 등 다양하다. 하지만 한국어 번역본에서는 이러한 단어들의 미묘한 뉘앙스 차이를 반영하지 못하고 '마음'으로 번역한 경우가 대부분이다. 본서는 마음으로 번역된 헬라어 단어들의 문학적, 문법적, 역사적 의미에 중점을 두기보다는, 마음과 관련된 주요 헬라어 단어들의 용례와 의미를 실천적 그리고 실존적 차원에 중점을 두고 알아보고자 한다. 그렇게 한 이유는 인간 내면의 역동성을 설명하고 각 구성 요소의 유기적인 관계를 설명함으로써 전인적인 통일체인 인간 존재 상태의 변화와 흐름을 보고자 하는 목적 때문이다. 독자들도 그런 차원에서 이해하고 읽어보기를 바란다. 16

1. 내 마음 나도 모르는 이유는?

흔히 "내 마음 나도 몰라"라는 말을 자주 쓴다. 아주 재미있는 말이다. 내 마음 나도 모르는 이유를 좀 더 깊이 묵상해보면, 두 가지로 생각해볼 수 있다.

첫째, 그렇게 말하는 이유는 자신의 마음은 그렇지 않은데, 원치 않는 일을 행했을 때, '왜 그랬을까?'라는 뜻으로 흔히 사용한다. 그 이유는 마음의 생각과 그에 따른 감정이 자신이라고 믿기 때문이다. 그러나 진실은 자기라는 혼이 무의식 가운데 마음의 생각과 감정을 선택한 것일 뿐인데, 표면적으로는 생각과 감정이 자기라고 믿고 있는 것이다. 이 두 가지가 내면에서 충돌하고 있다. 그래서 "내 마음 나도 몰라"라는 말을 사용하는 것이다. 이 말을 좀 더 정확히 표현하자면, "지금 나는 내가 누구인지 제대로 알지 못하고 있어" 또는 "나는 내 생각과 나를 제대로 구분하지 못하고 있어"라고 해야 한다.

둘째, "내 마음 나도 몰라"라고 할 때 그 마음이 어떤 마음인지를 모르기 때문이다. 우리는 마음이라는 말을 너무나 많이, 그리고 폭넓게

---

16 사실 성경의 단어들은 같은 단어라 할지라도 권별, 저자별 및 문맥별로 다른 의미로 사용되곤 한다. 그래서 각 헬라어 단어의 세부적 용례와 의미를 규정하는 것은 이 책의 집필 의도와 목적에서 벗어나기 때문에 다루지 않았다.

사용한다. 그런데 사실 마음이 한 마음만 있는 것이 아니다. 마치 겉 사람과 속사람이 있는 것처럼, 마음에도 겉마음이 있고 속마음이[17] 있다. 그런데 우리가 겉마음은 알아도 속마음은 제대로 알지 못한다. 따라서 "내 마음 나도 몰라"라고 말할 때는 자신의 속마음이 무엇인지 알지 못하겠다는 뜻이다.

[렘 17:9] 만물보다 거짓되고 심히 부패한 것은 마음(히, 레브 ; 헬, 카르디아)이라 누가 능히 이를 알리요마는

[롬 1:28] 또한 그들이 마음(에피그노시스 : 지식, 인식)에 하나님 두기를 싫어하매 하나님께서 그들을 그 상실한 마음(누스)대로 내버려 두사 합당하지 못한 일을 하게 하셨으니

한편, 성경이 마음에 대해서 어떻게 말하고 있고, 우리는 그 마음을 어떻게 받아들이고 있는가? 앞서 말한 것처럼 타락 전후 그리고 구원 전후의 영혼에 대한 올바른 이해는 하나님나라의 구속사적 관점에서 우리의 존재를 이해하는 데 가장 중요한 내용인 것처럼, 우리가 그리스도 안에 새로운 피조물로서 구원을 이루어가는 데 있어 가장 중요한 핵심은 바로 마음을 성경적으로 올바르게 이해하는 것이다. 앞서 언급

---

17 겉마음과 속마음 : 개역개정에서 대부분 마음으로 번역되어 있는 헬라어의 누스와 카르디아를 구별하기 위해서 저자가 고안한 용어이다. 차후에 설명하겠지만, 혼을 포함할 경우 개념적으로 표면의식과 잠재의식으로 볼 수도 있다.

한 예레미야서 17장 9절과 로마서 1장 28절에 나오는 '마음'을 한글성
경으로 읽을 때는 동일하게 이해할 수밖에 없지만, 본래 원어 성경이 다
른 단어를 사용함으로써 전하고 있는 의미와 뉘앙스를 놓치게 된다.
그 결과 성경이 말하고 있는 겉마음과 속마음을 이해하지 못하고 둘
다 마음이라고 뭉뚱그려 이해할 수밖에 없게 된다.

　구약의 히브리어인 레브와 레바브 신약의 헬라어인 카르디아(heart)
와 누스(mind ; 디아노이아, 노에마 등)는 보통 '마음'으로 번역되었다. 그
러나 단어들이 갖는 의미는 '마음' 그 이상이며, 문맥에 따라 때로는 좁
은 의미로, 때로는 포괄적인 의미로 사용되었다. 이를 제대로 이해하지
못하면, 속사람에 기초하여 몸의 행실을 죽여감으로써 성숙에 이르는
올바른 길을 찾지 못하게 된다. 그 결과, 늘 결단-헌신-우울의 사이클
에서 벗어나지 못하거나 사탄의 미혹과 거짓자아의 속임에 놀아나거
나 최악의 경우 이단에 빠져 신앙의 정로(正路)에서 벗어나게 된다.

　개역개정 성경에는 '마음'이라는 말이 신구약 합쳐서 1,050구절에서
1,151번 사용되었는데, 원어가 같지 않는 단어들을 대부분 마음이라
고 번역한 것이다. 특별히 신약성경에서 헬라어 '카르디아'와 '누스'(디
아노이아, 노에마)는 전혀 다른 의미를 가진 별개의 단어인데, 개역개정
번역본은 동일하게 마음으로 번역함으로써, 성경이 말하고 있는 정확
한 의미를 제대로 깨닫는 데 큰 걸림돌이 되고 있다.

2. 마음을 바라보는 새로운 관점 가지기

　신약성경은 그 당시 세계적인 공용어인 헬라어로 기록되었다. 헬라

적 사고방식은 모든 것을 인본주의적으로, 이원론적으로,18 환원주의적으로 본다.19 이러한 헬라적 사고방식은 중세 암흑기를 이룬 로마 가톨릭 교회의 잘못된 전통과 부당한 권위와 비성경적인 가르침에 대한 반동으로 일어난 르네상스, 뒤이어 일어난 계몽주의로 인해 오늘날까지도 영향을 미치고 있다.

이러한 이원론적 헬라적 사고방식의 핵심은 모든 것을 성(聖)과 속(俗)으로 그리고 물질과 비물질로 나눈다. 인간의 존재를 이해할 때도 마찬가지이다. 그래서 지금도 우리가 우리 자신을 말할 때 흔히 몸과 마음이라는 말을 사용하는 것이다. 몸은 물질이고, 마음은 비물질이기 때문이다. 이러한 개념은 그리스 로마 시대부터 시작되었지만, 인간의 이성을 최고의 권위로 올려놓은 이성주의, 모든 것을 이원론적으로 나누어 생각하고, 전체를 통해서 각 부분을 보는 것이 아니라 부분을 통해서 전체를 보고자 하는 환원주의적 사고방식은 뉴턴과 데카르트의 기계론적 우주관에 의해 더욱더 강화되어 보편적인 인류의 사고방식으로 자리잡았으며, 그 영향이 오늘날까지 이어지고 있다.

---

18 이원론(dualism) : 대상을 고찰할 때 서로 대립되는 두 개의 원리나 원인으로 사물을 설명하려는 태도 또는 그런 사고방식이다. 이는 하나님과 분리된 인간이 스스로 선악을 판단함으로 생겨난 이원성에 기초한다. 이원성이라는 것은 어떤 것을 판단하거나 지칭할 때 우리 뇌와 마음에 있는 반대 극의 상황, 상태, 대상에 기초한 생각을 기준으로 보는 것이다. 예를 들어, 아래-위, 좋다-나쁘다, 나-너라는 반대 극의 상황, 상태, 대상에 기초하여 판단한 것이다.

19 환원주의(reductionism) : 복잡하고 추상적인 사상이나 개념을 하위 단계의 요소로 세분화하여 정의할 수 있다고 주장하는 방식을 의미한다. 예를 들어, 물체를 원자들의 집합으로 설명하고자 하는 방식도 환원주의적 사고방식이다.

이에 오늘날에도 대부분의 사람들이 기본적으로 이런 사고의 틀로 세상을 바라보며 살아가고 있다. 이 헬라적 사고방식은 영혼과 육체라는 개념을 이해할 때도 똑같이 작용한다. 이 사고방식의 밑바탕에는 영과 혼은 비물질이고 보이지 않지만, 육체는 물질이고 보이는 것이라는 이분법적 전제가 깔려 있다. 그런데 우리를 더 혼란스럽게 만드는 일반적 경향은 마음이 정신이고 정신이 혼이라고 받아들이는 것이다. 이것도 마찬가지이다. 헬라적 사고방식으로 몸은 보이는 물질이지만, 정신, 마음, 혼은 보이지 않는 비물질로 서로 동일하다고 보는 것이다. 지금도 많은 책들을 보면, 마음은 정신, 혼은 동일한 의미이며, 지성과 감정과 의지를 가지고 있다고 말한다.

이 사실은 사전만 찾아봐도 금세 알 수 있다. '마음'이라는 단어를 찾아보면 본성, 품성, 감정, 생각, 의지(한영사전 : mind, heart, feeling) 등으로 설명되어 있는 반면, '혼'(魂)은 영혼, 정신(한영사전 : soul, spirit)으로 설명되어 있다. 한편 '정신'(精神)은 마음, 영혼, 의식(한영사전 : mind, spirit, soul, consciousness)으로 설명되어 있다. 얼마나 혼란스러운가? 이것으로 볼 때 '정신'은 우리가 정확한 정의 없이 자주 사용하지만, 가장 포괄적인 의미를 지닌 용어인 것처럼 보인다. 구약에서는 히브리어 '루아흐', '네샤마', '네페쉬', 신약에서 헬라어로 주로 '소프로네오'가 '정신'으로 번역되었다. '정신'은 영혼몸의 어떤 부분을 지칭하기보다는 기능적으로 건전하고 온전한 마음을 갖는다는 의미로 사용된다. 예를 들면 "건전한 육체에 건전한 정신", 혹은 "정신 상태가 양호하다" 등이다.

우리는 지금 21세기에 살아간다. 과학자들이나 지식인들은 양자물리학에 기초하여 인간과 자연과 우주를 보고 인식하고 있다. 그런데 기독교 신자들은 여전히 19세기 기계론적 세계관에서 벗어나지 못하는 사고방식으로 신앙생활을 하고 있는 실정이다. 왜냐하면 성령의 인도함을 받지 못하고, 부정확한 번역과 더불어 기존의 해석 틀에 묶여 있으며, 거기서 벗어나는 것을 두려워하고 있기 때문이다.

성경의 말씀이 잘못되었다고 말하는 것인가? 결코 그럴 수 없다. 단지 성경 번역과 해석이 명확하지 않기 때문이다. 생각해보라. 우리가 높은 산을 볼 때 땅에서 위를 쳐다보는 것과 헬리콥터를 타고 위에서 아래를 내려다보는 것은 완전히 다를 것이다. 이는 마치 인간이 세속적 관점으로 하나님나라의 실재를 추론하는 것과 그리스도 의식으로 하나님나라의 관점에서 이 세상을 보는 것이 완전히 다른 것과 같다. 우리는 지금의 인본주의적 관점과 뉴턴-데카르트식 기계론적 우주관이 아니라, 하나님나라의 관점과 하나님의 창조 법칙을 좀 더 잘 설명하고 있는 21세기 양자물리학의 사고방식으로 성경의 헬라적 개념을 새롭게 볼 필요가 있다. 이 말은 진리를 변화시키자는 것이 아니라 진리를 바라보는 관점(믿음체계)을 세상적인 관점에서 하나님나라의 관점으로 바꾸자는 뜻이다.

3. 생물학적 관점과 헬라적 관점에서의 몸과 마음

성경이 말하는 '마음'이 무엇인지 알기 위해, 먼저 오늘날 첨단 과학이 현상학적으로 이해하고 있는 마음에 대해 살펴본 뒤, 마음에 대한 성경의 용례를 살펴보자. 성경에는 놀랍게도 오늘날 과학이 발견한 가장 중요한 신체 기관 중에서 한 번도 언급하지 않는 것이 있다. 그것은 바로 뇌다. 옛날 사람들은 인간 존재의 핵심을 피, 심장, 생명이라는 생각을 가지고 살았다. 그러나 오늘날의 과학은 심장과 뇌가 각각 중요한 역할을 하지만, 심장보다 뇌가 훨씬 더 중요하다는 생각에 동의하고 있다. 그런데 놀랍게도 성경은 오늘날의 과학이 밝혀낸 모든 생각과 사고의 근원이 되는 뇌에 대해서 한 번도 언급하지 않고 있다. 너무 놀랍지 않은가? 왜 그럴까?

오늘날 신경과학은 마음, 즉 생각과 감정이 뇌 활동의 결과라는 것을 실험을 통해 밝혀내고 있다. 즉 뇌는 오감을 통해 들어오는 모든 자극을 전기화학적 신호로 받아들여 뇌 속에 있는 뉴럴 네트워크(Neural Network)로 저장한다. 그리고 살면서 동일한 내외부 자극이 올 때마다 그 뉴럴 네트워킹은 점점 더 강하게 결속되고, 그것들은 조건 자동화되어진다. 엄청난 빅 데이터를 저장하고 있는 뉴럴 네트워크는 뇌가 활동할 때 그에 해당되는 동일한 에너지로 마음이라는 일종의 스크린에 형상, 개념, 언어, 이미지 등을 만들어낸다. 그것이 바로 우리가 말하는 '생각'이다. 우리는 이것을 통틀어서 생각이라고 말하지만, 그에 따른 상상, 이해, 지각, 이성, 통찰, 추론 등을 포함한다. 그리고 그 생각에 해당되는 에너지가 몸에 전달되면, 신체가 그에 따른 반응을 나타내는데 그것이 바로 감정(emotion)[20]이다. 그래서 우리는 '마음

---

20 감정(emotion) : 'emotion'의 어원은 에너지(energy)의 움직임(movere)을 말한다. 우리가 흔히 말하는 진동의 영어 단어인 'vibration'도 느낌이라는 영어 단어인 'vibe'에서 온 것이다. 한자의 기분(氣分)도 동일하다. 기(氣)는 눈에 보이지 않는 에너지를 의미하고, 분(分)은 분배한다는 뜻이다. 따라서 에너지의 흐름이 적절할 때 기분이 좋은 것이다.

의 생각과 감정'이라는 말을 사용한다. 감정을 다르게 표현하면 생각에 해당되는 에너지의 흐름이다. 생각을 통해서 감정이 만들어지고, 감정이 생각을 일으키는 일이 계속 반복되면, 소위 잠재의식이라고 불리는 곳에 그 해당하는 에너지가 쌓이게 되고, 우리 신체에 직접적인 영향을 미치게 된다.

비록 의식하지 못하지만 우리의 몸은 외부의 에너지와 끊임없이 교통하고 있다. 예를 들어 외부의 자극에 대한 뇌의 활동으로 만들어진 우리 마음(생각과 감정)의 반응은 통합(consolidation)과 재처리 과정(reprocessing)을 거쳐 다시 뇌에 뇌 신경망(neural network)으로 저장되고, 또 상황에 따라 뇌가 그것을 재생(retrieval)시키면 현재의 상황과 조건에 따라서 또 다른 판단, 이해, 상상, 유추 과정을 통해 새롭게 정리하여(reconsolidation-reprocessing) 다시 저장한다. 그것도 과거, 현재, 미래적으로 만든 생각들을 통합적으로 말이다. 이러한 과정이 반복되면 될수록 더 적은 자극으로도 동일한 일들이 일어나게 된다. 21 그야말로 상상할 수 없는 엄청난 일들이 이 작은 뇌에서 일어나고 있는 것이다. 이러한 뇌의 기능을 모방하는 것이 바로 오늘날 AI(artificial intelligence)의 딥 러닝(deep learning)22이다. 뇌는 살아서 숨쉬는 동안

---

21 함께 활성화하는 뉴런은 서로 연결되어지고, 특정한 신경 연결망이 여러 차례 활성화되면 다음에는 더 적은 자극으로도 그 신경 연결망이 활성화된다. 이것을 Hebb's law(헵의 법칙)라고 부른다.

22 딥 러닝(deep learning) : 컴퓨터가 여러 데이터를 이용해 마치 사람처럼 스스로 학습할 수 있게 하기 위해 인공 신경망을 기반(ANN : Artificial Neural Network)으로 한 기계학습 기술을

계속적인 연산작용을 통해 씨줄과 날줄로 그리고 다차원적으로 작동하고 있다. 그래서 우리가 실제로 경험하지 못한 것도 상상으로, 배우지 않는 지식도 추론으로 만들어내는 것이다.

뇌는 영양분과 산소가 공급되는 한 끊임없이 자가발전한다. 자극에 대한 수많은 반응을 계속하는 것이다. 뇌는 어떤 한 자극에 대한 순간적인 생각과 느낌뿐만 아니라, 그에 대한 과거의 반응, 스스로 추론하여 미래에 일어날 수 있는 생각과 느낌 그리고 다양한 것들을 조합할 때 어떤 일이 일어날 것인가에 대한 생각과 느낌 그리고 그것의 장점과 단점, 유익과 손해가 되는 점 등 그야말로 수없는 생각과 감정들을 계속 발생시킨다. 이때 우리는 '나'라는 존재(혼 또는 자아의식)가 자유의지를 가지고 무의식 가운데서 그 생각과 감정들 중에서 원하는 것을 선택한다. 그럴 때 뇌는 또다시 그에 따른 수많은 다차원적인 생각과 감정을 나타내고, 결국 나(자아의식)는 나의 정체성을 유지하기 위해서 계속 그것들을 선택해 나가게 된다. 인간은 생각이 없어지는 것을 가장 두려워한다. 왜냐하면 생각이 없으면 자기존재가 없어지는 것으로 믿기 때문이다. 오죽했으면 존재의 근원을 깊이 숙고하던 데카르트가 "나는 생각한다. 고로 나는 존재한다"라고 말했을까? 자신의 존재를 거짓자아로 정의했다면, 우리는 생각이 없이는 존재할 수 없기 때문이다.

이러한 개념에 도움을 주는 것이 바로 양자물리학이다. 예를 들면,

말한다. 다량의 데이터를 이용해 컴퓨터가 스스로 인지, 추론, 판단을 함으로써 높은 수준의 추상화 모델을 구축할 수 있다.

물질과 비물질은 결코 하나가 될 수 없다는 것이 오래된 근대적 사고방식이지만, 지금은 물질과 비물질은 우리의 오감과 생각으로 나눈 것뿐이지 결코 분리되는 것이 아니라는 것이 이미 과학적으로 널리 밝혀졌다. 그것은 아인슈타인이 밝혀낸 공식으로도 설명할 수 있다. $E=mc^2$라는 공식은 에너지라는 비물질과 질량이라는 물질은 상호 전환될 수 있다는 것을 말하고 있다. 이제 우리는 모든 것을 헬라적으로 물질과 비물질로 나누는 사고방식에서 벗어나야 한다. 그것은 에너지의 전환일 뿐이다. 우리가 이 과학적 결과에 기초한다면, 이제부터는 생각과 감정은 몸에 속한 것이라고 보아야 한다. 뇌의 활동으로 나타나는 것이 바로 생각이고, 그에 따른 몸의 생리적 생화학적 반응이 감정이다. 그 생각과 감정이 나타나는 것을 우리는 '마음'이라고 부르는 것이다.

왜 이런 이야기가 필요한가? '몸'이라는 헬라어 소마(soma)의 개념 안에는 신체(뇌도 포함) 뿐만 아니라 마음, 즉 생각과 감정을 포함하고 있다는 것을 알아야 하기 때문이다. 몸과 마음을 분리시키는 것은 헬라적 사고방식의 결과일 뿐 뇌과학적으로 그리고 현상학적으로 옳은 분류가 아니다. 따라서 우리가 성경에서 생각, 감정 등과 같은 단어를 접할 때는 단지 보이지 않는 것으로 받아들이는 것이 아니라 '몸의 작용이구나'라고 받아들여야 한다. 뇌에 대한 언급이 없다고 해서 성경이 잘못되었는가? 그렇지 않다. 그 당시의 지식으로는 뇌라는 것을 알지 못했기 때문에 이러한 현상을 그 당시의 용어와 개념으로 다양하게 표현한 것이다. 우리는 현재의 지식으로 그것을 이해할 줄 알아야 한다.

또 다른 중요한 사실은, 우리는 마음이 지정의를 가졌다고 말하지만, 사실은 그렇지 않다는 것이다. 만약 마음이 지정의를 가진다면, 여러 측면에서 비성경적이다. 앞서 말한 것처럼 마음은 몸에 속한 것으로 의지를 가지고 있지 않다. 본서 2장에서 살펴본 것처럼, 의지를 갖는 것은 '나'라는 혼(의식)이지 뇌 자체나 뇌의 활동일 수 없다. 우리가 자유의지를 가지고 선택하는 것은 혼이다. 하나님의 말씀을 택하든 마귀의 말을 택하든 그것은 마음이 하는 일이 아니라 혼이 하는 일이다. 내가 죄를 지은 것이지 내 마음(나의 마음)이 죄를 지은 것이 아니다. 그런데 우리는 흔히 생각과 감정이 자신인 것처럼 믿고 말한다. 그렇지 않다. 혼이 자기의 신념체계에 따라 마음에 나타나는 수만 가지 생각과 감정 중에 조건 자동화된 것을 선택하고 있는 것이다. 이 일이 무의식 가운데서 일어나기 때문에 자기가 그렇다고 인식하는 것이다.

그렇다면 신약성경은 왜 다양한 언어를 사용해서 카르디아, 누스 등을 마음, 생각, 이해, 지각, 추론 등으로 표현하였을까? 그것은 그 당시 지식으로는 뇌의 존재와 그 작동 과정을 제대로 인식하지 못했기 때문에 무언가 잡히지 않는 진리를 제대로 표현할 수 없었고, 그래서 진리를 제대로 설명하기 위해서 좀 더 구체적인 헬라어 용어로 표현했다고 생각된다.

4. 마음에 관련된 성경 용어들

(1) 마음에 관련된 구약과 신약의 용어들

이제 성경에서 마음과 관련된 용어에 대해 알아보자. 구약성경에서는 인간 존재(생리적, 정신적, 종교적)의 중심부 또는 심중이라는 의미에서 히브리어 '레브' 또는 '레바브'라는 단어를 사용한다. 그런데 구약성경에서는 '레브'가 총 591번이 나오는데, 구약을 헬라어로 번역한 70인역[23]에서 484번(대략 82%)은 헬라어 '카르디아'로 번역했고, 나머지는 '디아노이아'(20번), '프쉬케'(13번), '누스'(3번)로 번역했다. 한편 '레바브'는 총 250번 등장하는데, 역시 70인역을 보면, 209번(84%)이 '카르디아'로 번역되었고, 나머지는 '디아노이아'(10번), '프쉬케'(11번), '누스'(3번)로 번역되어 있다. 전체적으로 볼 때 구약에서 '레브'나 '레바브'는 총 841번 나오고 그중 693번인 약 82%가 '카르디아'로 번역되었고, 나머지는 '누스', '디아노이아', '프쉬케' 등으로 번역되었다(표1 참고).

한편, 우리가 잘 알다시피 신약은 헬라어로 기록되어 있는데, 구약의 '레브'나 '레바브'에 해당되는 단어는 70인역에서 주로 헬라어로 '카르디아', 영어로는 'heart'로 번역하고 있으며, 신약성경에서는 156번 사용되었다. 그리고 구약에서는 거의 사용되지 않는 단어인 헬라어 '누스'(24번), '디아노이아'(12번), '노에마'(6번)는 영어로 주로 'mind'로 번역되어 있다.

앞서 언급한 것처럼, 개역개정 성경에는 '마음'이라는 말이 신구약 합쳐서 총 1,151번 나오는데, 헬라어 원어에 다양한 단어들이 있지만 그 의미의 구체적인 차이를 반영하지 않고 대부분 마음이라고 번역했다. 헬라적 개념으로 볼 때 카르디아와 누스(디아노이아, 노에마)는 완전히

---

23 70인역(septuagint) : 히브리어로 쓰여진 구약성경을 헬라어로 번역한 구약성경을 70인역이라고 부른다.

다른 의미임에도 불구하고 동일하게 '마음'으로 번역함으로써, 하나님의 역사가 이루어지는 것과 인간이 경험하는 것이 전혀 구분되지 않게 되었다. 그 때문에 우리의 말씀과 믿음생활이 다람쥐 쳇바퀴 도는 것과 같이 느껴지고, "내 마음 나도 몰라"라는 혼돈을 빚게 된 것이다. 한 예로 다음 구절을 읽고 나름대로 묵상해보라.

> [마 11:29] 나는 마음이 온유하고 겸손하니 나의 멍에를 메고 내게 배우라 그리하면 너희 마음이 쉼을 얻으리니

이 구절에는 마음이라는 말이 두 번 나온다. 헬라어 원어로 볼 때 앞의 마음은 카르디아로 '심중'(heart)이고, 뒤의 마음은 프쉬케로 '혼'(soul)이다. 그럴 때 그냥 마음으로만 읽으면 이 구절의 참뜻을 이해할 수 있겠는가? 우리가 정말 새로운 피조물의 삶을 살기 원한다면, 제일 먼저 "내 마음이 무엇인지를 알아야 한다."

(2) 신약에서의 마음에 대한 헬라적 이해

신약성경은 총 27권으로 이루어져 있으며, 총 138,020개의 헬라어 단어가 사용되었다. 그중 가장 긴 두 권의 책이 바로 누가가 쓴 누가복음(19,482 단어)과 사도행전(18,450 단어)이다. 특별히 누가는 의사이자 헬라인으로 사도 바울의 최측근이었고 그의 영향을 가장 많이 받은 사람 중에 하나이며, 마지막까지 바울과 함께한 동역자이다. 신약성경 전체로 볼 때 그는 신약성경의 약 27%의 분량을 기록했다. 바울의 경우 신약성경 중 13권을 기록했으며 단어 수로 볼 때 총 32,408개의 단

어를 사용하여, 바울 역시 신약성경의 약 23%를 기록하였다. 만약 히브리서가 바울에 의해 쓰여졌다고 하면, 히브리서 4,953 단어가 추가된다.24 바울과 누가가 기록한 분량은 신약성경 전체의 50%(히브리서 포함 54%)에 달한다. 놀랍지 않은가! 따라서 신약의 '마음'을 이해하는 데 두 사람을 빼고 이야기할 수 없을 것이다(표1 참고).

우리가 신약을 제대로 이해하기 위해서는 바울의 존재와 삶 그리고 신학적 배경을 제대로 알아야 한다. 그는 히브리인이며 바리새인이었다. 또한 그 당시 최고의 율법학자인 가말리엘 문하에서 수학한 엘리트 율법학자로서 히브리적인 문화와 세계관에 정통한 사람이었다. 다른 한편으로 바울은 로마 시민이고 헬라-로마적인 문화와 세계관에 익숙한 사람이었는데, 그 이유는 그의 아버지가 로마 시민권을 가진 사람이었고, 그가 로마의 영향을 받는 다소라는 도시에서 태어나 어렸을 때 헬라-로마 세계관 안에서 양육받았기 때문이다.

[행 22:3] 나는 유대인으로 길리기아 다소에서 났고 이 성에서 자라 가말리엘의 문하에서 우리 조상들의 율법의 엄한 교훈을 받았고 오늘 너희 모든 사람처럼 하나님께 대하여 열심이 있는 자라

[빌 3:5-6] 나는 팔일 만에 할례를 받고 이스라엘 족속이요 베냐민 지파요 히

---

24 히브리서 저자에 대해서 오늘날 다수의 신학자들이 저자 미상으로 본다. 비록 오늘날에는 바울을 히브리서 저자로 지지하는 학자가 소수이지만, 초대 교회부터 2000년대까지 바울(또는 바울이 히브리어로 쓰고 누가가 헬라어로 번역했다는 견해)을 히브리서 저자로 보는 학자들이 적지 않았다. 그 외의 히브리서 저자는 바나바, 누가, 로마의 클레멘트, 아볼로 등으로 추측한다.

브리인 중의 히브리인이요 율법으로는 바리새인이요 열심으로는 교회를 박해하고 율법의 의로는 흠이 없는 자라

그는 처음에 철저한 율법적인 신앙인으로서 예수 믿는 자들을 핍박하는 데 앞장섰으나, 다메섹 도상에서 그가 핍박해온 예수님을 극적으로 만나게 되면서 그의 인생이 180도 달라졌다. 다메섹 성 안에 유하고 있을 때 예수님의 제자였던 아나니아에게 안수받은 뒤 성령충만함을 받게 되고, 즉시로 예수 그리스도가 누구인지를 알고 전하게 되었다.

그가 쓴 신약의 책을 보면 두 가지를 엿볼 수 있다. 첫 번째는 그도 유대인으로, 즉 과거에는 하나님의 생명이 없는 자로서 예수님을 대적하는 자로 살았으나, 성령님이 임하심으로 인하여 그 전과는 완전히 다른 존재가 되었다는 것을 체험하게 되었다는 것이다. 따라서 그는 자신이 누구인지를 분명히 알았기 때문에, 영혼몸과 더불어 성령의 역사와 진리의 말씀, 믿음, 마음의 관계를 누구보다 정확하게 이해하고 전하게 된 것이다. 두 번째는 그리스-로마 문화 및 세계관에 속한 이방인들에게 복음을 전하기 위해서 히브리적 개념과 언어를 헬라어로 보다 정교하게 표현하여 그 개념의 실체를 전달하였다는 것이다.

따라서 하나님의 생명이 무엇인지 알지 못할 뿐 아니라 앞서 살펴본 헬라-로마적 세계관에 익숙해 있는 이방인들에게 구원 전후의 상태와 성령의 인도함을 받는 삶을 어떻게 살아야 하는지, 그리고 그들의 현재 상태가 무엇인지를 알도록 하기 위해서는, 하나님의 생명이 없는 인간을 포괄적(영육 통일체) 관점에서 표현한 구약의 '네페쉬', '레바브'만으로

표1

	신약성경									구약성경 (70인역 Rahlfs Edition)		
	마태	마가	누가	요한	바울	히브리서	베드로	야고보	신약 총합	70인역	레바브 (לֵב) (591번)	레바브 (לֵבָב) (250번)
카르디아 (καρδία)	16	11	42 (눅: 22, 행: 20)	14 (요: 7, 요일: 4, 계: 3)	52 (롬: 6, 고전: 5, 고후: 11, 갈: 1, 엡: 2, 빌: 2, 골: 5, 살전: 3, 살후: 2, 딤전: 1, 딤후: 1)	11	5 (벧전: 3, 벧후: 2)	5	156	737	484 (레바브 591번 중 약 82%가 70인역에서 카르디아로 번역)	209 (레바브 250번 중 약 84%가 70인역에서 카르디아로 번역)
누스 (νοῦς)	–	–	1 (눅 24:45)	–	21 (롬: 6, 고전: 7, 엡: 2, 빌: 1, 살후: 1, 딤전: 1, 딤후: 1)	–	–	–	24	12	3 (출 7:23, 욥 7:17, 사 41:22)	–
디아노이아 (διάνοια)	1 (마 22:37)	1 (막 12:30)	2 (눅 1:51, 10:27)	–	3 (엡: 2, 골: 1)	2	2 (벧전: 1, 벧후: 1)	–	12	42	20	10
노에마 (νόημα)	–	–	–	–	6 (고후: 5, 빌: 1)	–	–	–	6	–	–	–
프쉬케 (ψυχή)	16	8	29 (눅: 14, 행: 15)	20 (요: 10, 요한서신: 3, 계: 7)	13 (롬: 4, 고전: 1, 고후: 2, 엡: 1, 빌: 2, 살전: 1, 살후: 1, 딤전: 1)	6	8 (벧전: 6, 벧후: 2)	2	102	730	13	11
시네이데시스 (συνείδησις)	–	–	5 (행: 3)	1 (요일 5:20)	20 (고전: 8, 고후: 3, 딤전: 3, 딤후: 1, 딛: 1)	5	3 (벧전: 3)	–	–	–	–	–
프뉴마 (πνεῦμα)	19	23	106 (눅: 36, 행: 70)	60 (요: 24, 요한서신: 12, 계: 24)	145 (롬: 34, 고전: 40, 고후: 17, 갈: 18, 엡: 14, 빌: 5, 골: 2, 살전: 5, 살후: 3, 딤전: 3, 딤후: 3, 몬: 1, 딛: 1)	12	9 (벧전: 8, 벧후: 1)	2	379	281	–	–
소마 (σῶμα)	14	4	14 (눅: 13, 행: 1)	7 (요: 6, 계: 1)	91 (롬: 13, 고전: 46, 고후: 10, 갈: 1, 엡: 9, 빌: 3, 골: 8, 살전: 1)	5	1	5	142	73	–	–
사르크스 (σάρξ)	5	4	7	13 (요: 13)	91 (롬: 26, 고전: 11, 고후: 11, 갈: 18, 엡: 9, 빌: 5, 골: 9, 딤전: 1)	6	9 (벧전: 7, 벧후: 2)	1	147	156	–	–

표1 성경 권별 영, 혼, 마음, 몸에 대한 언어적 용례

는 인간의 존재와 구원과 그 구원을 이루어가는 삶을 온전하게 설명할 수 없었을 것이다. 그래서 이방인에게 복음을 전하기 위해서, 그 시대적 상황에서 그들의 사고방식에 맞는 적절한 헬라어를 선별하여 성경을 기록함으로써 그들이 복음을 깨닫고 체험하도록 하였을 것이라고 충분히 짐작할 수 있다.

실제로 신약에서 마음에 관련된 용어를 조사해보면, 신약에서 '카르디아'라는 용어가 총 156회 나온다. 그중 누가와 바울이 94회[60%, 히브리서 포함 시 105번(67%)] 사용했다. 그리고 누스, 디아노이아, 노에마 등이 대부분 '마음'으로 번역되었는데, '누스'는 신약에서 24회 나오는데 그중 22회(92%)를, 그리고 '디아노이아'의 경우는 총 12회 중 5회 [41%, 히브리서 포함 시 7회(58%)]를 바울과 누가 두 사람이 사용했다. 특히, '노에마'의 경우는 총 6회 나오는데 바울이 고린도후서와 빌립보서에서 6회 모두 사용했다. 사도 바울은 신약의 다른 저자에 비해서 육체(사르크스), 몸(소마), 영(프뉴마 그리고 혼(프쉬케)이라는 말을 압도적으로 많이 쓰고 있다(표1 참고).

그런데 안타깝게도 오늘날 우리는 사도 바울이 이렇게 정교한 표현과 용어를 선택한 이유를 간과한 채 이 모든 단어를 많은 경우 '마음'으로 번역함으로써 마음을 성경적으로 이해하는 데 큰 어려움을 겪게 되었다. 또한 전후 문맥상 마음이라는 단어로는 그 뜻을 제대로 알 수 없을 경우에는 막연하게 뜬구름 잡는 식의 영적 해석으로 얼버무렸다. 원어의 의미를 충실하게 반영하지 못한 잘못된 번역과 해석은 지금까지 우리의 마음이 그리스도 안에서 새롭게 되는 데 큰 장애물이 되어왔으며 그것은 부인할 수 없는 사실이다.

5. 속마음(심중, 카르디아)과 겉마음(마음, 누스)의 성경적 이해

(1) 심중(카르디아)에 대한 올바른 이해

카르디아와 누스(마음을 나타내는 몇 가지 헬라어 중 대표적인 용어)를 이해하기 위해서는 먼저 이 두 가지 용어가 비물질적인 것에 대한 표현임을 알아야 한다. 우리가 자신을 나타날 때 가장 많이 사용하는 단어가 마음이고, 누구나 스스럼없이 사용하지만 마음은 실체가 없다. 즉 몸의 어떤 기관이 아니라는 말이다. 마음이 비물질을 나타내는 용어임에도 불구하고 우리가 거리낌없이 사용하는 것처럼, 카르디아도 비물질적인 것이지만 실재하는 것을 가리키는 용어임을 알아야 한다.

① 심중(카르디아)에 대한 개념 정리

구약성경의 레브와 레바브의 의미를 헬라어로 번역한 70인역을 고려할 때 '카르디아'는 우리말로 '심중'이라고 표현하는 것이 가장 적절하다고 판단된다. 실제로 누가복음 3장 15절의 '카르디아'를 개역개정은 '심중'이라고 표현하였다. 따라서 지금부터는 카르디아(heart)를 '심중'이라고 부르고, 나머지 누스, 디아노이아, 노에마 등을 통칭해서 '마음'이라고 부르고자 한다. 25

---

25 신약성경 헬라어에는 인간의 내면을 가리키는 단어가 이 장에서 언급한 단어 이외에도 네프로스(1x, 계 2:23), 그노메(9x, 행 20:3 ; 고전 1:10, 7:25, 40 ; 고후 8:10 ; 계 17:13, 17[2x], 몬 1:14), 프로네시스(2x, 눅 1:17 ; 엡 1:8) 등 매우 다양하게 언급되어 있다. 그리고 이러한 단어들은 적은 횟수로 사용되었고, 의미장(semantic force)이 서로 겹치거나 구분이 명확히 되지 않아 논의에 포함하지 않았다.

[눅 3:15] 백성들이 바라고 기다리므로 모든 사람들이 요한을 혹 그리스도신가 심중(카르디아)에 생각하니

카르디아는 헬라적으로 볼 때 인간 전체(생리적, 정신적, 종교적)의 중심부를 나타내는 용어이다. 영어로는 'heart'이며, 의미적으로는 'the inner life', 'the innermost being', 'the center of the personality'라고 말할 수 있다. 그렇다면 중심, 혹은 심중은 무엇을 의미하는 것일까? 그것은 물질론적 사고방식에 사로잡혀 있는 우리로서는 이해하기가 매우 힘들 수 있다. 이것을 한마디로 정의하기는 어렵지만, 다양한 각도에서 살펴보면, 좀 더 정확하고 포괄적인 개념을 가질 수 있을 것이다.

심중은 영적 존재의 성품이나 생명이 풀어지는 비물질적 장소이다. 그 영이 하나님의 영이 될 수도 있고, 인간의 영 또는 마귀의 영일 수도 있다. 즉 카르디아는 어떤 영의 영향을 받는 믿음체계 또는 신념체계라고 볼 수 있다.

하나님나라 복음의 관점에서 인간에 대한 통전적 이해와 오늘날의 과학의 발견에 따르면, 우리는 영-믿음체계-사고체계-행동양식-행동이라는 순서로 어떤 행위를 하게 된다. 즉 영의 영향을 받은 믿음체계는 다른 의미로 '세계관'이라고 볼 수 있으며, 그것에 기초한 사고체계는 '가치관'을 형성하게 되고, 그것에 기초한 행동양식은 자신의 행동과 태도를 결정하게 된다. 즉 우리가 어떤 행동을 하는 것은 우리 안에 이미 자동화된 행동양식에 따른 것이고, 그 행동양식은 자신 안에 이미 자동화된 사고체계에 의해서 결정되어지고, 그것은 사고(思考) 이전에 무의

도적으로 무의식적으로 이미 형성된 믿음체계에 영향을 받는다는 것이다. 이때 영의 영향을 받는 믿음체계에 해당하는 것이 바로 '카르디아'이다. 이것은 우리가 흔히 말하는 '마음'에 영향을 미치는 근본적이고 근원적인 마음이라고 볼 수 있다(그래서 속마음이라고 지칭한 것이다).

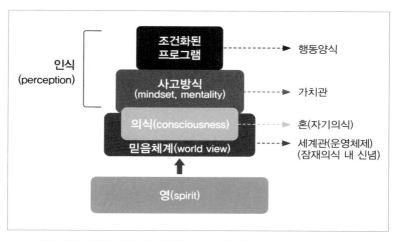

그림 1 인간의 영에 따른 의식과 인식 그리고 행동을 나타내기 위한 계층적 모델

좀 더 쉽게 이해하기 위해 컴퓨터를 생각해보라. 컴퓨터라는 하드웨어가 작동하기 위해서 가장 기초적인 것은 바로 운영체계(Operating System)이다. 예를 들어 IBM 컴퓨터를 사용하려면, 과거에는 도스(DOS), 지금은 윈도즈(Windows)라는 기본 운영체계를 깔게 된다. 한편 애플 컴퓨터를 사용하려면, iOS라는 운영체계를 깔게 된다. 바로 그 운영체계가 인간과 컴퓨터의 하드웨어와 저장장치에 깔려 있는 수많은 프로그램을 작동시켜주는 것이다. 스마트폰도 마찬가지이다. 운

131

영체계에 따라 안드로이드폰이냐 iOS폰이냐로 나뉜다. 우리가 수많은 앱을 가지고 있어도 운영체계가 없으면 아무 쓸모가 없게 된다.

이때 각종 프로그램 어플을 마음(누스, 디아노이아, 노에마 등)이라고 부른다면, 그 마음에 영향을 미치는 운영체계가 바로 심중(카르디아)에 해당한다고 할 수 있다. 또 다르게 생각하면, 타락한 인간이 태어나서 자아의식을 갖기 전에는 자기의 생각이나 감정이 없었다. 그냥 부모로부터 나오는 말과 표정 그리고 그것에 해당하는 에너지를 무의도적으로 무의식적으로 받아들임으로써, 나중에 자신이 경험하는 생각과 감정을 자기방식대로 판단하게 만드는, 기초가 되는 믿음-신념체계를 형성하게 된다.

우리가 컴퓨터를 사용하기 위해서는 운영체계에 따라 만들어진 프로그램을 작동시켜야 한다. 그것을 위해서 우리는 키보드와 마우스를 사용한다. 이 키보드와 마우스는 컴퓨터의 하드웨어와 운영체계와 프로그램을 연결시켜서 원하는 일을 하게 해준다. 우리는 키보드와 마우스를 통하여 원하는 프로그램을 열고, 작업하고, 그것을 저장하거나 프린터하거나 다른 곳에 보내기도 한다. 그럴 때 키보드와 마우스는 의식(혼)에 비유될 수 있을 것이다. 그렇다면 작업을 하는 사람은 무엇일까? 비유적으로 보자면 자아(영적 존재)이다.

흥미로운 사실은 어릴 때나 지금이나 우리는 심장으로도 생각하고 느낀다는 것이다. 특히 어릴 때는 머리의 활동보다는 심장의 활동을 통해서 생각하고 느낀다. 오늘날 과학자들은 심장에도 약 4만 개의 신경세포가 있으며 특별한 목적만을 위한 신경 전달물질이 있기 때문에 심장이 뇌의 연장선이라고 주장한다. 심장을 통해 생각한다니 너무

놀랍지 않은가? 우리는 태어난 어린아이가 어떻게 자아의식을 형성하고, 자신의 외부에 있는 것을 감각하고, 그것을 뇌에 저장하게 되는지 유추해볼 수 있다. 태어나서 처음 오감을 통해서 들어오는 신호들은 뇌보다 먼저 심장에서 받아들인다. 이때 심장이 받아들이는 것은 생각과 감정 이전의 느낌이자 직관이다. 그 신호들이 뇌에 영향을 미치게 되고, 그것들이 상호작용함으로써 점차 자아의식을 형성하는 데 필요한 가장 기본적인 믿음체계를 형성하게 되는 것이다.

사실 이것에 따라 우리의 인생이 결정된다고 해도 과언이 아니다. 인생은 무엇을 어떻게 경험하느냐에 달린 것이기 때문이다. 똑같은 사실을 보아도 어떤 사람은 긍정적으로, 어떤 사람은 부정적으로 보는 이유가 무엇인가? 생각이 짧거나 지식이 부족해서일까? 아니다. 바로 '카르디아'에 있는 신념(믿음)체계가 다르기 때문이다. 예를 들어, 사랑을 많이 받은 아이와 학대를 많이 받은 아이의 차이를 생각해보라. 우리가 말하는 경험, 생각, 지각, 인식, 이해, 사고 등의 틀을 마련해주는 신념(믿음)체계가 바로 '카르디아'이다. 그런데 오늘날 대부분의 성인은 머리 (개념과 이미지) 중심의 삶을 살 뿐 가슴(심장) 중심의 삶을 살지 않는다. 우리가 평생 그렇게 교육받고 자라왔기 때문이다. 그러나 보다 깊고 근본적이고 영적인 것은 가슴으로 체험할 수 있다. 거듭난 자는 머리 중심의 모든 생각과 그에 따른 감정을 내려놓을 때 비로소 경험으로부터 오는 것이 아니라 영으로부터 오는 것을 가슴으로 느끼고 직관할 수 있게 된다.

카르디아를 차원적 관점에서 보면, 마음에 나타나는 경험에 기초한 지식이나 정보라기 보다는 그 보다 깊은 차원, 근본적이고 기본적인 차원의 생각과 감정이라고 볼 수 있다. 그것은 사고체계에 속한 것이라기보다는 믿음체계에 속한 것이다. 즉, 그 말은 거짓자아 의식으로 만든 사고체계 이전에 무의도적으로 받아들인 생각과 감정에 의해 형성된 것으로 이성적이고 합리적이고 논리적인 사고방식의 틀이 되는 믿음체계를 말한다. 일종의 자신의 세계관 26이 형성되는 장소이다.

카르디아를 시간적 관점에서 보면, 자아가 형성된 후에 자신이 스스로 경험하고 이해하는 모든 생각과 감정의 기초, 틀, 바탕이 되는 생각과 감정이다. 우리의 자아의식이 형성되기 전 어린아이 때 외부로부터 들어온 정보를 무의도적으로 무의식적으로 받아들여 만들어진 믿음체계이다. 우리의 잠재의식 내에 있는 생각과 감정이라고 볼 수 있으며, 우리 존재의 중심부, 우리 마음의 중심부, 우리 활동의 중심부가 되는 것이다.

카르디아를 영혼몸의 관점에서 보면, 이러한 근원적인 믿음체계는 혼이 선택하고 판단하는 자유의지에 지대한 영향을 미친다. 하나님의 영에 의한 역사는 예를 들어 말씀이나 평강이나 사랑 등은 우리의 심중에 주어진다. 물론 사탄의 역사도 우리의 심중에 영향을 미칠 수 있다.

카르디아를 성경의 관점에서 보면, 우리의 자아의식이 생성된 후의 경험과 지식과 관련된 뇌의 활동이 아니라 그 이전의 심장과 뇌의 활동이다. 이것은 나를 만든 생각이지, 내가 판단하는 생각이 아니다. 이것

---

26 세계관(worldview) : 어떤 지식이나 관점을 가지고 세계를 근본적으로 인식하는 방식이나 틀을 의미한다. 우리 각자의 세계관은 어린 시절 무의도적으로 무의식적으로 받아들인 생각과 감정으로 형성되기 때문에 전(a priori) 철학적이고 전(a priori) 과학적이다. 우리의 잠재의식 내 믿음체계, 신념체계라고 볼 수 있다.

은 마음 이전의 마음이라고 생각할 수 있다. 이것은 흔히들 말하는 잠재의식에서 올라오는 생각이고 감정이다. 성인은 자아의식 형성 이후에 받아들인 경험과 지식에 기초한 생각과 감정으로 살아간다. 따라서 카르디아에 하나님의 말씀이 임하기 위해서는 성령의 도우심 또는 조명이 절대적으로 필요하다. 그 말은 우리의 적극적인 의지와 사고가 필요한 것이 아니라 성령님께 자신을 맡기고 어린아이처럼(childlike) 말씀을 받아들이는 것이 필요하다는 것이다.

우리의 인생을 생각해보면, 자아가 형성되기 이전에는 가슴 중심이었지만, 자아가 형성되고 난 다음부터는 머리 중심의 삶을 살게 되고, 성인이 되면 대부분 상황 중심의 삶을 살게 된다. 그렇게 되면 어린아이 같은(childish) 미성숙한 고착된 감정들은 있지만, 어린아이와 같은 (childlike) 느낌이나 직관은 없어진다. 왜 예수님께서 어린아이와 같이 말씀을 받으라고 하셨는지 생각해보라.

[눅 18:17] 내가 진실로 너희에게 이르노니 누구든지 하나님의 나라를 어린 아이와 같이 받아들이지 않는 자는 결단코 거기 들어가지 못하리라 하시니라

말씀은 지식이나 정보가 아니라 영이고 생명이기 때문에 머리로 받아들이는 것이 아니라 가슴으로 체험되어야 한다. 바로 그곳이 '심중'(카르디아)이다. 말씀을 믿는다는 것은 내 마음으로 받아들이는 것이 아니라 심중에 체험되도록 자신의 생각과 감정을 말씀에 일치시키는 것이다.

이제 성경에서 '카르디아'라는 용어가 어떻게 쓰이는가를 살펴보자. 마음을 열고 각 구절의 괄호 안에 있는 의미를 어린아이처럼 받아들여 보라.

하나님께서 살피시고, 감찰하시고, 드러내시는 것은 우리 안의 무엇일까?

[롬 8:27] 마음(카르디아)을 살피시는 이가 성령의 생각을 아시나니 이는 성령이 하나님의 뜻대로 성도를 위하여 간구하심이니라

[살전 2:4] 오직 하나님께 옳게 여기심을 입어 복음을 위탁 받았으니 우리가 이와 같이 말함은 사람을 기쁘게 하려 함이 아니요 오직 우리 마음(카르디아)을 감찰하시는 하나님을 기쁘시게 하려 함이라

[고전 4:5] 그러므로 때가 이르기 전 곧 주께서 오시기까지 아무 것도 판단하지 말라 그가 어둠에 감추인 것들을 드러내고 마음(카르디아)의 뜻을 나타내시리니 그 때에 각 사람에게 하나님으로부터 칭찬이 있으리라

[렘 17:9-10] 만물보다 거짓되고 심히 부패한 것은 마음(히, 레브 ; 헬, 카르디아)이라 누가 능히 이를 알리요마는 나 여호와는 심장(히, 레브 ; 헬, 카르디아)을 살피며 폐부(콩팥)를 시험하고 각각 그의 행위와 그의 행실대로 보응하나니

하나님께서 우리에게 주시고자 하시는 그분의 영, 그분의 성품은 우리의 어디에 두실까?

[겔 36:26] 또 새 영(히, 루아흐)을 너희 속에 두고 새 마음(히, 레브 ; 헬, 카르디아)을 너희에게 주되 너희 육신(히, 바사르 ; 헬, 사르크스)에서 굳은 마음(히, 레브 ; 헬, 카르디아)을 제거하고 부드러운 마음을 줄 것이며

[갈 4:6 새번역] 그런데 여러분은 자녀이므로, 하나님께서 그 아들의 영을 우리의 마음(카르디아)에 보내 주셔서 우리가 하나님을 "아빠, 아버지" 라고 부를 수 있게 하셨습니다.

[고후 1:22] 하나님께서는, 또한 우리를 자기의 것이라는 표로 인을 치시고, 그 보증으로 우리 마음(카르디아)에 성령을 주셨습니다.

[롬 5:5] 소망이 우리를 부끄럽게 하지 아니함은 우리에게 주신 성령으로 말미암아 하나님의 사랑이 우리 마음(카르디아)에 부은 바 됨이니

[골 3:15] 그리스도의 평강이 너희 마음(카르디아)을 주장하게 하라 너희는 평강을 위하여 한 몸으로 부르심을 받았나니 너희는 또한 감사하는 자가 되라

[고후 4:6] 어두운 데에 빛이 비치라 말씀하셨던 그 하나님께서 예수 그리스도의 얼굴에 있는 하나님의 영광을 아는 빛을 우리 마음(카르디아)에 비추셨느니라

하나님께서 말씀을 우리의 어디에 두기를 원하실까? 마음일까? 아니면 심중일까?

[히 10:16] 주께서 이르시되 그 날 후로는 그들과 맺을 언약이 이것이라 하시고 내 법을 그들의 마음(카르디아)에 두고(디도미) 그들의 생각(디아노이아)에 기록하리라(에피그라포) 하신 후에 27

씨 뿌리는 자의 비유를 생각해보라. 좋은 밭, 좋은 땅은 무엇을 의미하는 것일까?

[눅 8:15] 좋은 땅에 있다는 것은 착하고 좋은 마음(카르디아)으로 말씀을 듣고 지키어 인내로 결실하는 자니라

[마 13:19] 아무나 천국 말씀을 듣고 깨닫지 못할 때는 악한 자가 와서 그 마음(카르디아)에 뿌려진 것을 빼앗나니 이는 곧 길 가에 뿌려진 자요

정말 악한 것은 우리 생각 속에 있는 것일까? 아니면 보다 근본적인 것으로부터 올라오는 것일까? 예수님이 정말로 꾸짖는 것은 무엇인가?

---

27 우리는 이 말씀과 더불어 "또 주께서 이르시되 그 날 후에 내가 이스라엘 집과 맺을 언약은 이것이니 내 법을 그들의 생각(헬, 디아노이아)에 두고 그들의 마음(헬, 카르디아)에 이것을 기록하리라 나는 그들에게 하나님이 되고 그들은 내게 백성이 되리라"(히 8:10)라는 말씀을 통해서 '카르디아'와 '누스'가 서로 관계하고 있음을 알 수 있다.

[마 12:34] 독사의 자식들아 너희는 악하니 어떻게 선한 말을 할 수 있느냐 이는 마음(카르디아)에 가득한 것을 입으로 말함이라

[마 13:15] 이 백성들의 마음(카르디아)이 완악하여져서 그 귀는 듣기에 둔하고 눈은 감았으니 이는 눈으로 보고 귀로 듣고 마음으로 깨달아 돌이켜 내게 고침을 받을까 두려워함이라 하였느니라

[마 15:8] 이 백성이 입술로는 나를 공경하되 마음(카르디아)은 내게서 멀도다

[마 15:19] 마음(카르디아)에서 나오는 것은 악한 생각과 살인과 간음과 음란과 도둑질과 거짓 증언과 비방이니

[눅 6:45] 선한 사람은 마음(카르디아)에 쌓은 선에서 선을 내고 악한 자는 그 쌓은 악에서 악을 내나니 이는 마음(카르디아)에 가득한 것을 입으로 말함이니라

[요 12:40] 그들의 눈을 멀게 하시고 그들의 마음(카르디아)을 완고하게 하셨으니 이는 그들로 하여금 눈으로 보고 마음(카르디아)으로 깨닫고 돌이켜 내게 고침을 받지 못하게 하려 함이라 하였음이더라

하나님께서 말씀하실 때 우리가 정말로 반응하는 곳은 어디일까? 소위 말하는 마음일까, 아니면 심중일까?

[눅 24:32] 그들이 서로 말하되 길에서 우리에게 말씀하시고 우리에게 성경을 풀어 주실 때에 우리 속에서 마음(카르디아)이 뜨겁지 아니하더냐 하고

[엡 1:17-18] 우리 주 예수 그리스도의 하나님, 영광의 아버지께서 지혜와 계시의 영(프뉴마)을 너희에게 주사 하나님을 알게 하시고 너희 마음(카르디아)의 눈을 밝히사 그의 부르심의 소망이 무엇이며 성도 안에서 그 기업의 영광의 풍성함이 무엇이며

[히 4:12] 하나님의 말씀은 살아 있고 활력이 있어 좌우에 날선 어떤 검보다도 예리하여 혼(프쉬케)과 영(프뉴마)과 및 관절과 골수를 찔러 쪼개기까지 하며 또 마음(카르디아)의 생각(엔뒤메시스 : 깊은 숙고나 사고)과 뜻(엔노이아 : 깨달음)을 판단하나니 28

[행 16:14] 두아디라 시에 있는 자색 옷감 장사로서 하나님을 섬기는 루디아라 하는 한 여자가 말을 듣고 있을 때 주께서 그 마음(카르디아)을 열어 바울의 말을 따르게 하신지라

하나님의 말씀을 들을 때 어떤 사람은 왜 이해하지 못하는데도 눈물이 나고 회개하고 진리임을 알게 되고, 또 어떤 사람은 더 강퍅하게 되는가?

---

28 '엔뒤메시스'는 깊은 숙고나 사고를 뜻하며 신약에 4회 나온다. 한편 '엔노이아'는 누스에서 파생된 단어로 신약에 2회 나온다.

[행 2:37] 그들이 이 말을 듣고 마음(카르디아)에 찔려 베드로와 다른 사도들에게 물어 이르되 형제들아 우리가 어찌할꼬 하거늘

[행 7:54] 그들이 이 말을 듣고 마음(카르디아)에 찔려 그를 향하여 이를 갈거늘

[엡 4:18] 그들의 총명(디아노이아)이 어두워지고 그들 가운데 있는 무지함과 그들의 마음(카르디아)이 굳어짐으로 말미암아 하나님의 생명(조에)에서 떠나 있도다

하나님의 말씀을 들을 때 진정한 믿음이 자리잡는 곳은 어디일까?

[롬 10:8-10] 그러면 무엇을 말하느냐 말씀이 네게 가까워 네 입에 있으며 네 마음(카르디아)에 있다 하였으니 곧 우리가 전파하는 믿음의 말씀이라 네가 만일 네 입으로 예수를 주로 시인하며 또 하나님께서 그를 죽은 자 가운데서 살리신 것을 네 마음(카르디아)에 믿으면 구원을 받으리라 사람이 마음(카르디아)으로 믿어 의에 이르고 입으로 시인하여 구원에 이르느니라

[히 10:22] 우리가 마음(카르디아)에 뿌림을 받아 악한 양심으로부터 벗어나고 몸은 맑은 물로 씻음을 받았으니 참 마음(카르디아)과 온전한 믿음으로 하나님께 나아가자

[벧전 3:15] 너희 마음(카르디아)에 그리스도를 주로 삼아 거룩하게 하고 너희

속에 있는 소망에 관한 이유를 묻는 자에게는 대답할 것을 항상 준비하되 온유와 두려움으로 하고

앞서 언급한 성경의 말씀을 헬라어를 참고하여 다시 읽으면, 과거와 달리 내면이 뜨거워지는 것을 느끼지 않는가? 하나님께서 역사하시는 것은 우리가 생각하는 마음이 아니라 심중이며, 우리가 변해야 할 것은 마음이 아니라 심중임을 다시 한번 깨닫게 될 것이다.

(2) 누스에 대한 성경적 이해

앞서 살펴본 것처럼 카르디아를 마음의 생각과 감정의 틀이 되는 보다 근원적인 믿음체계라고 본다면, 그보다 상위개념의 사고방식과 그에 따른 생각, 사고, 이해, 지각, 감정 등이 바로 마음(mind)이다. 그중 누스는 디아노이아와 노에마 그리고 엔노이아, 에피노이아의 어근이다. 누스는 신약에 기록된 24회 중 21회가 바울 서신에 등장하고, 나머지는 누가복음 1회, 요한계시록에 2회 나온다. 그중 19번이나 '마음'으로 번역되었다.

디아노이아는 신약에 12회 나오는데 '마음'으로 4회, '생각'으로 3회 사용되고, 나머지는 '총명'으로 1회(엡 4:18), '지각'으로 1회(요일 5:20), '뜻'(마 22:37 ; 막 12:30 ; 눅 10:27)으로 3회 사용되었다. 노에마는 신약에 6회 나오는데 그중 '마음'으로는 3회(고후 3:14, 4:4, 11:3), '생각'으로는 2회(고후 10:5 ; 빌 4:7), '계책'으로는 1회(고후 2:11) 나온다. 모두 다바울 서신 특히 고린도후서에 5회 그리고 빌립보서에 1회 나온다.

① 누스에 대한 개념 정리

구약에 히브리어로 언급된 레브, 레바브는 지성, 의지, 감성, 영성, 마음 등을 다 포함하고 있다. 그 이유는 히브리적 세계관에서는 헬라의 이분법적 사고와는 다르게, 보이지 않는 비물질적인 것을 통합적으로 보았기 때문이다. 구약의 히브리어에는 헬라어의 누스(mind ; 디아노이아, 노에마)에 상응하는 단어가 없었다. 그래서 70인역에서 레브나 레바브의 대부분이 카르디아로 번역되었고, 일부만 마음(mind)에 해당되는 헬라어로 번역되었다.

신약성경에서 누스는 24회 등장하는데, 그 당시 헬라 문학과 비교하면 엄청나게 적게 등장하는 것이다[예를 들어, 헬라 시대 철학자인 필로(philo)의 글에는 누스가 약 700회, 플라톤(plato)의 글에는 약 400회 등장한다]. 또한 신약성경에 나오는 24회 중 21회가 바울 서신에서 사용되었다. 그중에서도 로마서에서 6회, 고린도전서에서 7회 등장하는데, 바울은 헬라적 세계관에서 살고 있는 성도들에게 하나님의 영과 말씀 그리고 믿음과 지성(지식)의 관계에 대하여 설명하기 위해서, 그들이 흔히 사용하는 '누스'를 기독교적 세계관으로 재해석하며 그들이 사용하는 마음과의 차이를 설명하고 있다. '누스'는 영어의 'mind'에 상응하는 의미를 가지며, 심중(카르디아)에 영향을 받는 마음으로서 감각적, 개념적 인지를 모두 포함하는 지각(understanding), 사고(thoughts), 이성(reason)을 뜻한다.

② 누스에 대한 성경적 이해

성경에 누스가 어떻게 사용되었는지를 보자.

[눅 24:32-45] 그들이 서로 말하되 길에서 우리에게 말씀하시고 우리에게 성경을 풀어 주실 때에 우리 속에서 마음(카르디아)이 뜨겁지 아니하더냐 하고 … 이에 그들의 마음(누스)을 열어 성경을 깨닫게 하시고 29

[고전 2:16] 누가 주의 마음(누스)을 알아서 주를 가르치겠느냐 그러나 우리가 그리스도의 마음(누스)을 가졌느니라

[고전 14:15] 그러면 어떻게 할까 내가 영(프뉴마)으로 기도하고 또 마음(누스)으로 기도하며 내가 영(프뉴마)으로 찬송하고 또 마음(누스)으로 찬송하리라

[롬 7:23] 내 지체(멜로스, 부분) 30 속에서 한 다른 법이 내 마음(누스)의 법과 싸워 내 지체 속에 있는 죄의 법으로 나를 사로잡는 것을 보는도다

[롬 7:25] … 그런즉 내(에고) 자신이 마음(누스)으로는 하나님의 법을 육신(사르크스)으로는 죄의 법을 섬기노라(둘류오, 종이되다, 예속되다)

---

29 누가복음 24장 32-45절의 말씀을 통해서도 '카르디아'의 변화 없이는 '누스'를 열어 성경을 깨닫게 할 수 없다는 것을 알 수 있다.

30 지체 속에 있는 다른 법이 무엇인가? 그것이 바로 '카르디아'에 있는 믿음체계, 즉 하나님의 영과 말씀으로 만들어지지 않은 믿음체계이다. 오늘날의 의미로 좀 더 쉽게 말하자면 잠재의식 내 믿음체계일 것이다.

다음은 카르디아에 세상 신의 영향을 받은 믿음체계가 있을 경우, 그것에 영향을 받은 마음을 표현하고 있다.

[딛 1:15] 깨끗한 자들에게는 모든 것이 깨끗하나 더럽고 믿지 아니하는 자들에게는 아무것도 깨끗한 것이 없고 오직 그들의 마음(누스)과 양심(쉬네이데시스)이 더러운지라

[롬 1:28] 또한 그들이 마음(에피그노시스 : 지식, 인식)에 하나님 두기를 싫어하매 하나님께서 그들을 그 상실한 마음(누스)대로 내버려 두사 합당하지 못한 일을 하게 하셨으니

[엡 4:17] 그러므로 내가 이것을 말하며 주 안에서 증언하노니 이제부터 너희는 이방인이 그 마음(누스)의 허망한 것으로 행함 같이 행하지 말라

[골 2:18] 아무도 꾸며낸 겸손과 천사 숭배를 이유로 너희를 정죄하지 못하게 하라 그가 그 본 것에 의지하여 그 육신(사르크스)의 생각(누스)을 따라 헛되이 과장하고

요약하자면, 누스는 카르디아에 영향을 받는다. 앞서 보았던 것처럼, 카르디아는 영의 영향을 받는다. 이성(누스)이 진리를 안다고 해서 자신의 육체(혼과 몸)가 변화되지 않는다(물론 사람에 따라 그 정도는 다를 것이다). 진정한 변화는 누스의 변화가 아니라 그 이전 단계인 카르디아의 변화이기 때문이다. 성경을 정확히 보면 '누스'의 생각이나 지성을

가지고는 설령 하나님의 말씀을 이해하고 받아들인다 할지라도 자신을 변화시킬 수 없다는 것을 말하고 있다. 왜냐하면 '카르디아'에 말씀이 기록되어야 '누스'를 바꿀 수 있기 때문이다.

오늘날 가장 큰 문제는 말씀을 영이요 생명이 아닌 진리에 대한 지식이나 정보로 생각하는 것과 그 말씀을 이성(누스)으로 이해하고 깨닫고 판단하고자 한다는 데 있다. 심중(카르디아)에 들어온 말씀은 우리의 믿음체계와 혼의 자유의지를 변화시키는 능력이 되지만, '이성과 사고'(누스)로 받아들인 말씀은 그 말씀 자체는 진리이지만 우리가 받아들이는 것은 그 말씀에 대한 지식이고 정보일 뿐이다. 그런데 대부분의 성도들이 말씀을 열심히 '누스'로 받아들이고 자신을 변화시키려고 무진 애를 쓰고 있다.

(3) 디아노이아에 대한 올바른 이해

① 디아노이아에 대한 개념 정리

디아노이아는 신약성경에 12회 등장하는데, 주로 지적 범주에 속하며(누스에 비하여 좁은 의미로 사용됨), 처음에는 정신 활동 과정 또는 결과물인 생각(thought)을 뜻하다가 의미가 확장되어 사고방식(the way of thinking) 그리고 그에 따른 이해(understanding), 의도(intention), 기질(disposition)까지 뜻하게 되었다. 결국 자신의 경험과 지식에 기초한 추론적 생각, 사고방식, 이해를 나타낸다. 공관복음에서 예수님께서 가장 큰 계명에 대해 말씀하시며 마음, 목숨, 힘과 뜻(디아노이아)을 다해 하나님을 사랑하라고 하신 구절(마 22:37 ; 막 12:30 ; 눅 10:27)에서 3회 등장하며, 구약 예레미야서의 새 언약에 대한 예언을 인용한 히브리서에서 2회 사용된 것이 대표적인 예이다.

[눅 10:27] 대답하여 이르되 네 마음(카르디아)을 다하며 목숨(프쉬케)을 다하며 힘(이스키히스, ischus : 신체의 힘)을 다하며 뜻(디아노이아 : 추론적 사고방식)을 다하여 주 너의 하나님을 사랑하고 또한 네 이웃을 네 자신 같이 사랑하라 하였나이다

[히 10:16] 주께서 이르시되 그 날 후로는 그들과 맺을 언약이 이것이라 하시고 내 법을 그들의 마음(카르디아)에 두고(디도미) 그들의 생각(디아노이아)에 기록하리라(에피그라포) 하신 후에

② 디아노이아에 대한 성경적 이해

디아노이아는 바울 서신에 3회 등장하는데(엡 2:3, 4:18 ; 골 1:21), 모두 다 부정적인 문맥 속에서 등장한다. 반면에 일반 서신 중에서 베드로전후서에 2회 등장하는데 긍정적인 문맥 속에서 쓰였고(벧전 1:13 ; 벧후 3:1), 요한일서 5장 20절에서도 긍정적인 의미로 사용되었다.

부정적인 문맥에서 사용된 구절

[엡 2:3] 전에는 우리도 다 그 가운데서 우리 육체(사르크스)의 욕심을 따라 지내며 육체와 마음(디아노이아)의 원하는 것을 하여 다른 이들과 같이 본질상 진노의 자녀이었더니

[엡 4:18] 그들의 총명(디아노이아)이 어두워지고 그들 가운데 있는 무지함과 그들의 마음(카르디아)이 굳어짐으로 말미암아 하나님의 생명(조에)에서 떠나 있도다

[골 1:21] 전에 악한 행실로 멀리 떠나 마음(디아노이아)으로 원수가 되었던 너희를

긍정적인 문맥에서 사용된 구절

[벧전 1:13] 그러므로 너희 마음(디아노이아)의 허리를 동이고 근신하여 예수 그리스도께서 나타나실 때에 너희에게 가져다 주실 은혜를 온전히 바랄지어다

[벧후 3:1] 사랑하는 자들아 내가 이제 이 둘째 편지를 너희에게 쓰노니 이 두 편지로 너희의 진실한 마음(디아노이아)을 일깨워 생각나게 하여

[요일 5:20] 또 아는 것은 하나님의 아들이 이르러 우리에게 지각(디아노이아)을 주사 우리로 참된 자를 알게 하신 것과 또한 우리가 참된 자 곧 그의 아들 예수 그리스도 안에 있는 것이니 그는 참 하나님이시요 영생이시라

(4) 노에마에 대한 올바른 이해

① 노에마에 대한 개념 정리

신약에 총 6회 등장하는데, 모두 다 바울 서신에서 사용되었다. 빌립보서 4장 7절을 제외하면 5회 모두 고린도후서에서 등장한다. 노에마는 모든 경우에 외부의 영향을 받아 자신을 지키고자 하는(그 마음에 하나님을 두기 싫어하는) 사상, 사고나 생각과 관련되어 사용되었다. 한마디로 구습, 전통, 세상풍조, 초등학문, 사탄의 거짓말 등을 붙들어 하나님을 두기 싫어하는 마음, 자신을 스스로 자아독립체로 유지시키고자 하는 마음을 일컫는다.

② 노에마에 대한 성경적 이해

성경에서 노에마의 용례를 살펴보자. 고린도후서 11장 3절은 뱀이 하와를 미혹한 것처럼 다른 사람의 비성경적인 가르침으로 인해(외부적인 요인) 노에마가 그리스도를 향한 진실함과 깨끗함을 떠나 부패할 것에 대해 경고하고 있으며, 고린도후서 3장 14절에는 유대인들의 잘못된 성경 지식과 사람의 전통과 유전 때문에 그들의 노에마가 완고해져서 그리스도를 메시아로 받아들이지 못하는 것을 말하고 있다. 특히 고린도후서 4장 4절에는 이 세상 신인 사탄이 불신자들의 노에마를 혼미하게 하여 복음을 받아들이지 못하게 한다고 말하고 있다. 이와 더불어 고린도후서 2장 11절에는 사탄의 속임수에 대해 언급하며 사탄의 계책을 노에마로 표현한다. 또한 고린도후서 10장 5절에는 하나님 아는 것을 대적하여 높아진 모든 생각(노에마)을 사로잡아 그리스도에게 복종하라고 바울은 말하고 있다.

[고후 11:3] 뱀이 그 간계로 하와를 미혹한 것 같이 너희 마음(노에마)이 그리스도를 향하는 진실함과 깨끗함에서 떠나 부패할까 두려워하노라

[고후 3:14] 그러나 그들의 마음(노에마)이 완고하여 오늘까지도 구약을 읽을 때에 그 수건이 벗겨지지 아니하고 있으니 그 수건은 그리스도 안에서 없어질 것이라

[고후 4:4] 그중에 이 세상의 신이 믿지 아니하는 자들의 마음(노에마)을 혼미하게 하여 그리스도의 영광의 복음의 광채가 비치지 못하게 함이니 그리스도는 하나님의 형상이니라

[고후 2:11] 이는 우리로 사탄에게 속지 않게 하려 함이라 우리는 그 계책(노에마)을 알지 못하는 바가 아니로라

[고후 10:5] 하나님 아는 것을 대적하여 높아진 것을 다 무너뜨리고 모든 생각(노에마)을 사로잡아 그리스도에게 복종하게 하니

누스와 노에마가 한 문장 안에 복합적으로 사용된 예를 살펴보자.

[빌 4:7] 그리하면 모든 지각(누스)에 뛰어난 하나님의 평강이 그리스도 예수 안에서 너희 마음(카르디아)과 생각(노에마)을 지키시리라

이때 "모든 지각에 뛰어난"이란 인간의 어떤 지각보다 뛰어나다는 말이다. 하나님의 평강이 우리의 카르디아에 영향을 미칠 때, 하나님 없이 살았을 때 우리의 카르디아에 있던 것들이 더 이상 우리의 생각에 영향을 미치지 못할 뿐만 아니라, 외부로부터 오는 어떤 것에 대해서도 우리의 생각(노에마)을 지킬 수 있다는 뜻이다.

[눅 10:27(마 22:37 ; 막 12:30)] 대답하여 이르되 네 마음(카르디아)을 다하며 목숨(프쉬케)을 다하며 힘(이스키히스)을 다하며 뜻(디아노이아)을 다하여 주 너의 하나님을 사랑하고 또한 네 이웃을 네 자신같이 사랑하라 하였나이다

이 말씀은 우리가 하나님과 어떻게 교제해야 하는지를 알려주고 있다. 우리의 심중(카르디아)에 하나님의 영이 임하시고 거기에 말씀을 두시기 때문에 그 결과 우리의 혼(프쉬케)이 소생되어 의지적으로 신체의 힘(이스키히스)을 다하고, 우리의 생각과 사고방식(디아노이아)을 다하여 주님을 사랑해야 한다는 뜻이다. 신명기 쉐마의 말씀에서 포괄적으로 통합적으로 표현되었던 것들이 마태, 마가, 누가라는 저자들을 통해서 비물질적인 것을 두리뭉실하게 표현하는 것이 아니라 이렇게 분명히 구별하여 말하고 있다는 것이 놀랍지 않은가? 이 말씀 역시 인간의 존재가 전인적 통일체인 것을 분명하게 알려주고 있다.

영, 혼, 심중, 마음의 관계를 전체적으로 보면 다음 그림과 같다. 온전한 하나님의 자녀는 자신의 영과 하나님의 영이 온전히 연합하여 하나가 된다. 그리고 그 영에 의해서 우리의 카르디아가 변화될 때, 우리의 혼이 더 이상 몸의 종노릇을 하지 않게 되고, 그리스도 의식을 가지

고 마음(누스)을 새롭게 하며, 올바른 사고방식(디아노이아)을 가지게 되고, 어떤 악한 영의 공격에도 자신의 생각(노에마)을 지키게 된다는 것이다. 할렐루야! (그림2 참조)

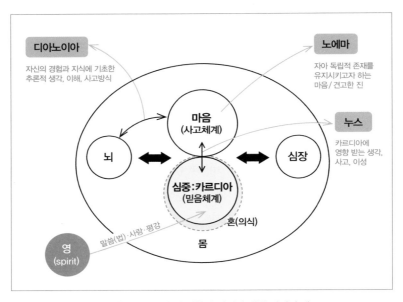

그림 2 혼, 심중, 마음의 역할과 관계에 대한 전체적 개요

6. 혼과 심중과 마음과 양심과의 관계

지금까지 살펴본 내용의 핵심을 구원받은 자녀의 관점에서 정리해 보면, 하나님의 영과 법, 사랑, 평강은 우리의 믿음체계인 심중에 임하게 된다. 그 결과 성령의 소욕에 의해 자아의식체인 혼이 하나님의 뜻이 무엇인지를 알게 되고, 그것에 기초하여 뇌의 활동으로 나타나는 자신

의 마음의 생각과 감정을 잘 분별함으로, 세상과 몸의 영향을 받는 대신, 반대로 몸을 통하여 주의 뜻을 이루는 삶을 살게 되는 것이다. 이 내용을 확증하기 위하여 혼과 심중의 관계 그리고 심중과 마음의 관계를 좀 더 살펴보려고 한다. 구원 전후에 걸친 인간의 존재와 그 상태를 설명하기 위해서 영, 혼, 몸 등으로 나누어 설명하지만, 이러한 요소들의 관계를 알면 알수록 인간은 이분설이나 삼분설로 나누어 설명할 수 없으며, 전인적 통일체(psychosomatic unity)라는 것을 다시 한번 확인하게 된다.

(1) 혼과 심중의 관계

신약성경에서 혼(프쉬케)과 심중(카르디아)이 함께 나오는 구절은 10구절이 있다. 중요한 구절만 살펴보도록 하자. 특별히 마태복음 11장 29절 말씀은 너무나 잘 아는 말씀이다. 이미 언급한 것처럼 이 구절에는 심중(카르디아)과 혼(프쉬케)이 나오는데, 두 번 모두 '마음'으로 번역되어 예수님께서 말씀하시고자 하는 진정한 의미가 무엇인지 알지 못하게 되었다.

[마 11:29] 나는 마음(카르디아)이 온유하고 겸손하니 나의 멍에를 메고 내게 배우라 그리하면 너희 마음(프쉬케)이 쉼을 얻으리니

[벧후 2:14] 음심이 가득한 눈을 가지고 범죄하기를 그치지 아니하고 굳세지 못한 영혼(혼, 프쉬케)들을 유혹하며(유인하다) 탐욕에 연단된 마음(심중, 카르디아)을 가진 자들이니 저주의 자식이라

153

[행 4:32] 믿는 무리가 한 마음(심중, 카르디아)과 한 뜻(혼, 프쉬케)이 되어 모든 물건을 서로 통용하고 자기 재물을 조금이라도 자기 것이라 하는 이가 하나도 없더라

이 말씀을 통하여 우리는 무엇을 알 수 있는가? 혼(프쉬케)과 심중(카르디아)은 비물질이지만 분명히 서로 다르다는 것을 알 수 있다. 카르디아에 있는 믿음체계는 혼이 뇌에서 나오는 생각과 감정을 어떻게 의지적으로 선택할 것인가에 영향을 주며, 혼의 선택은 카르디아에 어떤 영이 영향을 미칠 것인가에 영향을 준다. 타락한 혼은 거짓자아의 의식 주체이다. 하나님의 영이 임한 자라 할지라도, 카르디아가 새롭게 된 혼은 자신의 경험과 지식에 기초한 생각과 감정을 말씀에 따라 분별하여 선택할 수 있지만, 카르디아가 새롭게 되지 못한 혼은 과거와 동일하게 마음의 생각과 감정을 선택할 수밖에 없다. 그러나 혼이 육체의 소욕과 성령의 소욕 사이에서 갈등할 때는 모든 일에 정함이 없다. 이것을 표현한 말이 바로 야고보서 1장 8절 그리고 4장 8절의 말씀이다. 개역개정은 '두 마음'이라고 표현했지만, 헬라어로는 성령의 소욕에 이끌리거나 또는 육신의 소욕에 이끌리는 혼의 두 상태를 의미한다.

[약 1:8] 두 마음[딥쉬코스 : 듀오(duo, 둘)와 프쉬케(혼)의 합성어]을 품어 모든 일에 정함이 없는 자로다

[약 4:8] 하나님을 가까이하라 그리하면 너희를 가까이하시리라 죄인들아 손을 깨끗이 하라 두 마음(딥쉬코스)을 품은 자들아 마음(카르디아 : 심중)을

성결하게 하라

혼이 동요하지 않도록 하기 위해서는 심중(카르디아)을 성결케 해야
한다. 즉 심중에 하나님의 말씀을 두어야 혼이 몸의 종노릇을 하지 않
게 되고, 말씀에 기초하여 생각과 감정을 분별할 수 있다. 그리고 혼
(프쉬케)과 마음(누스, 디아노이아)이 한 문장에 나오는 것은 신약에서 주
님께서 구약의 가장 큰 율법에 대해 말씀하실 때 사용된 3번밖에 없다.
이 말은 혼(프쉬케)은 심중(카르디아)의 영향을 받으며, 혼(프쉬케)이 마음
을 선택하는 것이지, 마음 자체가 우리의 혼을 변화시키는 것이 아니라
는 것을 입증하는 것이다.

[눅 10:27(마 22:37 ; 막 12:30)] 대답하여 이르되 네 마음(카르디아)을 다하며
목숨(프쉬케)을 다하며 힘(이스키히스 : 신체의 힘)을 다하며 뜻(디아노이아 : 추
론적 사고방식)을 다하여 주 너의 하나님을 사랑하고 또한 네 이웃을 네 자신
같이 사랑하라 하였나이다

(2) 심중과 마음의 관계

그렇다면 심중(카르디아)과 마음(누스, 디아노이아, 노에마)은 어떤 관계
일까? 다음의 말씀은 예수님께서 아직 성령님이 임하지 않은 사람들과
믿지 않는 자들에게 하신 말씀이다.

[막 8:17] 예수께서 아시고 이르시되 너희가 어찌 떡이 없음으로 수군거리느
냐 아직도 알지(노에오) 못하며 깨닫지 못하느냐 너희 마음(카르디아)이 둔하냐

[눅 24:25] 이르시되 미련하고(아노에토스 : 현명치 못한) 선지자들이 말한 모든 것을 마음(카르디아)에 더디 믿는 자들이여

[요 12:40] 그들의 눈을 멀게 하시고 그들의 마음(카르디아)을 완고하게 하셨으니 이는 그들로 하여금 눈으로 보고 마음(카르디아)으로 깨닫고(노에오) 돌이켜 내게 고침을 받지 못하게 하려 함이라 하였음이더라

[엡 4:18] 그들의 총명(디아노이아)이 어두워지고 그들 가운데 있는 무지함과 그들의 마음(카르디아)이 굳어짐으로 말미암아 하나님의 생명에서 떠나 있도다

[히 4:12] 하나님의 말씀은 살아 있고 활력이 있어 좌우에 날선 어떤 검보다도 예리하여 혼(프쉬케)과 영(프뉴마)과 및 관절과 골수를 찔러 쪼개기까지 하며 또 마음(카르디아)의 생각(엔뒤메시스)과 뜻(엔노이아)을 판단하나니

[히 10:16] 주께서 이르시되 그 날 후로는 그들과 맺을 언약이 이것이라 하시고 내 법을 그들의 마음(카르디아)에 두고 그들의 생각(디아노이아)에 기록하리라 하신 후에

지금까지 심중(카르디아)과 마음(누스, 디아노이아, 노에마 등)에 대해 읽은 모든 구절이 무엇을 말하고 있는가? 오늘날 표면의식을 바꾸기 위해서는 잠재의식을 먼저 바꾸어야 한다는 것이 잘 알려져 있듯이, 마음을 바꾸기 위해서는 먼저 심중을 바꿔야 한다는 것을 보여주고 있다.

이 문제에 대해서 두 가지를 더 생각해볼 필요가 있다.

우선 지금 심중만 중요하고 마음의 생각과 감정은 중요하지 않다거나 쓸모없다고 말하는 것인가? 결코 그렇지 않다. 만약 그렇다면 반지성주의를 주장하는 것이 될 것이다. 우리 마음의 생각과 감정도 하나님께서 주신 것이고, 전인적 통일체인 우리의 삶을 유지하는 데 너무나 중요한 요소이다. 우리의 마음이 없다면 어떻게 인간의 지식의 확장과 과학의 발전 그리고 삶의 풍요로움이 있을 수 있겠는가? 이 장에서 말하고자 한 것은 인간의 마음의 생각과 감정을 통하여 하나님의 성품을 드러내는 측면에 초점을 두고 이야기한 것이다. 또 다른 하나는 우리의 마음을 변화시키는 것만으로는 아무 소용이 없다는 뜻인가에 대한 것이다. 물론 그렇지는 않을 것이다. 자신의 생각과 사고를 새롭게하고 의지적으로 행동을 변화시킴으로써 궁극적으로 심중의 믿음체계를 바꿀 수도 있을 것이다. 그러나 우리의 현실적 경험에 비추어보면, 그렇게 자신을 변화시키는 것이 얼마나 어려운지를 우리는 잘 알고 있다. 신체뿐만 아니라 정신적 요요현상을 생각해보라.

결론적으로 말하면, 하나님께서는 우리의 심중을 보고 계시고, 심중을 변화시킴으로써 마음까지 변화되기를 원하신다. 우리의 사고체계를 형성하는 마음(누스, 디아노이아, 노에마 등)은 믿음체계인 심중(카르디아)의 영향을 받고 있기 때문이다. 타락한 인간은 부모와 세상과 세상 신으로 인해 마음 이전에 심중이 타락했기 때문에 심중이 변해야 하며, 심중에 하나님의 법이 임할 때 비로소 마음이 새로워지게 된다는 것이다. 할렐루야!

(3) 양심에 대한 올바른 이해

'양심'으로 번역된 헬라어 '쉬네이데시스'는 성경에서 총 30회 쓰였는데, 그중 24번이 서신서에 등장한다. 히브리서(5회)와 베드로전서(3회)를 제외하고는 모두 바울 서신(16회)에 사용되었고, 그중 고린도전서(7회), 고린도후서(3회)에서 가장 많이 사용되었다. 바울 서신서에서는 주로 우상에게 바쳐진 제물을 먹는 문제에 관련되어 사용되었다(고전 8:7 이하, 10:25 이하). 이때 바울에게 있어서 양심은 혼(의지)과 지식 사이의 판단과 행위 사이의 분열에 의해 위협받고 있는 '자아인식'을 의미한다고 볼 수 있다. 즉, 양심은 어떤 사건에 대한 뜻과 행위의 '자아인식'과 관련된 것이다.

> **[고전 8:7]** 그러나 이 지식은 모든 사람에게 있는 것은 아니므로 어떤 이들은 지금까지 우상에 대한 습관이 있어 우상의 제물로 알고 먹는 고로 그들의 양심이 약하여지고 더러워지느니라

'쉬네이데시스'는 보통 의식(conciousness) 혹은 양심(conscience)으로 번역되는데, 헬라어 원어적 의미는 '어떤 것의 정보에 대한 의식' 또는 '옳고 그름을 구별할 수 있는 내적 능력으로서의 양심'이다. 성경에는 깨끗한 양심, 선한 양심, 악한 양심, 약한 양심, 화인 맞은 양심 등이 나오는데, 많은 경우 양심은 영에 속한 것으로 알고 있다. 만약 양심이 영에 속한다면, 혼의 선택에 따라 영이 선해지기도 하고 악해지기도 하고 약해지기도 하고 화인 맞을 수도 있다는 의미가 되는데, 이러한 해석은 하나님나라 복음의 관점에서 도저히 받아들일 수가 없다.

양심은 혼에 속한 것이라고 보아야 한다. 인간은 타락한 다음 무의도적으로 무의식적으로 받아들인 정보와 지식을 기초로 하여 만든 신념체계와 그것에 영향을 받은 혼이 현실을 통하여 일어나는 생각과 감정을 선과 악으로 판단하는 존재가 되었다. 그것이 바로 "너희 눈이 밝아져 하나님과 같이 되어 선악을 알 줄 하나님이 아심이니라"(창 3:5)라는 말씀이다. 타락한 인간의 혼은 스스로 자신의 생각과 감정을 선과 악으로 나누게 되었지만, 그 혼에 있는 하나님의 흔적으로 말미암아 하나님의 선을 알고 악을 멀리하고자 하는 혼의 판단 의식이 바로 양심이다.

[고전 8:12] 이같이 너희가 형제에게 죄를 지어 그 악한 양심을 상하게 하는 것이 곧 그리스도에게 죄를 짓는 것이니라

[히 10:22] 우리가 마음(카르디아)에 뿌림을 받아 악한 양심으로부터 벗어나고 몸(소마)은 맑은 물로 씻음을 받았으니 참 마음과 온전한 믿음으로 하나님께 나아가자

이것을 정확하게 표현하는 것이 바로 로마서 2장 14-15절의 말씀이다. 이 말씀의 뜻은, 하나님의 율법을 알지 못하는 이방인이라 할지라도, 그리고 심지어 율법을 듣지 못했다 할지라도 본능적으로 그 율법에 순종하면, 하나님의 법이 그들의 심중에 기록된다는 것을 보여준다. 왜냐하면 자신들의 양심과 그에 따른 생각들이 그들을 정죄하거나 혹은 옳은 일을 행하게 한다고 말해주기 때문이다.

[롬 2:14-15] 율법 없는 이방인이 본성으로 율법의 일을 행할 때에는 이 사람은 율법이 없어도 자기가 자기에게 율법이 되나니 이런 이들은 그 양심(쉬네이데시스)이 증거가 되어 그 생각들이 서로 혹은 고발하며 혹은 변명하여 그 마음에 새긴 율법의 행위를 나타내느니라

[롬 2:14-15 NLT] Even gentiles, who do not have God's written law, show that they know his law when they instinctively obey it, even without having heard it. They demonstrate that God' law is written in their hearts, for their own conscience and thoughts either accuse them or tell them they are doing right.

우리가 구원받은 후 우리의 심중에 하나님의 성령과 말씀이 임하면 하나님의 영에 속한 혼이 다시 작동하게 되고, 그 결과 죽었던 양심이 다시 살아나서 자신의 경험과 지식에 기초한 생각과 감정에 묶이지 않고, 내면적으로(혼적으로) 하나님의 뜻에 일치되는 것이 무엇인지 알게 된다. 그것이 바로 양심의 소리이다.

[히 13:18 바른성경] 우리를 위하여 기도하여라. 우리에게는 선한 양심이 있고 모든 일에 바르게 하려는 뜻이 있음을 확신한다.

[벧전 3:21] 물은 예수 그리스도께서 부활하심으로 말미암아 이제 너희를 구원하는 표니 곧 세례라 이는 육체(사르크스)의 더러운 것을 제하여 버림이 아니요 하나님을 향한 선한 양심의 간구니라

[행 23:1] 바울이 공회를 주목하여 이르되 여러분 형제들아 오늘까지 나는 범사에 양심을 따라 하나님을 섬겼노라 하거늘

다음 네 구절을 읽어보라.

[벧전 2:19] 부당하게 고난을 받아도 하나님을 생각함으로(through consciousness of God) 참으면 이는 아름다우나

[딛 1:15] 깨끗한 자들에게는 모든 것이 깨끗하나 더럽고 믿지 아니하는 자들에게는 아무 것도 깨끗한 것이 없고 오직 그들의 마음(누스)과 양심이 더러운지라

[딤전 1:19] 믿음과 착한 양심을 가지라 어떤 이들은 이 양심을 버렸고 그 믿음에 관하여는 파선하였느니라

[딤전 3:9] 깨끗한 양심에 믿음의 비밀을 가진 자라야 할지니

베드로전서 2장 19절의 '생각함으로'는 마음의 속성이라고 이해하지만, 사실은 양심을 나타내는 말이다. 마음과 양심은 동일한 것이 아니며, 믿음이 이루어지는 심중과 양심도 동일하지 않다. 디모데전서 3장 9절의 말씀은 번역본에 따라 "깨끗한 양심을 가지고 믿음의 비밀을 가져야 한다" 또는 "깨끗한 양심 안에 믿음의 비밀을 가져야 한다"라고 번역되어 있다. 그렇다면 양심은 영에 속한 것도 아니고 마음이나 심

중에 속하는 것이 아니라 혼에 속한 것이며, 구원받은 이후 심중에 하나님의 말씀이 임함으로 우리의 혼은 더욱더 선하고 깨끗한 양심을 가지게 된다.

7. 혼과 심중과 마음을 구별하는 것이 신앙생활에 주는 의미는?

지금까지 살펴본 바와 같이 우리는 혼과 심중과 마음이라는 용어에 대한 성경적 이해와 실제 신앙생활에서 각 용어들의 의미와 적용에 대해 살펴보았다. 이 부분은 중요도에 비해 그동안 잘 연구되지도, 제대로 알려지지도 않았다. 그 결과 구원 전후 우리의 존재(구원받음의 의미)와 예수 그리스도 안에서의 성령의 역사에 따른 우리의 변화(구원을 이루어감)에 대해 막연하고 피상적인 이해만을 가지고 신앙생활을 해왔다. 그러다보니 진정으로 변화되기를 원하지만, 아무리 노력하고 애를 써봐도 다람쥐 쳇바퀴 돌 듯하는 자신의 모습을 보고 낙담하는 성도들이 많았다.

그렇다면 구원을 이루어가는 데 가장 중요한 핵심 뼈대를 잡기 위해 먼저 영과 혼에 대해서 생각해보자. 우리가 거듭났음에도 불구하고 현실적으로 왜 혼이 영에 속하여 하나님을 나타내지 못하는 것일까? 왜 우리의 혼은 여전히 몸(뇌, 마음, 신체)의 종노릇을 하는 것일까? 실제로 우리의 내면에서 일어나는 일은 무의식으로 혼이 생각과 감정을 선택하는 것이지만, 거짓자아는 그 생각과 감정이 '나'라고 믿게 한다. 그래서 혼이 그 생각과 감정에 묶인 삶을 사는 것이다. 즉, 내 혼이 스스로 선택한 것을, 내 혼이 자동적으로 경험한다고 믿게 하기 때문이다.

심중과 마음의 중요성을 인식하기 위해 다음 질문에 답해보라.

1) 하나님의 말씀, 사랑, 평강, 영이 영향을 미치는 곳은 어디인가?

2) 우리가 새롭게 되어야 할 곳은 무엇인가?

3) 우리 마음의 생각과 감정의 방향과 판단의 기초가 되는 믿음체계가 형성되는 곳은 어디인가?

4) 내 마음을 새롭게 하기 위해서는 무엇부터 변화시켜야 하는가?

이 네 질문에 대한 정답은 모두 '심중'(카르디아)이다. 우리 안에는 자아의식의 근원이 되는 믿음체계를 이루는 속마음(심중, 카르디아)이 있고, 그 위에 우리가 경험하고 이해하고 인식하는 사고체계를 이루는 겉마음(마음, 누스, 디아노이아, 노에마 등)이 있다. 한편, 현재의 심리학과 정신의학에서는 흔히 우리의 마음을 표면의식과 잠재의식으로 구분한다. 이 용어를 성경적으로 어떻게 이해해야 하는가? 우선 마음을 의식으로 표현하는 자체가 잘못된 것이다. 왜냐하면 의식은 혼의 기능이지 마음의 기능이 아니기 때문이다. 따라서 표면의식이나 잠재의식이라는 말은 혼을 포함한 용어라는 것을 알아야 한다. 그리고 표면의식이라는 것은 바로 혼이 자신의 마음(누스, 디아노이아, 노에마)과 연결된 상태를 의미하는 것이고, 잠재의식은 혼이 자신의 심중(카르디아)과 연결된 상태를 의미한다고 볼 수 있다.

뉴에이지들이나 이단은 자신들의 잠재의식을 변화시키기 위해서 다양한 방법들을 추구한다. 호흡법, 명상, 수면 직전이나 직후에 심상화 등을 활용한다. 그 모든 방법은 혼이 자신의 생각과 감정의 종노릇에서 벗어나게 함으로써, 자신의 심중(믿음체계)에 자신이 원하는 것을 기록하여, 그 결과로 자신이 정말 원하는 것을 이루고자 하는 것이다. 그 방법 자체가 잘못된 것은 아니다. 왜냐하면 중력과 같은 자연법칙이 선인이나 악인에게 모두 적용되는 것처럼 믿음의 법칙과 같은 영적인 법칙도 선인이나 악인에게 모두 적용되며 이 모든 법칙을 만드신 분이 하나님이시기 때문이다. 그러나 하나님의 영에 의지하지 않고, 자신 스스로 심중 내 믿음체계를 바꾸고자 할 때는 악한 영의 영향을 받게 되고, 그 영향력이 커지면 악한 영에 사로잡히게 된다. 자신의 믿음체계를 변화시켜서 믿은 대로 열매를 거둘 수 있을지는 몰라도, 죄사함이나 하나님나라에서의 영생은 없는 것이다.

그리스도인들이 자신의 변화를 위해 그토록 애쓰고 노력하지만 실제적인 변화를 경험하지 못하는 가장 큰 이유는 하나님과 영으로 교제하는 것이 아니라 기록된 말씀을 단지 이성적으로만 받아들이고, 개념적으로만 이해하고, 그것을 삶에 적용하고자 하기 때문이다. 하나님이 없는 세상에서 이미 형성된 세상적인 세계관(믿음체계)과 가치관(사고방식)에 기초하여 하나님의 말씀을 머리(표면의식)로만 받아들이고, 그것을 지키고자 애쓰고 있다. 그야말로 구약적인 신앙생활을 하고 있는 것이다.

말씀은 영이고 생명이기 때문에 말씀이 우리의 믿음체계에 해당되는 심중에 임하도록 해야 한다. 그것을 위해서는 성령의 조명하에 말씀을 볼 줄 알아야 하고, 말씀을 지식으로 받아들이는 머리 중심의 삶을 포기하고, 말씀의 실체를 체험하는 가슴 중심의 삶을 살아야 한다. 달리 표현하면 말씀을 해석하고 이해하는 것으로 만족하는 삶이 아니라 영이요 생명이신 말씀을 직관적으로 알고(믿어지고) 느끼는(체험하는) 삶을 살아야 한다는 것이다.

하나님께서 우리에게 말씀을 주신 이유는. 거짓자아가 주체가 되어 옳고 그름을 판단하는 기준이 되도록 하기 위해서, 또는 진리에 대한 깨달음에서 오는 지적 유희를 누리도록 하기 위해서가 아니다. 성령을 통하여 우리의 심중의 잘못된 생각을 깨닫고 그 심중을 변화시킴으로써 우리의 마음을 새롭게 하기 위해서 주신 것이다.

[히 4:12] 하나님의 말씀은 살아 있고 활력이 있어 좌우에 날선 어떤 검보다도 예리하여 혼과 영과 및 관절과 골수를 찔러 쪼개기까지 하며 또 마음(카르디아)의 생각(엔뒤메시스: 반성, 숙고, 고찰)과 뜻(에노이아)을 판단하나니

그러나 구약에서 율법을 주신 것은 하나님의 생명이 없는 자에게 죄가 무엇인지를 알도록 주신 것이다. 그런데 그들은 그 율법을 듣고 배우고 스스로 지켜 행함으로 자신을 변화시키려고 애쓴 것이다.

그 말을 하나님나라의 관점에서 해석하면, 누스를 변화시킴으로 심중을 바꾸고자 애쓴 것이다. 그러나 그 결과는 무엇인가? 마태복음 5-6장에서 예수님께서 강력히 말씀하신 것처럼, 행위법은 지킬 수 있었지만 심령법은 지킬 수 없다는 것이다. 그것이 불가능하다는 것을 알려주시기 위해 이 땅에 오신 분이 바로 예수님이시다. 율법을 지킴으로써, 즉 자신의 머리로 말씀을 받아들이고 스스로 노력한다고 해서 자신의 존재를 변화시킬 수 없다는 것을 알려주신 것이다. 다른 말로 율법을 지킴으로써 의롭다함을 얻을 수 없다는 것이다(롬 3:20 ; 갈 5:4). 예수 그리스도를 통하여 하나님과 새 언약을 맺은 하나님의 자녀들은

새 언약의 일꾼이다(고후 3:6). 즉 더 이상 율법을 지키는 존재가 아니라 하나님의 말씀을 이루는 자가 되어야 한다. 왜 예수님께서 자신들은 하나님의 법을 잘 지킨다고 주장하는 종교 지도자들에게 외식하는 자들이라고 꾸중하셨는지 한번 생각해보라.

[고후 3:6] 그가 또한 우리를 새 언약의 일꾼 되기에 만족하게 하셨으니 율법 조문으로 하지 아니하고 오직 영으로 함이니 율법 조문은 죽이는 것이요 영은 살리는 것이니라

[마 23:25-26] 화 있을진저 외식하는 서기관들과 바리새인들이여 잔과 대접의 겉은 깨끗이 하되 그 안에는 탐욕과 방탕으로 가득하게 하는도다 눈 먼 바리새인이여 너는 먼저 안을 깨끗이 하라 그리하면 겉도 깨끗하리라

1 인간의 존재를 크게 나누면 의식 부분, 인식 부분, 행동 부분으로 나눌 수
있으며, 그것을 계층적 단계로 보면 영, 혼, 믿음체계, 사고방식, 조건화된
프로그램, 행동의 순으로 기술할 수 있다.

2 흔히 인간을 몸과 마음으로 나누는 것은 헬라적 이원론적 개념에 기인한
것이다. 오늘날 과학적 결과에 따르면, 몸은 신체뿐만 아니라 뇌의 활동
인 생각과 그 생각에 따른 신체의 반응 모두를 포함하는 용어이다. 따라
서 성경에서 몸이라는 단어를 볼 때는 지금 우리가 생각하는 신체뿐만 아
니라 뇌, 마음(생각과 감정)을 포함하는 단어로 이해해야 한다.

3 흔히 마음은 지정의로 이루어져 있다고 생각하지만, 마음은 생각과 감정
을 나타낼 뿐 의지가 없다. 의지는 혼의 속성이기 때문이다.

4 개역개정 성경에서는 헬라어 카르디아(심중)와 누스(디아노이아, 노에마)를
대부분 '마음'이라고 번역하지만, 헬라적 의미로 보면 완전히 다른 것이
다. 카르디아는 자아를 형성시키는 믿음체계(세계관)라고 볼 수 있고, 누
스는 그것에 영향을 받는 사고방식(가치관)이라고 볼 수 있다. 현대적 의
미로 볼 때 카르디아는 잠재의식과 관련되어 있는 반면, 누스는 표면의식
과 관련되어 있다고 볼 수 있다. 그러나 성경적으로 이해하면 표면의식이
나 잠재의식이라는 표현은 마음과 혼을 포함한 용어이다. 따라서 성경을
읽을 때 카르디아에 해당되는 마음은 심중(heart)으로, 누스(디아노이아, 노
에마)에 해당될 때는 마음(mind)으로 이해하는 것이 우리 내면의 상태를
좀 더 정확히 파악하게 해준다.

5 성경에서 마음이라고 표현된 헬라어 단어는 크게 누스, 디아노이아, 노에마 이렇게 세 가지로 나누어볼 수 있다. 이 단어들이 성경에 쓰인 용례를 다 나타낼 수는 없지만, 대체로 '누스'는 카르디아에 영향받는 생각과 판단력을 의미하고, '디아노이아'는 자신의 경험과 지식에 기초한 추론적 생각, 이해, 사고방식을 의미하고, '노에마'는 자아 독립적 존재를 유지하고자 하는 마음을 나타낼 때 사용된다.

6 거듭난 자에게 말씀, 생명, 평강, 성령은 심중에 임하게 되고, 우리의 심중에 하나님의 생명과 말씀이 임할 때 비로소 우리의 혼(자아의식)은 육신의 소욕에서 벗어나게 된다. 즉 혼이 자신의 생각과 감정을 자신과 동일시하던 것에서 벗어나 성령의 소욕에 이끌리게 되고, 결과적으로 하나님의 영의 인도함을 받음으로써 그리스도 안에서 하나님의 뜻과 자신의 생각과 감정을 분별할 수 있게 된다.

7 양심(consciousness)은 혹자들이 주장하는 것처럼 영에 속한 것이 아닌 혼에 속한 것이며 인간이 타락한 후에도 하나님의 흔적을 나타내는 기능을 하고 있다. 그래서 사람에 따라서 악한 양심, 약한 양심이 있고, 심중에 하나님의 말씀을 둠으로써 선한 양심이 살아날 수 있게 된다.

8 그리스도인들이 자신의 변화를 위해 그토록 애쓰고 노력하지만 실제적인 변화를 경험하지 못한다면 가장 큰 이유는 자신의 경험과 지식에 기초한 생각으로 말씀을 받아들이기 때문이다. 진정한 변화를 위해서는 성령의 도우심으로 말씀이 우리의 심중에 임해야 한다. 그럴 때 비로소 우리 마음에 변화가 오게 된다.

4

구원 전후의
영혼몸의 상태

지금까지 1-3장에 걸쳐서 올바른 복음과 구원의 여정, 영혼몸 그리고 몸과 마음에 대한 성경적인 이해에 대해 알아보았다. 이번 장에서는 그 진리들을 신앙생활의 실제적인 부분과 연관지어, 성경에서 구원 전후 인간의 여러 상태를 묘사하는 용어로 등장하는 옛사람과 새사람, 겉사람과 속사람이 영혼몸의 관점에서 무엇을 의미하는지 자세히 알아보도록 하자.

1. 구원받은 후의 소생된 혼(의식)

이미 언급한 것처럼, 우리 삶의 주체인 '나'라는 자아의식체는 혼(의식)이다. 거듭난 자는 그 영이 이미 구원을 받아 영적 존재가 되었지만, 그 영을 나타내어야 할 혼은 여전히 과거의 생각과 감정뿐만 아니라 신체의 종노릇을 하고 있는 상태이다. 그 말은 '나는'이라고 하는 자아의식체인 혼이 여전히 자신의 신체, 생각, 감정과 자신을 동일시하는 거짓자아에 묶여 있다는 것이다. 안타깝게도 구원받은 대부분의 사람들의 삶의 주체인 혼은 타락 전의 위치였던 하나님의 영의 통치를 받는 소생된 혼으로 돌아가는 것이 아니라, 여전히 거짓자아의 종노릇하는 타락한 혼으로 남아 있다. 즉 구원은 받았지만 그들의 삶의 주체는 구원 이전의 존재와 여전히 동일하다는 것이다.

이제 다시 타락 이전 때와 같이 혼이 원위치를 찾아야 한다. 그것은 바로 혼이 몸의 통치에서 벗어나는 것이다. 이 말은 혼이 무의식 가운데서 스스로 뇌의 활동으로 나타난 생각과 감정을 선택함에도 불구하고, 그 생각과 감정을 자신인 것처럼 여기는 속임으로부터 벗어나야 한다는 것이다. 그럴 때 바로 혼이 몸의 종노릇에서 벗어나 하나님의 영에 속하게 되어 성령님의 통치를 받으며 하나님을 나타내는 그리스도의식을 가지게 된다.

[마 16:24-25] 이에 예수께서 제자들에게 이르시되 누구든지 나를 따라오려거든 자기를 부인하고 자기십자가를 지고 나를 따를 것이니라 누구든지 제 목숨(프쉬케 : 혼)을 구원하고자 하면 잃을 것이요 누구든지 나를 위하여 제 목숨을 잃으면 찾으리라

[시 23:3] 내 영혼(히, 네페쉬, 70인역 헬, 프쉬케)을 소생시키시고 31 자기 이름을 위하여 의의 길로 인도하시는도다

구원받은 사람은 자기(거짓자아)를 부인하고 자기십자가를 져야 한

---

31 소생시키시고 : 히브리어 '슈브'이며 "되돌아가다" 혹은 "회복하다"의 뜻이다. 이 동사는 구약의 수많은 구절에서 "포로생활에서 돌아오다(to returen from exile)"의 의미로 사용되었다. 신약적으로 볼 때는 우리의 혼이 더 이상 몸의 생각과 감정에 묶이지 않고 하나님의 영에 속하게 되었다는 의미를 지니고 있다.

다. 이때 자기를 부인하고 자기십자가를 지는 주체는 누구인가? 마음인가? 마음이 생명이고 목숨인가? 그렇지 않다. 자기를 부인하고 자기십자가를 지는 주체는 혼이다. 거짓자아는 타락한 혼이 자신의 신체와 마음의 생각과 감정을 자기와 동일시하는 존재이다. 자기를 부인한다는 것은 자신의 생각과 감정이 더 이상 진리도 아니고 나(그리스도 안에 있는 참자아)도 아니라는 사실을 알고 놓아버리는 것이다.

생각해보라. 우리는 과거의 경험과 지식에 기초한 생각으로 만든 상상의 이야기가 자신이라고 생각하고 그것을 추구하며 살아간다. 그리고 생각과 감정이 진실이라고 믿고, 그것이 진실이기 때문에 내가 이렇게 판단하고 느끼는 것이 당연하다고 믿고 있다. 스스로 질문해보라. 우리는 정말 모든 것을 있는 그대로 보는 것일까? 우리의 혼(자아의식)은 우리의 생각 이전에 이미 존재하고 있다. 32 거짓자아는 현실을 있는 그대로 보지 않고, 이미 존재하는 현실에 대한 자신의 생각과 감정을 자기라고 여기는 것이다. 모든 고통과 괴로움은 어디서 오는가? 바로 현실과 우리의 생각과 감정의 괴리감 때문 아닌가? 우리가 어떤 것도 문제 삼지 않는다면 무엇이 문제가 되는가? 아무것도 문제가 되지 않는다.

---

32 자아의식 : 자아의식은 혼이고, 언제나 생각 이전에 존재하고 있다. 우리의 생각은 뇌의 활동이다. 따라서 우리의 생각은 이미 어떤 일이 일어난(감각기관에서 일어나고 있는 일들을 있는 그대로 감각한 것에 대한) 후, 그것에 대한 해석이며 이해일 뿐이다. 그러나 자아의식은 매일 우리가 경험(생각하고 느끼는)하는 내용이나 질과 상관없이 언제나 우리가 경험하고 있다고 인식하는 것을 보고 있는 존재이다. 지금 우리가 '나는'이라고 부르는 존재를 잘 생각해보라. 언제의 생각과 감정을 '나'라고 여기는가? 만약 우리가 속고 있는 것처럼 우리의 생각과 감정이 자신이라면, 그 생각과 감정이 사라지면 나도 없어져야 하지 않겠는가?

우리는 예수 그리스도 안에 새로운 피조물, 하나님의 자녀이다. 진리의 말씀으로 살아가는 존재이지, 세상에 대한 자신의 생각으로 살아가는 존재가 아니다. 지금 우리가 가지고 있는 모든 제한과 부족함과 불안과 염려는 어디서 오는가? 누가 우리가 그 상태라고 말했는가? 내가 '제한되었고, 부족하고, 불안하고 두렵다'라는 우리의 생각 때문 아닌가? 이렇게 말하면 많은 사람들이 반문한다. "당신 말도 맞다. 그렇지만 현실이 이런데 그 생각을 하지 않는다고 해서 무슨 변화가 올까?"라고 말이다. 그런데 그것도 당신 생각일 뿐이다. 제발 당신의 생각에 당신 자신(혼, 자아의식)을 맡기지 말라.

그렇다면 어떻게 해야 삶의 주체인 혼이 자기의 원래 자리로 돌아갈 수 있을까? 그것은 바로 예수님께서 말씀하신 것처럼 자기부인과 자기십자가를 짐으로써 가능하다. 그리스도 안에 새로운 피조물이 된 자가 자기를 부인한다는 것은, 자신의 생각과 감정이 진리가 아니라는 사실을 아는 것이고, 자기십자가를 진다는 것은 타락한 혼이 몸에 기초하여 자신(자신이 만든 상상의 이야기)을 유지하고자 하는 의도와 목적으로 어떤 시도도 하지 않는 것, 바로 죽는 것이다(이 말은 아무것도 하지 말라는 뜻이 아니다. 거짓자아를 유지시키기 위한 의도와 목적으로 행하지 말라는 뜻이다). 그것이 바로 "제 목숨(프쉬케)을 구원하고자 하면 잃을 것이요 누구든지 나를 위하여 제 목숨을 잃으면 찾으리라"(마 16:25)라고 하신 예수님 말씀의 진짜 의미이다. 이때 목숨은 몸의 죽음이 아니라 혼의 죽음을 의미한다.

우리가 일평생 자기라고 믿었던 거짓자아를 포기할 수 있는 이유는 무엇인가? 우리는 이미 하나님의 영으로 거듭난 새로운 피조물이며 예수님께서 우리 안에 계시기 때문이다. 그래서 스스로 '나는'이라고 하는 자기의식을 포기할 때 비로소 타락한 혼이 아닌 하나님의 영의 인도함을 받는 '소생된 혼'이 되기 때문이다. 이것은 새로운 혼이 생겨나는 것이 아니라 몸의 소욕에 붙들려 있는 혼이 성령의 소욕에 이끌림으로 그 역할과 기능이 변하게 되었다는 것이다. 이것이 바로 이전 장에서 살펴본 야고보 사도가 "두 마음(헬, 딥쉬코스 : 두 개의 혼)을 품지 말라"(약 1:8, 4:8)고 말한 진정한 의미이다.

[히 2:14-15] 자녀들은 혈과 육에 속하였으매 그도 또한 같은 모양으로 혈과 육을 함께 지니심은 죽음을 통하여 죽음의 세력을 잡은 자 곧 마귀를 멸하시며 또 죽기를 무서워하므로 한평생 매여 종노릇하는 모든 자들을 놓아주려 하심이니

죽기를 무서워하는 주체는 누구인가? 바로 타락한 혼이다. 거짓자아는 타락한 혼이 세상을 통하여 자신을 만든 것이다. 즉 감각기관을 통하여 들어온 정보들을 뇌에 저장하고 그것들에 대한 생각과 감정들을 자기라고 믿는 것이다. 따라서 거짓자아 자체는 실체가 없는 허상일 뿐이다. 예수님께서 이 땅에 오신 것은 거짓자아에 한평생 매여 종노릇하는 모든 자들을 놓아주기 위함이라고 성경은 말씀하고 있다. 이제는 거짓자아에 종노릇하는 타락한 혼이 아니라 그리스도 안에서 소생된 혼이 되어 성령님의 통치를 받으며 그리스도를 나타내는 일들이 일어나야 한다.

인간이 타락함으로써 하나님의 영이 떠난 다음, 우리는 기능하지 못하는 인간의 영과 그로 인한 타락한 혼과 몸으로 살아간다. 우리가 예수 그리스도를 믿음으로, 법적으로는 우리의 영과 혼과 몸이 구원을 얻었지만, 현실적으로는 영만 구원을 받았다. 따라서 우리는 예수 그리스도 안에서 그리스도 의식으로 말씀과 성령을 통하여 우리의 육체, 즉 혼과 몸의 구원을 이루어가는 삶을 살아야 한다. 그런 의미에서 성경에서는 혼을 강조하여 혼의 구원을 이루어가야 한다고 말한 것이지, 영이 없는 상태로 혼이 존재할 수 있다고 말하는 것이 아님을 알아야 한다. 혼은 제대로 기능하지 못하는 인간의 영이든, 거듭남으로 임한 하나님의 영이든 언제나 함께한다. 그런 의미에서 영혼이라는 말을 사용할 수도 있지만, 전후 문맥을 통해 그 상태를 정확하게 파악하지 못하면, 오히려 혼돈만 줄 뿐이다.

타락하기 전에는 하나님의 영을 나타내는 혼으로 살기 때문에 의미상 영혼이라는 말이 가능하다. 그러나 타락한 후에 하나님의 영이 떠났기 때문에, 인간의 영과 혼으로 이루어진 존재가 된 것이다. 이럴 때 인간 중심의 관점에서는 영혼이라는 표현을 쓸 수 있지만, 하나님의 관점에서 보면 인간의 영은 죽은 영이기 때문에 그냥 혼이라고 표현하는 것이 더 적절할 것이다. 그러나 구원 후에 하나님의 영이 다시 우리 안에 임하심으로 우리의 본질은 다시 하나님의 형상을 나타내는 영적 존재가 되었다. 어떤 사람은 하나님의 영에 속한 혼으로 사는 사람도 있지만, 많은 경우 자신의 본질이 무엇인지 모르고, 여전히 타락한 혼(세상 또는 몸에 묶인 혼)으로만 산다. 성경에서는 그런 사람에게 하나님의 영이 이미 있기 때문에 타락한 혼이 구원을 받는 것이 중요하다고 말하기도 하고, 또는 혼을 포함한 몸(헬, 소마)을 뜻하는 육신(육체)으로 살지 말아야 한다고 말하기도 한다(롬 8:9).

거듭난 후 우리의 혼의 상태를 살펴보면, 우리가 죄사함을 받고 하나님의 영이 우리 안에 계시지만, 아직 혼은 하나님의 영의 인도함을 받지 못한 상태에 놓여 있다. 이것이 바로 현재적 하나님나라에서 많은 그리스도인들의 상태이다. 이 상태를 비유적으로 표현하자면, 누가 나에게 빚진 돈을 돌려달라고 했다. 하지만 돈이 없어 아버지께 부탁했더니 아버지가 돈을 나의 은행 계좌에 이체해주셨다. 그러나 지금 내 수중에는 돈이 없기 때문에 여전히 나는 돈이 없다고 믿고, 그 사람(채주)이 빚을 받으러 나를 찾아올 때마다 도망 다니고 피하는 것과 같다. 안타깝게도 이것이 오늘날 많은 그리스도인들의 상태이다. 즉 본질은 새롭게 되었지만, 그 본질을 나타내는 나(혼, 자아의식)는 여전히 예전과 같은 현실에 속해 있다고 믿는다는 것이다. 다르게 표현하면 본질이 변화된 것을 마음으로는 믿지만, 성령체험 33 을 통해 실제로 경험하지 못했기 때문에 그런 삶을 살지 못하는 것이다.

[롬 8:9] 만일 너희 속에 하나님의 영(프뉴마)이 거하시면 너희가 육신(사르크

---

33 성령체험 : 많은 그리스도인들이 성령체험이 무엇인지 알고자 한다. 성령체험의 상태를 한마디로 말하자면, 성령에 의한 거짓자아의식의 상실 상태로 볼 수 있다. 하나님의 영이 임하심으로 혼이 더 이상 자신의 생각과 감정에 묶이지 않는 것이다. 그때 혼이 성령에 사로잡히게 되고, 세상과 세상에 대한 자신의 생각과 감정으로부터 자유함을 누리게 되는 것이다. 그 상태를 경험하는 것이 바로 성령체험이다.

스)에 있지 아니하고 영(프뉴마)에 있나니 누구든지 그리스도의 영(프뉴마)이 없으면 그리스도의 사람이 아니라

[롬 8:16] 성령이 친히 우리의 영과 더불어 우리가 하나님의 자녀인 것을 증언하시나니

이 말씀은 우리의 본질, 즉 그리스도 안에 있는 참자아는 더 이상 육신에 속한 것이 아니라 영에 속했다는 것을 강조하고 있다. 이 말씀은 바로 예수님께서 우리가 물과 성령으로 거듭났을 때, 우리는 더 이상 육적 존재가 아닌 영적 존재가 되었다고 말씀하는 것과 같다(요 3:6). 육적 존재라는 것은 하나님의 영이 있음에도 불구하고, 하나님의 영의 인도함을 받지 못하고, 혼이 몸의 종노릇하고 있는 존재를 말한다. 반면에, 영적 존재는 예수 그리스도의 죽으심과 부활하심에 연합함으로 죄사함을 받고 하나님의 영이 임하심으로 본질적으로 새롭게 된 피조물을 말한다. 결코 과거와 동일한 존재일 수 없다.

[고후 5:17] 그런즉 누구든지 그리스도 안에 있으면 새로운 피조물이라 이전 것은 지나갔으니 보라 새 것이 되었도다

이것은 새로운 자아, 즉 본질의 재창조를 의미하는 것이지, 자아를 나타내는 혼에 따른 현실적 구분이 아니다. 우리가 새로운 피조물이 된 것은 하나님의 영으로 거듭났다는 것이고, 우리 안에 예수 그리스도께서 계신다는 뜻이다. 주님께서 우리 안에 계심으로 인하여, 본질적

으로는 이미 새로운 피조물이 되었다. 법적으로는 영혼몸 모두 온전하게 되었지만, 현실적으로 우리의 혼과 몸이 하나님의 성품을 온전하게 나타내는 거룩한 자가 된 것은 아니다. 그러나 우리의 영(본질)은 이미 새롭게 되었기 때문에(새로운 내가 되었기 때문에), 영으로써 몸의 행실을 죽여나감으로써(롬 8:12-13) 법적으로는 이미 완성된 구원을 현실적으로 이루어가라고 성경은 말씀하고 있다. 이것이 바로 '이미 그러나 아직'(already… but not yet)으로 표현될 수 있는 현재적 하나님나라의 속성 중 하나이다.

> **[롬 8:12-13]** 그러므로 형제들아 우리가 빚진 자로되 육신에게 져서 육신대로 살 것이 아니니라 너희가 육신대로 살면 반드시 죽을 것이로되 영으로써 몸의 행실을 죽이면 살리니

이제 당신이 선택해야 할 것은 '내가 누구인가?'라는 정체성의 기반을 자신의 느낌과 현실에 둘 것인가? 아니면 하나님의 말씀에 둘 것인가? 하는 것이다. 당신이 당신의 느낌과 현실에 기초하여 자신을 판단하면, "나는 새로운 피조물임을 혹은 될 것을 믿습니다"라는 신앙으로 평생을 보낼 것이다. 그러나 당신의 느낌과 현실이 어떠하다 할지라도 "나는 예수 그리스도 안에서 새로운 피조물입니다. 그것이 진정한 나입니다"라고 말한다면 겉사람은 후패하지만 속사람은 날로 날로 새로워지는 은혜의 삶을 경험하게 될 것이다. 즉 "내가 거룩하니 너희도 거룩할지어다"(벧전 1:16)라는 말씀대로 점점 더 거룩하게 되어 갈 것이다. 복음은 자신의 본질이 변했다는 것을 알고, 자신이 하나님의 영광을

나타내는 존재가 이미 되었다는 것을 알 때 누릴 수 있다. 지금의 현실과 상관없이 그럼에도 불구하고 나는 예수 그리스도 안에서 새로운 피조물이고, 하나님의 영광을 나타내는 하나님의 자녀라는 진리를 알고 고백할 때부터 지금까지 몸의 종노릇하던 혼(자아의식체)이 소생하게 되어 하나님의 영의 인도함을 받게 된다. 할렐루야!

[롬 8:13-14] 너희가 육신대로 살면 반드시 죽을 것이로되 영으로써 몸의 행실을 죽이면 살리니 무릇 하나님의 영(프뉴마)으로 인도함을 받는 사람은 곧 하나님의 아들이라

이 진리를 깨달은 자는 더 이상 빚쟁이를 피해 다니거나 빚쟁이를 만났을 때 "죄송해요. 나는 돈이 없어요"라고 말하지 않는다. 오히려 당당하게 "아버지가 모든 것을 주셨다"고 말하고, 은행에 가서 돈을 찾아주게 된다. 앞으로 "하나님의 영의 인도함을 받게 해주세요! 어떻게 하면 하나님의 영의 인도함을 받을 수 있나요?"라는 식의 기도는 하지 말라. 우리가 정말 해야 할 일은 이미 하나님의 영의 인도함을 받을 수 있는 존재로 변화된 것을 알고 그 삶을 누리는 것이다. 이미 하나님께서 주신 새 옷을 입고 있는데도 여전히 헌 옷을 입은 것으로 착각하고 (자신의 생각과 감정에서 벗어나지 못해) 입지도 않은 헌 옷을 벗으려고 애쓰거나 새 옷을 입고자 하나님께 부탁하는 것은 어리석은 일이며 스스로 속이는 일이다. 구원받은 우리는 이미 아버지 집에 다시 들어간 자이고 새 옷을 입었을 뿐만 아니라 가락지를 끼고 신발도 신은 상태이다.

[눅 15:22-23] 아버지는 종들에게 이르되 제일 좋은 옷을 내어다가 입히고 손에 가락지를 끼우고 발에 신을 신기라 그리고 살진 송아지를 끌어다가 잡으라 우리가 먹고 즐기자

[눅 15:31] 아버지가 이르되 얘 너는 항상 나와 함께 있으니 내 것이 다 네 것이로되

[골 3:9-10] 너희가 서로 거짓말을 하지 말라 옛사람과 그 행위를 벗어 버리고 새사람을 입었으니 이는 자기를 창조하신 이의 형상을 따라 지식에까지 새롭게 하심을 입은 자니라

3. 구원 전후 인간 존재의 상태에 대한 다양한 명칭들

(1) 구원 전후의 인간에 대한 전인적 이해

당신은 혹시 성경에 나오는 옛사람, 새사람, 겉사람, 속사람이 정확히 무엇을 의미하는지 그리고 어떤 실체를 지칭하는지 알고 있는가? 많은 사람들이 옛사람과 겉사람, 새사람과 속사람을 동의어로 잘못 이해하고 넘어가는데, 이는 구원의 여정에 있어서 우리의 존재에 엄청난 혼동을 주게 된다. 하지만 위의 용어들을 제대로 이해하면, 주님 안에서 우리의 전인적 상태를 좀 더 명확하게 알 수 있다. 이를 위해 구원 전후 인간의 존재와 상태를 영혼몸으로 나타내는 본성의식 · 인지행동 모

델(nature-consciousness & perception-behavior model)34을 가지고 설명해보자.

이미 3장에서 살펴본 인간의 영에 따른 의식과 인식 그리고 행동을 나타내기 위한 계층적 모델을 염두에 두고 이 모델을 보면 이해에 도움이 될 것이다.

오늘날 과학은 타락 후 인간을 인간 본래의 존재로 보고 있으며, 거짓자아의 관점에서 영혼몸을 보고 있다. 마음을 혼을 포함한 표면의식과 잠재의식으로 나누고 그것을 합하여 '나' 즉 에고(ego)라고 부른다. 우리의 자아가 형성되는 것은 부모의 유전적 형질에 영향을 받지만 밈(meme)35도 유전적 형질 못지않게 영향을 미친다. 어린 시절부터 잠재의식 내에 형성된 신념(믿음)체계는 사고체계를 형성하고, 그것에 따라 행동양식이 프로그램화된다. 우리는 외부의 자극에 대해서 이 순서에 따라 반응한다고 생각한다. 자신의 정체성을 유지하기 위해서 무의도적으로 무의식적으로 형성된 믿음체계에 기초하여 형성된 자아를 나타내는 우리의 혼(자아의식)은 뇌의 활동으로 만들어진 생각과 그에 따른

---

34 본성의식 · 인지행동 모델(nature-consciousness & perception-behavior model) : 구원 전후 인간의 전인적 통일체 상태를 영혼몸으로 설명하기 위해서 저자가 고안한 모델

35 밈(meme) : 유전자(gene)처럼 개체의 기억에 저장되거나 다른 개체의 기억으로 복제될 수 있는 비유전적 문화 요소 또는 문화의 전달 단위, 양식, 유형, 요소를 말한다. 형질을 발현시키는 물질적인 유전자는 아니지만 우리 뇌의 거울신경세포(mirror neuron)가 발견되고, 그 역할이 밝혀짐으로 비물질적인 밈의 중요성이 강조되었다. 예를 들어, 자식이 부모를 닮는 것은 단지 유전적 요인만이 아니라 부모의 말과 행동을 관찰할 때 자식의 뇌의 거울신경세포가 모방하기 때문이다.

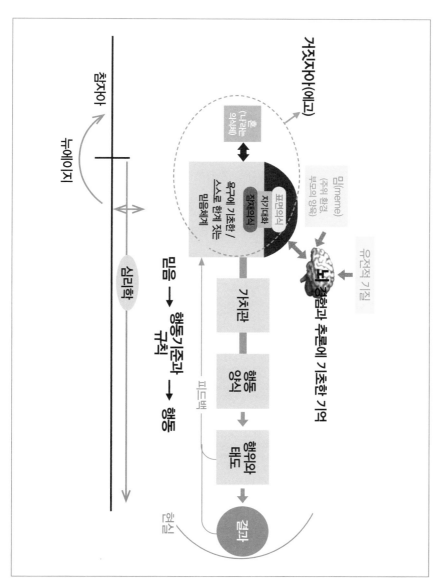

그림3 본성의식 인지행동 모델(nature-consciousness & perception-behavior model)

신체의 반응인 감정 그리고 신체에 영향을 받게 된다(즉, 생각, 감정, 신체를 자신의 존재와 동일하게 인식하는 것이다).

현재의 심리학과 정신의학은 의식과 인식체계(혼에서부터 행동과 태도까지)의 관계와 현재의식과 잠재의식의 상관관계와 그에 따른 현상들에 초점을 두고 있다. 한편, 뉴에이지나 이단 사상들은 모든 것이 마음의 문제라는 것을 알고, 그 마음으로부터 벗어나기 위해서 명상, 묵상, 요가, 좌선 등을 통해 마음챙김을 훈련하고 있다. 그 목적은 바로 자신의 마음을 비움으로써 그들이 말하는 참자아(순수의식)의 상태를 체험하기 위해서다. 그들은 대부분 영과 혼을 구분하지 않고 의식(혼)이 바로 영이며 우주이고, 참자아이자 신과 하나 되는 진리의 근원이라고 생각한다. 이렇듯 기독교를 제외한 모든 종교는 거짓자아에서 벗어나 참자아로 나아감으로써 모든 육신의 번뇌와 고통을 벗고 진정한 자유와 행복을 누리고자 하는 데 있다. 그러나 기독교는 예수 그리스도의 십자가와 부활 사건을 통하여 오직 은혜로 우리가 이미 새로운 피조물(하나님의 영안에 존재하는 자)이 된 것을 알고 누리는 것이다. 그것이 바로 영으로써 몸의 행실을 죽이는 것이고, 이 세상과 삶의 고통 속에서 하나님을 나타내는 삶을 사는 것이다.

그렇다면 구원받아 하나님의 자녀가 된 우리는 성경적 인간의 존재를 어떻게 보아야 할까? 하나님의 영이 떠남으로 분리된 인간의 영이 바로 타락한 자아이고 죄성(sinful nature)이다. 구원 후의 관점에서 이것을 옛자아, 옛본성이라고 부른다. 그러나 하나님의 영이 임함으로 우리는 예수 그리스도 안에서 새로운 피조물이 되었다. 그 말은 하나님의 생명으로 인하여 우리 안에 하나님의 새로운 본성(divine nature)이 창조되었다는 것을 말한다. 그래서 우리가 예수 그리스도 안에서 하나님의 의가 된 것이다(고후 5:21). 이것은 본질적인 측면에서 그렇다는 것이지, 현실의 삶에서 그렇다는 의미가 아니다. 그 이유는 거듭나게 하는 성령님의 역사는 인간의 가장 깊은 본질적인 영역(영)에서 일어난 일이지, 우리가 감각하는 현실적이고 표면적인 부분(육)에서 일어난 것이 아니기 때문이다.

> **[요 5:26]** 아버지께서 자기 속에 생명(조에)이 있음 같이 아들에게도 생명을 주어 그 속에 있게 하셨고

> **[요일 5:11]** 또 증거는 이것이니 하나님이 우리에게 영생을 주신 것과 이 생명이 그의 아들 안에 있는 그것이니라

따라서 우리는 본질적으로 더 이상 죄를 지을 수 없고, 세상 신에 영향을 받지 않을 뿐만 아니라 받을 수도 없다(요일 3:9, 5:18). 그렇다고해서 현실적으로 우리가 죄를 짓지 않는다는 것은 아니다. 과거 옛사람의 삶 동안에 육체의 경험과 사고체계에 따른 무의식 혹은 의식적인 사고, 감정, 의지 패턴은 여전히 당신의 두뇌와 온 신체에 보관 또는 기록되어 있다. 따라서 법적으로 영혼몸 모두가 구원을 받았으며 현재적으로 우리의 본질(영)은 새롭게 되었지만, 육체(혼과 몸) 안에는 여전히 구원받기 전 과거에 형성된 사고체계가 남아 있기 때문에 얼마든지 구원받기 전과 동일한 삶을 살 수 있다. 즉 죄를 지을 수 있다는 말이다. 한마디로 우리가 새로운 피조물이 되었다고 해서 우리의 육체의 일이

사라지는 것이 아니라는 것이다. 이 사실을 제대로 알지 못하면, 우리는 늘 두 가지의 잘못된 믿음을 가지게 된다.

첫째, 죄를 지을 때마다 자신의 구원을 의심하게 되는 것이다. '내가 구원을 받았는데, 왜 자꾸 죄를 지을까?', '아직 구원받지 못한 것이 아닐까?', '더 열심히 신앙생활해야겠다'는 식으로 행위보상적 신앙생활을 하게 된다. 열심히 하면 구원을 받은 것 같고, 그렇지 않으면 구원받지 못한 것 같은 잘못된 믿음 말이다. 자신의 신앙이 좋은 것처럼 느껴지면 우월감을, 그렇지 못하면 열등감에 빠져 자신의 상태에 따라 오르락내리락하는 신앙의 롤러코스터를 타게 된다. 또 한편으로 나는 구원을 받았다고 믿는데, 성령님이 내 안에 계신가, 안 계신가 등의 어리석은 의문을 가지기도 한다.

둘째, 자신이 죄를 짓는 이유가 몸에 종노릇하는 혼 때문임에도 불구하고, 옛자아, 옛본성이 구원받은 후에도 남아 있기 때문에 죄를 짓는 것이라고 믿는다. 우리의 타락한 혼은 여전히 세상에 묶여 있는 몸에 종노릇하기 때문에 죄를 지을 수 있다. 그러나 그것은 육체가 죄를 짓는 것이지 우리 안에 옛자아, 옛본성, 죄성이 구원 후에도 남아 있기 때문에 죄를 짓는 것이 아니라는 것을 이해해야 한다. 우리는 흔히 우리 안에 옛본성, 죄성이 남아 죄를 짓는다고 말하고, 그것을 없애달라고 주님께 기도한다. 그것은 정말 우리를 혼돈케 하는 잘못된 지식이다. 진짜 복음과 진정한 진리가 무엇인지 알지 못해 복음을 누리지 못할 뿐만 아니라 십자가에서 모든 것을 이루신 예수 그리스도를 통한 하나님의 구원 사역을 부정하는 것과 같다.

이것을 표현한 것이 바로 요한일서의 말씀이다. 동일한 요한일서인데 언뜻 보기에 서로 상치되는 두 말씀이 나온다. 우리는 이것을 제대로 깨달아야 한다. 요한일서 3장 9절은 우리의 본질에 대해서 말하는 것이고, 요한일서 1장 9절은 우리의 육신에 대해서 말하는 것이다.

[요일 3:9] 하나님께로부터 난 자마다 죄를 짓지 아니하나니 이는 하나님의 씨가 그의 속에 거함이요 그도 범죄하지 못하는 것은 하나님께로부터 났음이라

[요일 1:8-9] 만일 우리가 죄가 없다고 말하면 스스로 속이고 또 진리가 우리 속에 있지 아니할 것이요 만일 우리가 우리 죄를 자백하면 그는 미쁘시고 의로우사 우리 죄를 사하시며 우리를 모든 불의에서 깨끗하게 하실 것이요

우리는 죄를 지을 수 있는 의인이다. 현실적으로 아직 혼이 구원받지 못했을 때는 몸의 종노릇하여 죄를 지을 수 있다. 그러나 본질적으로는 죄를 지을 수 없는 의인이다. 왜냐하면 우리의 본질은 주와 합한 한 영이기 때문이다(고전 6:17).

(2) 옛사람과 새사람

성경에서는 이러한 거듭남을 기준으로 옛사람과 새사람으로 나눈다. 한마디로 하나님의 관점에서 볼 때 하나님의 영이 있는지 없는지로 구분한 것이다. 옛사람은 거듭나기 이전의 존재를 말하며, 법적으로나 현재적으로 영혼몸이 구원받지 못한 사람이다. 본래의 기능을 하지 못하는 죄성인 인간의 영에 영향을 받는 타락한 혼이 몸의 종노릇하며 사는

상태의 사람을 의미한다. 한편, 새사람은 거듭난 후의 존재를 말한다. 법적으로는 영혼몸이 구원을 받았고, 현실적으로 볼 때 새로운 피조물이 되었으나 혼과 몸은 여전히 세상에 묶여 있는 상태의 사람일 수도 있고 그렇지 않은 사람일 수도 있다. 한마디로 옛사람과 새사람의 구분은 하나님의 영의 존재 유무에 따라 나눈 것으로, 그 사람이 구약에 속한 자인지, 아니면 새 언약에 속한 자인지를 말하고 있다(그림 4 참조).

우리가 알아야 할 진리는 옛사람은 죽고 없다는 것이다. 따라서 우리의 육체가 설령 죄를 지었다 할지라도 하나님이 보시기에(우리의 본질인 본성에 입각하여) 우리는 여전히 예수 그리스도 안에서 새사람, 성도, 의인이다. 이것이 바로 예수 그리스도께서 흘리신 보혈의 능력, 대속의 능력이며 은혜이다. 대속 안에, 즉 그리스도 안에 있는 자가 누리는 은혜와 복에 대하여 민수기 23장 21절(시공간을 초월한 예언적 관점에서 볼 때)과 골로새서 1장 22절에서 다음과 같이 말하고 있다.

[민 23:21 새번역] 주님께서는 야곱에게서 아무런 죄도 찾지 못하셨다. 주님께서는 이스라엘에게서 어떤 잘못도 발견하지 못하셨다. 그들의 주 하나님이 그들과 함께 계신다. 주님을 임금으로 떠받드는 소리가 그들에게서 들린다.

[골 1:22 새번역] 그러나 지금은 하나님께서 그리스도의 죽으심을 통하여, 그분의 육신의 몸으로 여러분과 화해하셔서, 여러분을 거룩하고 흠이 없고 책망할 것이 없는 사람으로 자기 앞에 내세우셨습니다.

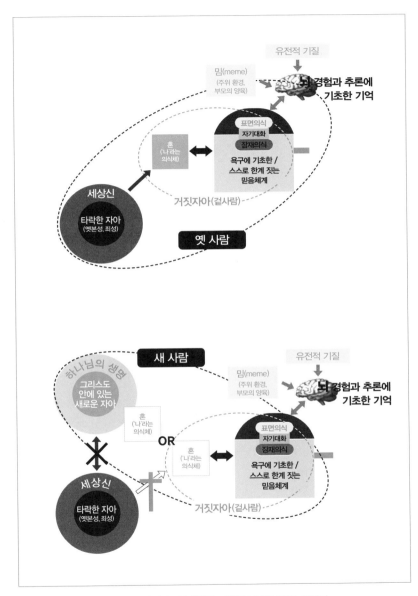

그림 4 본성의식 · 인지행동 모델로 본 옛사람과 새사람

사도 바울의 놀라운 고백을 생각해보라.

[롬 6:6-7] 우리가 알거니와 우리 옛사람이 예수와 함께 십자가에 못박힌 것은 36 죄의 몸(소마)이 죽어 다시는 우리가 죄에게 종노릇하지 아니하려 함이니 이는 죽은(아포드네스코) 자가 죄에서 벗어나 의롭다 하심을 얻었음이니라

이 말씀은 옛사람이 이미 십자가에 못박혀 죽었다는 것이다. 우리가 하나님의 영으로 거듭났기 때문이다. 그래서 앞으로는 계속 혼이 하나님의 영의 인도함을 받음으로 더 이상 죄에 묶여 있는 몸에 종노릇하지 않게 해야 한다. 이렇게 할 수 있는 것은 하나님의 생명이 없어 이전에 죽었던 자가 이제는 죄에서 벗어나 하나님의 의가 되었기 때문이다. 구원받아 거듭날 때 우리는 옛사람을 벗어버리고 새사람을 입었다(골 3:9-10). 따라서 우리가 옛사람이 되었다가 또 새사람이 될 수는 없다. 다시 말하자면, 죄를 지었다 할지라도 우리는 새사람이지 옛사람이 될 수 없다는 것이다. 새사람은 하나님의 영의 인도함을 받는 혼이 자신의 몸을 새롭게 하는 삶을 살아야 한다. 그런데 혹자는 다음의 에베소서 구절을 가지고, 구원받은 후에도 옛사람을 벗어버리고, 새사람을 입어야 한다고 말한다.

---

36 '못박힌 것은'(헬, 쉬스타우로오, was crucified with)은 헬라적 문법으로 볼 때 직설법 과거 수동태이다. 즉 이미 일어난 과거형이다. 한편 '종노릇하지'(헬, 둘류오)는 현재 능동태이다. 즉 계속해서 일어나는 일을 말한다.

[엡 4:21-24] 진리가 예수 안에 있는 것같이 너희가 참으로 그에게서 듣고 또한 그 안에서 가르침을 받았을진대 너희는 유혹의 욕심을 따라 썩어져 가는 구습을 따르는 옛사람을 벗어버리고 오직 너희의 심령이 새롭게 되어 하나님을 따라 의와 진리의 거룩함으로 지으심을 받은 새사람을 입으라

개역개정판 성경으로 이 구절을 읽게 되면, 이 구절의 의미를 지금 현재적으로 "옛사람을 벗어버리고, 새사람을 입으라"는 사도 바울의 명령으로 받아들일 수밖에 없다. 그러나 그렇게 되면, 로마서 6장 6절에서 옛사람이 이미 못박혔다는 것과 골로새서 3장 9-10절에 이미 옛사람을 벗어버리고 새사람을 입었다는 사도 바울의 주장과 상치된다.

에베소서 4장 21-24절의 헬라어 원어를 보면, 바울은 에베소서 4장 21절에서 에베소 성도들이 예수님 안에서 가르침을 받았던 것을 상기시키고, 22-24절에서 그 가르침의 내용을 언급한다. 문맥을 고려해서 헬라어 원 의미로 해당 구절을 보면, "너희는 예수님을 믿음으로 옛사람을 벗어버렸고 성령님에 의해 너희 마음이 새롭게 되었으며 새사람을 이미 입었다는 가르침을 받았다"라는 사실을 평서문으로 상기시키고 있다.[37] 이러한 해석은 25절이 뒷받침해준다. 25절의 시작은 헬라어 접속사 '디오'(dio)인데, 이 단어의 뜻은 "그러므로(therefore), 이러한 이유

---

37 에베소서 4장 21-24절의 헬라어 구문은 직설문(indicative) 또는 명령문(imperative) 둘 다로 해석할 수 있기 때문에, 어떤 것으로 해석하는지는 해석자의 신학적 견해와 정경적 이해에 달렸다고 할 수 있다. 필자는 앞서 밝혔듯이, 성경은 완전 무오한 하나님의 말씀으로 모순이 없기 때문에, 이 구절을 '직설문'으로 해석해야 로마서 6장 6절, 골로새서 3장 9-10절과 모순 없이 조화롭게 해석될 수 있다고 생각한다.

로(for this reason)"이다. 25절 이후를 보면 명령문으로, 바울이 거듭난 하나님의 자녀로서 해야 할 것과 하지 말아야 할 것들을 말하고 있는 것을 볼 수 있다. 이 명령의 기반이 되는 것이 22-24절에 나오는 가르침, 즉 옛사람을 이미 벗어버렸고 새사람을 입었기 때문에, 25절 이후의 해야 할 것과 하지 말아야 할 것을 지켜야 한다고 바울은 말하고 있는 것이다.

그렇다면 옛사람을 벗어버린 것과 새사람을 입은 것이 이미 구원받을 때 이루어졌다는 것을 아는 것이 왜 중요할까? 그것은 바로 육신(사르크스)과 몸(소마)의 차이를 알고 우리의 본질과 정체성을 명확히 하는 데 매우 중요하기 때문이다.

[롬 8:12-13] 그러므로 형제들아 우리가 빚진 자로되 육신(사르크스)에게 져서 육신(사르크스)대로 살 것이 아니니라 너희가 육신대로 살면[according to the flesh(NIV, KJV), dominated by the sinful nature(NLT)] 반드시 죽을(아포드네스코) 것이로되 영(프뉴마)으로써 몸(소마)의 행실을 죽이면 살리니

이 구절에서 우리가 거짓자아에 속아 육신대로 산다는 것은 바로 타락한 혼이 몸의 종노릇하며 산다는 것을 의미한다. 따라서 영이 몸의 행실을 죽인다는 것이 무엇인가? 이 말은 두 가지로 해석될 수 있다. 하나는 영(말씀과 사랑)이 우리의 심중에 임함으로 우리 몸의 행실이 변화된다고도 볼 수 있고, 다른 하나는 영이 본질이고 그 본질을 나타내는 것이 혼이기 때문에 영의 인도함을 받는 혼이 몸의 행실을 변화시킨다는 뜻일 수도 있다. 성경 번역본에 따라서는 헬라어의 육신(헬,

사르크스, flesh, KJV)이라는 말을 죄성(sinful nature : 죄를 짓고자 하는 영적 성향, NLT)으로 잘못 번역하여 많은 혼란을 가져오게 되었다. 그러나 사르크스는 인간의 죄악된 본성을 의미하지 않는다. 단지 혼(프쉬케)과 몸(소마)을 합친 개념으로서 육체(죄를 지을 수밖에 없고, 하나님을 의지할 수밖에 없는 존재)를 말할 뿐이다. 이런 오역으로 말미암아 우리의 육체가 죄의 세력의 유혹으로 지은 죄를 마치 옛자아로부터(영으로부터) 생긴 일로 오해하게 된 것이다.

비록 우리의 육체가 죄를 지을지언정 우리의 옛사람은 구원받을 때 십자가에서 예수 그리스도와 함께 죽은 것이다. 따라서 옛본성, 옛자아, 죄성은 없다. 당신이 어떠한 본질을 나타내는 수용적 존재라면, 당신이라는 존재는 본질에 의해 변화되는 것이지 당신의 행위나 상태에 의해 본질이 변화되는 것은 아니다. 따라서 우리가 새사람이라 할지라도 육체의 일을 할 수 있다(죄를 지을 수 있다). 이렇게 자세하게 설명하는 이유는 이것이 승리하는 신앙생활에 있어서 너무나 중요하기 때문이다. 구원받은 우리는 모두 새사람이 되었지만, 여전히 죄 가운데 살 수 있고, 그렇기 때문에 우리의 혼을 새롭게 함으로써(구원을 이루어감으로써) 이제는 하나님의 영의 인도함을 받는 혼이 뇌와 마음과 신체를 통치하도록 해야 한다는 것이다.

[히 10:38-39] 나의 의인은 믿음으로 말미암아 살리라 또한 뒤로 물러가면 내 마음이 그를 기뻐하지 아니하리라 하셨느니라 우리는 뒤로 물러가 멸망할 자가 아니요 오직 영혼(프쉬케 : 혼)을 구원함에 이르는 믿음을 가진 자니라

우리는 날마다 혼의 구원을 이루어가야 한다(히 10:38-39). 이것이 바로 믿음의 결국은 혼의 구원함을 이루어가는 것이라고 말한 이유이다(벧전 1:9). 성경에는 이것을 보다 구체적으로 설명하기 위해서 속사람과 겉사람이라는 표현을 사용한다.

(3) 속사람과 겉사람

성경에서는 거듭나 새사람이 되었지만, 하나님의 영의 인도함을 받는 자아의식과 그렇지 못한 자아의식을 대조하기 위해 속사람과 겉사람이라는 용어를 사용한다. 새사람이 되었음에도 불구하고, 타락한 혼이 몸의 생각과 감정에 종노릇하는 자기의식으로 살아가는 사람을 겉사람이라고 말한다. 그러나 자기를 부인하고 자기십자가를 짊으로써 하나님의 영을 나타내는 혼으로 살아가는 사람을 속사람이라고 한다. 그것이 바로 그리스도 의식을 가진 사람이다. 현실은 우리가 이미 새사람이 되었지만, 새사람 안에서 속사람과 겉사람이 늘 싸우고 있다. 이것이 바로 우리가 믿음의 선한 싸움을 해나가야 하는 이유이고, 속사람이 겉사람을 뚫고 나타나 하나님의 뜻을 이루어야 하는 이유이기도 하다. 이것을 이해한다면, 왜 신앙의 성숙에 따라 속사람이 날로 새로워져야 하는지 이해하게 될 것이다. 한마디로 새사람 안에 있는 속사람과 겉사람이란 혼이 어디에 속해 있는지 나타내기 위해 구분된 용어이다(그림 5 참조).

[고후 4:16] 그러므로 우리가 낙심하지 아니하노니 우리의 겉(엑소 : 밖에 outside) 사람(안드로포스)은 낡아지나 우리의 속(에소 : 안에 within) 사람은

날로 새로워지도다

우리가 그리스도인이 된 후 깨어 있지 않으면(그리스도 의식으로 거짓자아를 실체를 보지 못하면), 과거의 구습에 따라 거짓자아로 살 수밖에 없다. 그래서 사도 바울은 무시로 성령 안에서 기도하고 항상 깨어 있으라고 한 것이다.

[엡 6:18] 모든 기도와 간구를 하되 항상 성령 안에서 기도하고 이를 위하여 깨어 구하기를 항상 힘쓰며 여러 성도를 위하여 구하라

그럴 때 거짓자아의 측면에서 우리는 날마다 자기를 부인하고 자기 십자가를 짐으로써 우리의 혼이 그리스도 안에 거하도록 해야 한다(마 16:24-25). 반대로 우리의 혼이 그리스도 의식을 가질 때는 하나님의 자녀로서 그분의 뜻을 이루어가는 삶, 그의 나라와 의를 구하는 삶을 살아야 한다(마 6:33). 그것을 표현한 것이 바로 로마서 12장 1-2절의 말씀이다. 거짓자아가 스스로 마음을 새롭게 함으로 변화를 받는 것이 아니라, 자신을 산 제물로 드리고 난 다음 우리의 혼이 소생될 때(그리스도 의식을 가질 때) 비로소 우리의 마음을 새롭게 함으로 변화를 받게 되고, 하나님의 뜻을 분별할 수 있게 되는 것이다. 영원히 현존하시는 그리스도 안에서(지금 이 순간 여기에서) 과거의 습관에 기초한 마음(생각과 감정)을 바라봄으로써 더 이상 나 자신이라고 여겼던 생각과 감정에 속지 않고 모든 것을 있는 그대로 보게 된다(자신의 과거 경험과 지식에 기초한 생각과 감정으로 보고 판단하는 것이 아니라는 뜻이다). 그리고 이제는 성

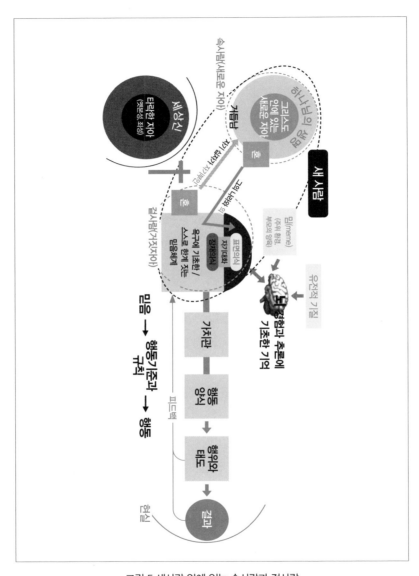

그림 5 새사람 안에 있는 속사람과 겉사람

196

령과 말씀으로 하나님의 뜻이 무엇인지 분별할 수 있게 된다.

> **[롬 12:1-2]** 그러므로 형제들아 내가 하나님의 모든 자비하심으로 너희를 권하노니 너희 몸을 하나님이 기뻐하시는 거룩한 산 제물로 드리라 이는 너희가 드릴 영적 예배니라 너희는 이 세대를 본받지 말고 오직 마음을 새롭게 함으로 변화를 받아 하나님의 선하시고 기뻐하시고 온전하신 뜻이 무엇인지 분별하도록 하라

(4) 육신에 속한 자

한편, 혼이 어디에 속해 있느냐는 관점에서는 속사람과 겉사람으로 나누지만, 새사람이 되고도 여전히 거짓자아가 주체가 되어 혼이 몸의 종노릇하고 육의 생각으로 신앙생활하는 자를 성경에는 '육신에 있는 자'(롬 8:8) 또는 '육신에 속한 자'(고전 3:1, 그리스도 안에서 어린아이)라는 용어를 사용한다. 이때 육신에 속한 자는 거듭났지만 여전히 겉사람이 주축이 되어 살아가는 그리스도인을 나타내는 것이다(그림 6 참조).

육신에 속한 그리스도인은 자신의 본질을 체험하지 못했기 때문에 여전히 구약적이고 행위보상적인 신앙생활에서 벗어나지 못한다. 예를 들어, 문제가 생겼을 때 먼저 자신을 부인함으로써 그리스도 안에 들어가 그의 나라와 의를 구하기보다는(마 6:33), 상황에 맞는 말씀을 이용하여 자신의 문제를 해결하는 데 초점을 두는 삶을 산다. 그렇게 하기 위해서는 열심히 예수 그리스도를 믿고 기도해야 하고, 그럴 때 마침내 하나님께서 우리의 기도를 들으시고 문제를 해결해 주실 것이라고 믿는다. 하나님의 얼굴이 아닌 하나님의 손을 구했던 이스라엘 백

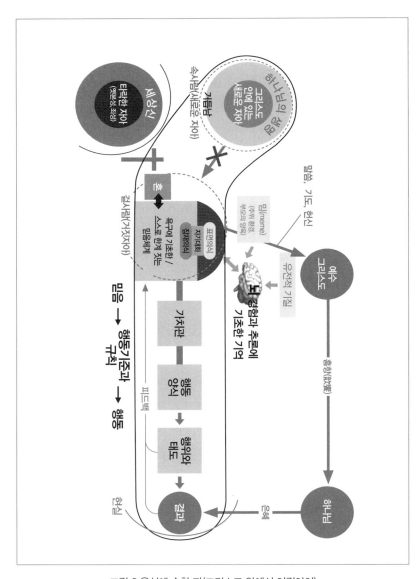

그림 6 육신에 속한 자(그리스도 안에서 어린아이)

성들과 같은 구약적 신앙방식이다. 그러나 예수님께서 말씀하신 하나님나라의 삶은 그런 삶이 아니다.

그렇다면 하나님의 자녀인 우리는 어떻게 살아야 하는가? 문제가 있을 때 그 문제를 해결하기 위해서 하나님의 말씀을 이용하지 말아야 한다. 하나님께서는 이미 우리의 문제뿐만 아니라 그 문제에 대한 해답을 알고 계신다(마 6:32). 우리가 해야 할 일은 거짓자아로 지금의 상황, 처지, 관계를 해결하거나 거기서 벗어나고자 하는 것이 아니라, 문제가 있음에도 불구하고 그 문제에 묶여 있는 거짓자아에서 깨어나 먼저 그리스도 안으로 들어가는 것이다. 그럴 때 우리는 그리스도 의식 안에서 하나님의 선하시고 기뻐하시고 온전하신 뜻이 무엇인지 분별할 수 있게 된다. 즉 자기를 부인하고 자기십자가를 짊으로써 더 이상 자신의 경험과 지식에 기초한 생각과 감정 그리고 신체의 소욕에 묶이지 않게 되는 것이고, 그때부터 성령님을 통하여 우리의 마음에 부어주시는 하나님의 말씀에 따른 생각과 감정을 가질 수 있게 되는 것이다. 그리고 그리스도 안에서 성령의 인도함을 받아 말씀을 자신의 심중에 심음으로 심은 대로 거두는 것을 체험하게 된다. 이것이 바로 우리 안에 있는 하나님나라의 실제적인 삶이다. 그럴 때 우리는 거짓자아의 마음이 만든 고통과 고난은 겪을 수 있지만, 그럴 때마다 해방과 자유함(단지 문제로부터의 자유가 아닌 자신의 몸으로부터의 자유함)을 누리는 새로운 피조물의 삶을 살아가게 된다(그림 5 참조).

[마 6:32-33] 이는 다 이방인들이 구하는 것이라 너희 하늘 아버지께서 이 모든 것이 너희에게 있어야 할 줄을 아시느니라 그런즉 너희는 먼저 그의 나

라와 그의 의를 구하라 그리하면 이 모든 것을 너희에게 더하시리라

이러한 삶을 사는 자를 신령한 자 혹은 영적 그리스도인이라고 말할 수 있다.

[고전 3:1] 형제들아 내가 신령한(프뉴마티코스) 자들을 대함과 같이 너희에게 말할 수 없어서 육신에(사르키노스) 속한 자 곧 그리스도 안에서 어린 아이들을 대함과 같이 하노라

4. 하나님과의 관계에 기초한 세 부류의 그리스도인들

이 장의 내용을 종합해볼 때 하나님과의 관계 면에서, 그리고 상황과 처지에 따른 신앙의 성숙도에 따라 그리스도인은 다음 세 부류 중 하나에 속하는 삶을 산다고 볼 수 있다.

(1) 구원을 받았다고 하지만 개념적 지식으로만 알뿐 성령의 인도함을 전혀 받지 못하고 여전히 거짓자아(타락한 혼이 자신의 생각과 감정에 묶여 종노릇하며)로 살아가는 상태이다. 자신은 구원을 받았다고 말하고 교회도 다니지만, 실제로는 구원받지 못한 사람이다. 늘 육신의 생각으로 살아가며 항상 육신의 소욕에 잡혀 있는 상태이다. 변화를 추구하지 않으며 변화하려고 한다 해도 인식의 변화를 추구할 뿐, 이 세상에 묶여 있는 삶을 사는 자이다. 불신자와 동일하지만 자신은 그리스도인이라고 믿는 명목상의 그리스도인이다.

(2) 구원을 받았고 하나님의 자녀인 것을 믿기 때문에 말씀과 그에 따른 행동으로 자기를 부인하고 자기십자가를 지고자 애쓰며 살아가는 상태이다. 가끔씩 성령의 소욕에 이끌리기도 하지만 혼은 여전히 육신의 소욕(자신의 생각과 감정)에서 벗어나지 못한 상태이다. 인식의 변화가 아닌 의식의 변화가 있어야 한다는 것을 어렴풋이 알고 있지만, 그것을 어떻게 경험하는지 알지 못한다. 집회나 말씀을 통해 은혜를 받을 때마다 자신의 믿음과 노력으로 최선을 다하는 삶을 살고자 한다. 그러나 그때가 지나면 다시 육의 생각에 이끌릴 뿐이다. 가끔씩 지식적으로 영의 생각을 할 수 있지만 결코 그것을 누리지는 못한다. 땅에서 하늘을 바라보며 살아가는 자이다. 구원은 받았지만 여전히 거짓자아로 살아가는 육신에 속한 그리스도인이자 열심을 가진 신자일 뿐이다.

(3) 믿음으로 구원을 받았을 뿐만 아니라 거듭남을 체험했기 때문에 (성령을 통하여 영원한 현존의식을 맛보았기 때문에 하나님과 생명적 관계 안에서) 자기를 부인하고 자기십자가를 짊으로써 그리스도 안에서 그의 나라와 의를 구하는 삶을 살아가고자 애쓰는 상태이다. 성령의 인도함을 받아 하나님의 영에 속한 혼으로(자신의 생각과 감정에 묶이지 않고 주의 말씀으로 자신의 내면을 분별하고자 하는 그리스도 의식으로), 영의 생각으로 살아가기를 갈망하는 자이다. 지금 '살아가기를 갈망한다'고 표현한 것은 그렇게 살 수도 있지만 현실적으로 그렇게 살지 못하는 경우도 얼마든지 있다는 것을 말하기 위해서다. 즉, 현재적 하나님나라에서 법적으로는 영혼몸이 온전한 구원을 받았지만, 현실적으로는 영으로 몸

의 행실을 죽여야 하는 삶을 살고 있기 때문이다. 땅에서 하늘을 바라볼 때도 있지만 자신의 존재를 알고 있기 때문에 하늘에서 땅을 보며 두 차원의 삶을 살아가고자 애쓴다. 늘 성령의 인도함 받기를 간구하며, 혼의 구원을 통해 새로운 의식으로 예수 그리스도 안에 있는 믿음으로 살아가고자 한다(고후 4:16). 영에 속한 그리스도인으로 하나님의 자녀의 삶을 추구하는 자이다.

안타깝게도 많은 그리스도인이 (1)의 상태인데도 자신이 구원을 받았다고 착각한다. 왜냐하면 믿기만 하면 구원을 받는다는 식의 잘못된 구원관으로 자기죽음 없이 예수 그리스도의 죽으심만을 믿고 죄사함을 얻었다고 생각하기 때문이다. (2)상태의 그리스도인은 믿음으로 구원을 받았지만 여전히 자신이 주체인 삶에서 벗어나지 못하고 있다. 영적으로는 거듭났음에도 불구하고, 성령의 인도함을 받지 못하고 거짓자아가 주체인 육적인 존재로 사는 사람이다(롬 8:5-9, 14). (1)(2)의 삶을 사는 자는 혼의 구원을 이루어가는 것이 무엇인지 체험하지 못했기 때문에 아무리 선한 일을 했다 할지라도 결국 거짓자아가 주체가 된 선한 일이며, 주님께서 받지 않으신다(마 7:21).

한편 (2)와 (3)의 상태는 같은 사람에게 일어날 수 있다고 생각하지만 결코 그렇지 않다. 왜냐하면 (2)의 경우 영으로는 거듭났지만 삶 가운데 혼이 하나님의 영에 속한 적이 없기 때문에 단지 자신의 거짓자아로 하나님의 자녀인 것을 믿을 뿐이다. 따라서 자신이 거듭난 자라고 믿고 자신을 포기하고자 애쓰지만, 결코 거듭난 자가 되어본 적이 없다. 이럴 경우 신앙생활은 대부분 추가 흔들리는 것처럼 애써 한 쪽 방향으로(자신이 판단하기에 선한 방향으로) 나아가지만 얼마 있지 않아 곧 반대 방향으로(하나님이 보시기에 선하지 않는 방향으로) 가게 마련이다(마치 작용과 반작용의 법칙처럼 말이다). 그 믿음의 주체가 여전히 소생되지 못한 타락한 혼이기 때문이다. 즉 거짓자아로 말씀을 믿는 것과 믿은 대로 된 상태를 누리는 것은 하늘과 땅 차이다(예를 들어, "나는 하나님의 자녀인 것을 믿습니다"와 "나는 하나님의 자녀입니다"를 비교해보라). 전자는 거짓자아의 의식이고, 후자는 그리스도 의식이다.

그러나 (2)의 상태로 사는 그리스도인들도 하나님의 은혜로 성령의 역사가 임할 때 하나님의 임재를 맛보게 될 것이다(즉 거짓자아가 아닌 하나님께서 자신의 혼과 몸을 통치하신다는 것을 경험하게 될 것이다). 그렇게 되면 성령의 이끌림을 받아 더 많은 시간과 삶을 (3)의 상태 중 그리스도 의식으로 머물기를 원하게 되고, 그렇게 되기 위해서 기꺼이 자신을 포기하는 삶을 살고자 한다. 우리가 몸을 지니고 이 땅에 사는 이상 늘 그리스도 의식으로 살아가는 것은 불가능하다고 본다. 그렇지만 주님께서는 성도의 견인으로 우리로 하여금 결코 혼이 자신의 생각과 감정에 묶이는 상태에 머물지 않도록 하신다. 심지어 고난과 고통을 허용하시면서까지 우리로 하여금 삶의 문제 해결에 집착하지 않고 그 문제를 붙들고 있는 거짓자아로부터 벗어나는 진정한 해방과 자유를 경험하도록 하신다. 그리고 그리스도 안에서 그의 나라와 의를 구하는 자녀의 삶을 살도록 하신다. 그것이 바로 환난 가운데서도 즐거워하고(롬 5:3-5), 시험을 당해도 온전히 기쁘게 여길 수 있는(약 1:2-4) 이유이고, 혼의 구원을 이루어가기 위해 이미 승리한 믿음의 선한 싸움을 싸워가는 이유이다(요일 4:4, 5:4 ; 딤전 6:12). 겉사람은 후패하지만 속사람이 더 나타나는 삶을 사는 것이다.

[롬 5:3-5] 다만 이뿐 아니라 우리가 환난 중에도 즐거워하나니 이는 환난은 인내를, 인내는 연단을, 연단은 소망을 이루는 줄 앎이로다 소망이 우리를 부끄럽게 하지 아니함은 우리에게 주신 성령으로 말미암아 하나님의 사랑이 우리 마음에 부은 바 됨이니

[약 1:2-4] 내 형제들아 너희가 여러 가지 시험을 당하거든 온전히 기쁘게 여기라 이는 너희 믿음의 시련이 인내를 만들어 내는 줄 너희가 앎이라 인내를 온전히 이루라 이는 너희로 온전하고 구비하여 조금도 부족함이 없게 하려 함이라

1 현재의 심리학과 정신의학은 타락 후의 인간을 인간의 본질로 보고 있다. 따라서 대부분 의식과 인식체계(혼에서부터 행동과 태도까지)의 관계와 현재 의식과 잠재의식의 상관관계에 대한 연구에 초점을 두고 있다. 한편 뉴에 이지나 이단 사상들은 혼(의식)이 우주, 참자아, 신이라고 보며 모든 것이 마음의 문제라고 본다. 따라서 의식(혼)이 그 마음으로부터 벗어나 참자아에 이르도록 하기 위해서 명상, 묵상, 요가, 좌선 등을 통해 마음챙김을 훈련하고 있다.

2 새사람은 예수 그리스도를 통하여 하나님과 새 언약을 맺음으로 그 안에 하나님의 영이 계심으로 본질적으로는 새로운 피조물이 되었으나 현실적으로는 여전히 육신(타락한 혼과 몸)에 속한 상태로 살 수 있다(물론 그렇지 않을 수도 있다).

3 구원받은 사람은 구원받을 때 그리스도와 함께 그의 옛본성, 옛사람이 십자가에 못박혀 죽었기 때문에 그의 옛본성(자아), 옛사람은 죽은 것이다. 따라서 설령 죄를 짓는다 해도 옛사람으로 돌아갈 수 없다.

4 따라서 구원받은 자는 날마다 성령의 인도함을 받는 자녀의 삶을 살아야 한다. 그것은 바로 우리의 타락한 혼이 소생케 되어 하나님의 영을 나타내는 본래적 기능을 하는 것이다. 즉, 예수 그리스도 안에서 그리스도 의식을 가지고 살아가는 것이다.

5 그렇게 하기 위해서는 그리스도인들은 날마다 자기의 생각과 감정이 진리가 아님을 알고 부인하며(자기를 부인하고), 거짓자아를 유지시키기 위한

목적으로 살아가는 것을 포기해야 한다(자기십자가를 지는 것이다).

6 그럴 때 우리는 현존하는 그리스도 안에서 그리스도 의식으로 마음의 생
각과 감정을 보게 되고, 하나님의 뜻이 무엇인지 분별하게 되고, 성령 안
에 주의 말씀대로 이루어진 것을 상상하고 느끼고 말함으로써 자신과 현
실을 변화시키는 삶을 살게 된다.

7 인간의 존재를 영의 상태에 따라 비교할 때는 옛사람과 새사람으로, 혼이
어떤 실체에 영향을 받는지 비교할 때는 속사람과 겉사람으로 나눈다.
신앙생활에서 하나님의 영의 인도함을 받는 자는 영적 그리스도인이라고
부르고, 여전히 육(혼과 몸)을 따라 살아가는 자는 육적 그리스도인(육신에
속한 자, 그리스도 안에서 어린아이)이라고 부른다.

8 하나님과의 관계 면에서, 그리고 신앙의 성숙도에 따라 세 부류의 그리스
도인으로 나눌 수 있다. 즉, 명목상 그리스도인, 육신에 속한 그리스도인,
영에 속한 그리스도인이다. 그런데 영에 속한 그리스도인이라 해도 현재
적 하나님나라에서는 혼이 항상 하나님의 영의 인도함을 받아 마음을 새
롭게 하고 하나님의 뜻을 분별하는 삶을 사는 것은 아니다. 항상 속사람
과 겉사람이 다투게 된다. 그래서 우리는 혼의 구원을 이루어가는 믿음의
선한 싸움을 끝까지 경주해야 한다.

2 PART

현재적
하나님나라에서
이루어가는 구원

5

왜 혼의 구원이
그렇게 중요한가?

지금까지 하나님나라 복음의 관점에서 구원 전후 영혼몸의 상태를 살펴봄으로써 옛사람과 새사람, 겉사람과 속사람, 그리고 육신에 속한 자와 영에 속한 자의 차이에 대해서 알게 되었다. 이번 장에서는 혼의 구원이 왜 그렇게도 중요한지와 혼의 자유의지에 대해서 알아보고자 한다.

1. 혼의 구원이 그토록 중요한 이유

이미 앞장에서 여러 번 언급한 바와 같이 혼만 단독으로 존재할 수 없지만, 기존의 '영혼 구원'이라는 용어를 사용하게 되면 구원 전후 인간의 존재에 대한 혼돈을 초래하기 때문에 '혼의 구원'이라는 용어를 사용하게 되었다. 혼은 영혼이나 마음 또는 정신과 구분되는 용어이며, 성경적으로 볼 때 의식뿐만 아니라 제유법적으로 생명, 목숨, 더 나아가 전인적 인간과 같은 의미도 포함하고 있다. 따라서 그리스도인에게 혼의 구원이란, 하나님의 영으로 새로운 자아를 가진 자로서 새로운 의식을 갖는 것, 또 새로운 피조물로서 전인적 인간이라는 의미로

함께 이해하면 좋을 것이다. 38

혼의 구원은 타락한 인간의 구속과 성화의 삶을 이해하고 실천하는데 매우 중요하다. 그 이유는 앞서 살펴본 것처럼 혼에 자유의지가 있기 때문에, 구원받은 후 하나님의 영 안에 있는 새로운 자아를 따를지, 아니면 거짓자아의 교묘한 속임수를 따를지를 궁극적으로 결정하는 것이 자신의 혼이기 때문이다. 물론 성령님의 은혜와 힘주심 없이 인간의 자유의지만 가지고 우리의 혼이 하나님의 영을 따를 수는 없다. 그러나 성령님의 은혜와 힘주심이 있더라도 혼이 자유의지로 그것을 거부하고 거짓자아를 선택할 수 있다. 타락 이전에 아담과 하와가 어떻게 마귀의 속임에 넘어가 죄를 지었겠는가 생각해보라. 그래서 성경에서 은혜를 헛되이 받지 말라고 반복해서 말씀하고 있는 것이다.

[고후 6:1] 우리가 하나님과 함께 일하는 자로서 너희를 권하노니 하나님의 은혜를 헛되이 받지 말라

지금까지 이 책의 내용을 이해했다면 이제 현실적으로 영의 구원함을 받았기 때문에 현재적 하나님나라에서 혼의 구원함을 이루어가야 한다는 뜻이 무엇인지를 알 것이다. 성경에는 마지막까지 '믿음으로' 혼의 구원을 이루어야 한다고 말씀하고 있다(벧전 1:5-9). 이때의 믿음

---

38 전통적으로 혼을 영혼으로 표기하고 전인적인 인간을 나타내는 의미로 사용하고 해석했기 때문에, 오히려 구원의 여정에 따른 인간의 존재 상태를 제대로 파악하지 못하게 된 것이다. 인간을 전인적 통일체로 제대로 보기 위해서는 두루뭉술한 표현이 아니라 인간의 존재를 구원의 여정에 따른 하나님과의 관계적 측면에서 보다 구체적으로 보는 것이 필요하다고 본다.

은 인간의 생각과 의지에 기초한 믿음이 아니라 예수 그리스도 안에 거하는 자에게 성령을 통해서 주어지는, 그리스도 예수 안에 있는 믿음이다(딤후 3:15).

[벧전 1:5-9] 너희는 말세에 나타내기로 예비하신 구원을 얻기 위하여 믿음으로 말미암아 하나님의 능력으로 보호하심을 받았느니라 그러므로 너희가 이제 여러 가지 시험으로 말미암아 잠깐 근심하게 되지 않을 수 없으나 오히려 크게 기뻐하는도다 너희 믿음의 확실함은 불로 연단하여도 없어질 금보다 더 귀하여 예수 그리스도께서 나타나실 때에 칭찬과 영광과 존귀를 얻게 할 것이니라 예수를 너희가 보지 못하였으나 사랑하는도다 이제도 보지 못하나 믿고 말할 수 없는 영광스러운 즐거움으로 기뻐하니 믿음의 결국 곧 영혼의 구원을 받음이라

이런 삶을 살기 위해서는 다음 네 가지 사실에 늘 깨어 있어야 한다.

첫째, 신앙생활에 있어 날마다 속사람이 새로워지고 겉사람이 후패해지는 삶을 살지 않고, 거짓자아나 마귀의 속임에 넘어가면 얼마든지 육신의 소욕에 사로잡힐 수 있다는 것이다. 기독교 신앙은 뉴에이지처럼 부단한 노력으로 궁극적인 해탈과 초월의 단계에 도달하는 것을 추구하는 것이 아니다. 하나님은 생명이시기 때문에 우리는 늘 그 생명의 숨결을 호흡해야 하고, 하나님은 사랑이시기 때문에 우리는 항상 인격적인 관계를 나누어야 한다. 그렇기에 진정한 신앙은 그분에 대한 개념적 추구가 아니라 지금 이 순간 여기에서 살아 계신 하나님의 생명과 현재적 관계 속에서만 성립된다. 그 관계는 오직 지금 이 순간 여기를

통해서 연결되는 영원한 현존의 세계에서 이루어지는 것이다. 우리가 상당히 높은 경지에 이르렀기 때문에 더 이상 넘어지지 않는다고 착각하는 순간, 우리는 넘어지고 만다(고전 10:12).

> [요 15:9] 아버지께서 나를 사랑하신 것 같이 나도 너희를 사랑하였으니 나의 사랑 안에 거하라

> [고전 10:12] 그런즉 선 줄로 생각하는 자는 넘어질까 조심하라

둘째, 우리는 흔히 내가 죄를 지었다고 생각하는데, 이는 자신의 마음이 자신이라고 믿기 때문이다. 그러나 이것보다 우리를 교묘하게 속이는 생각은 없다. 이것은 마귀와 인간의 타락이 만든 거짓자아의 완벽한 속임수이다. 당신이 거듭난 자이고, 하나님의 자녀라는 것을 안다면 당신은 죄를 지을 수 없는 존재임을 알아야 한다. 그렇다면 죄를 지은 것은 누구인가? 당신의 본질(예수 그리스도 안에 있는 자아)이 죄를 지은 것이 아니라 타락한 혼이 자신의 생각과 감정을 자기와 동일시하는 거짓자아에 속아 죄 된 생각과 감정을 선택하고 그것을 행동으로 옮긴 것이다. 한마디로 육신이 죄를 지은 것이다. 이를 뒷받침하는 강력한 성경적 증거는 구원과 구원 이후의 삶을 가장 자세하게 설명하고 있는 로마서 5장에서 8장 사이에 등장하는 죄에 대한 단어의 용례이다. 로마서 5장에서 8장에는 헬라어 '죄'라는 단어의 어근인 '아말타노'에서 파생된 단어가 총 49번 등장한다. 그런데 놀랍게도 단 4번 (롬 5:12,14,16, 6:15)만 동사형(헬, 하마르타노 : 죄를 짓다)으로 사용되었고, 나머지 45번이 명

사형으로 사용되고 있다(42번은 하마르티아 : 죄, 3번은 하말토로스 : 죄인).
이를 통해서 알 수 있는 것은 성경은 '죄'를 하나의 인격으로 보고 있다
는 것이다. 즉 죄를 짓는 나라는 인격체 외에 죄가 그 자체로 인격화되
고 있다는 것이다(창 4:7 참조). 그런데 우리는 거듭난 후에도 죄를 생각
할 때면 여전히 "내가(나는) 죄를 짓는다"라는 동사적 의미로만 받아들
인다. 다시 말하지만, 하나님의 영 안에 있는 거듭난 우리의 자아(예수
그리스도 안에 있는 나)는 죄를 지을 수 없다(요일 3:9).

> **[롬 6:14]** 죄가 너희를 주장하지 못하리니 이는 너희가 법 아래에 있지 아니
> 하고 은혜 아래에 있음이라

> **[롬 7:17]** 이제는 그것을 행하는 자가 내가 아니요 내 속에 거하는 죄니라

> **[롬 6:15]** 그런즉 어찌하리요 우리가 법 아래에 있지 아니하고 은혜 아래에
> 있으니 죄를 지으리요(하마르타노) 그럴 수 없느니라

> **[롬 8:1]** 그러므로 이제 그리스도 예수 안에 있는 자에게는 결코 정죄함이 없
> 나니

셋째, 그렇다면 내가 아니라 내 마음이 죄를 지은 것인가? 있을 수
없는 일이다. 진실은 거짓자아가 죄를 지은 것이지, 어떻게 내 마음이
죄를 지은 것이겠는가? 당신의 혼이 자유의지를 가지고 마음의 생각
을 선택하고 행동한 것 아닌가? **그런데 거짓자아가 죄를 지었다고 생**

각하지 않고 자신의 마음이 죄를 지었다고 생각하는 것은 어리석은 일이다. 만약 그렇게 생각하면 자유의지를 가진 의식(혼)은 자신을 숨기고 유지하기 위해서 무의식적으로 "왜 그런 생각을 하고 그렇게 느꼈을까? 그런 생각을 하지 말아야 했는데…" 등 자신의 마음을 탓한다. 진실은 '나'라는 타락한 혼이 자신의 뇌에서 생성된 생각과 그에 따른 감정을 선택한 것일 뿐이다. 따라서 문제의 핵심은 생각이나 감정 그 자체가 아니라 자신의 생각과 감정이 자신이라고 동일시하는 거짓자아에 속고 있는 자아의식(혼)이다. 이것을 깨닫는 자는 자기를 부인하고 자기십자가를 지는 하나님나라의 삶에 엄청난 돌파가 일어날 것이다.

넷째, 위 내용이 사실이라면, "죄를 지은 것은 거짓자아이고 진정한 내가 아니기 때문에 죄를 지어도 그리스도 안에 있는 나는 전혀 상관없다는 말인가?"라고 의문을 품을 수 있다. 하지만 전혀 그렇지 않다. 비록 죄를 지은 것은 거짓자아이지만, 우리의 영혼몸은 전인적 통일체로서 혼이 거짓자아에 속아 자유의지를 잘못 사용함으로써 지은 죄에 대한 책임과 결과는 영혼몸 전체가 지게 된다. 하나님께서는 새로운 피조물이 된 우리로 하여금 소생케 된 혼이 자유의지로 하나님의 자녀의 삶을 살도록(죄를 짓지 않고 하나님의 의를 나타낼 수 있도록), 구원 후 그리스도 안에 거하게 하셨고 성령과 말씀을 주셨다.

[롬 6:1-3] 그런즉 우리가 무슨 말을 하리요 은혜를 더하게 하려고 죄에 거하겠느냐 그럴 수 없느니라 죄에 대하여 죽은 우리가 어찌 그 가운데 더 살리요 무릇 그리스도 예수와 합하여 세례를 받은 우리는 그의 죽으심과 합하여

2. 혼의 자유의지와 선악과에 담긴 하나님의 진정한 의도

우리가 매 순간 호흡하는 공기의 소중함을 생각해보라. 쉬지 않고 전신에 피를 순환시키는 심장 그리고 끊임없이 생각하고 느낄 수 있게 해주는 뇌는 어떠한가? 이러한 공기와 심장 그리고 뇌에 고마운 마음과 감사를 느껴본 것이 언제인가? 그리고 이것을 주신 하나님께 진심으로 감사드려본 적이 있는가? 그것 없이 살 수 없음에도 불구하고 우리에게 늘 주어져 있기 때문에, 그리고 앞으로도 쭉 그럴 거라는 믿음 때문에, 우리는 그 가치와 소중함을 모르고 살아간다.

이처럼 우리는 자유의지라는 놀라운 선물의 진정한 가치와 소중함도 잊고 살고 있다. 하나님께서 인간에게 주신 자유의지가 얼마나 놀라운 것인지 아는가? 온 우주의 모든 생명체 중에 자유의지를 가진 존재는 하나님과 인간밖에 없다. 물론 천사도 자유의지를 가지고 있는데 그것은 하나님께서 가지고 계시고 인간에게 주신 자유의지와 비교했을 때 제한된 자유의지이다. 일례로 성경은 천사의 자유의지를 가리켜 한 번 타락을 선택하면 다시 되돌이킬 수 없는 제한된 자유의지임을 암시하는 구절들(벧후 2:11 ; 유 1:6)이 있다. 이것을 생각할 때 인간에게 주어진 자유의지가 실로 놀라운 하나님의 선물이라는 것을 깨닫게 된다.

하나님은 영원 전부터 사랑이시며 공의로우신 분이다. 하나님께서 그분의 사랑과 공의를 나타내신 것이 바로 이 땅의 창조이다. 그분이 왜 우리를 지으셨을까? 그리고 왜 우리에게 자유의지를 주셨을까? 하나님께서는 그분의 형상과 모양대로 자녀들을 창조하셔서 그들과 인격 대 인격으로 사랑의 교제를 나누며, 그들로 하여금 그분이 만드신 모든 만물을 통치하기를 원하셨다. 우리가 아무리 강아지와 고양이를 좋아해도 그들과는 제한된 쌍방향적 관계를 가질 수밖에 없지 않은가? 하나님과 우리의 관계는 그것과 비교할 수 없다. 하나님께서는 인격 대 인격, 부모 대 자녀의 사랑의 관계를 맺기 원하셨고, 그래서 인간을 창조하신 것이다. 많은 사람이 인간에게 자유의지를 주시고 선악과를 만드신 하나님을 오해한다. 그러나 선악과에 담긴 하나님의 본심은 사랑과 공의의 현현이며 우리를 참 자녀로 부르시는 초대장이다.

> **[창 2:9]** 여호와 하나님이 그 땅에서 보기에 아름답고 먹기에 좋은 나무가 나게 하시니 동산 가운데에는 생명 나무와 선악을 알게 하는 나무도 있더라

본래 가장 좋은 선물은 가장 보기 좋은 곳에 두는 법이다. 신적 생명이 담긴 생명나무와 하나님의 은혜의 선물인 자유의지를 상기시켜주는 선악을 알게 하는 나무가 동산 중앙에 나란히 놓인 것은 결코 우연이 아니다. 생명나무와 선악을 알게 하는 나무는 인간을 향한 하나님의 놀라운 사랑과 공의가 담겨 있는 최고의 선물이기 때문이다. 그러나 우리는 이 두 나무를 하나님의 관점인 사랑과 공의의 발로(發露, 숨은 것을 겉으로 드러냄)로 보지 않고, 타락한 인간 중심의 관점인 죄의 규정(規定)으로 본다.

[창 2:16-17] 여호와 하나님이 그 사람에게 명하여 이르시되 동산 각종 나무의 열매는 네가 임의로 먹되 선악을 알게 하는 나무의 열매는 먹지 말라 네가 먹는 날에는 반드시 죽으리라 하시니라

그래서 많은 사람들이 "왜 하나님께서는 선악과를 만드셔서 인간으로 하여금 죄를 짓게 하고, 그 결과 이렇게 혼돈과 혼란이 가득한 세상이 되게 하셨는가?", "그분이 정말 전지(全知)하시다면 인간이 선악과를 먹을 것을 아셨을 텐데, 아셨다면 막아주셔야 진정한 사랑 아닌가?"라는 질문을 던지며, 선악을 알게 하는 나무의 열매에 담긴 하나님의 본심은 모르고 하나님의 선하심을 오해하고 있다. 그러나 선악과에는 하나님의 형상과 모양대로 지음 받은 자녀들에게 하나님께서 부여하신 자유의지라는 놀라운 은혜의 선물이 담겨 있다. 이것은 아무리 강조해도 지나치지 않다.

만약 선악과가 없었다면 인간은 하나님께 순종할 의무만 있는 로봇 같은 존재가 되었을 것이다. 하나님께서 주신 자유의지로 하나님을 사랑하고 그분의 사랑받는 자녀로 살 것인지, 아니면 그분을 사랑하지 않고 그분으로부터 독립하여 자아독립적 개체로 살 것인지, 또한 하나님께서 원하시는 대로 할 것인지, 아니면 자신이 원하는 대로 할 것인지를 선택할 수 있는 특권은 인간에게만 허락하신 것이다. 그만큼 우리를 존귀히 여기시고 사랑하신 것이다. 사랑은 서로를 통제하지 않고 있는 그대로 하나가 되는 것이다.

개혁신학에서는 창세기 2장 16-17절의 말씀을 행위언약이라고 부른다. 그러나 그것은 인간의 관점에서 본 것이다. 하나님의 관점에서 생

각한다면 이것은 언약 이전의 것이며, 하나님께서 자유의지를 가진 자녀에게 하나님을 대신하여 이 땅에서 그분을 사랑하고 그분을 나타내도록 허락하신, 말할 수 없는 사랑과 공의에 기초한 하나됨의 초청장이다. 따라서 이것을 언약이라고 볼 수는 없을 것 같다. 이렇게 말씀하신 것은 하나님께서 인간이 죄를 지을 것을 미리 예정한 것이 아니라, 피조물에게 하나님과 버금가는 자유의지를 부여하여 서로 사랑을 나누기 원하시고, 자의로 하나님의 뜻을 이루기 원하시는 하나님의 간절한 열망이 담긴 표현이다. 하나님께서 이 땅에 당신의 영광을 나타내기 위하여 행하신 창조의 역사를 생각해보라. 하나님의 본성이 사랑과 공의라는 것을 깨닫는다면 과연 자녀인 인간을 언약적인 관점에서 창조했으리라 생각할 수 있을까? 그것도 죄를 짓기도 전에 말이다. 우리의 자녀를 생각해보라. 오직 사랑으로, 내 모든 것을 나누고자 하는 마음으로 자녀를 갖지 않는가? 물론 자녀들이 죄를 지을 수 있으리라는 것은 알지만, 그렇다고 죄를 지을 것이기 때문에 미리 언약을 맺어 관계하겠는가?

3. 혼의 자유의지와 타락

우리의 혼이 자유의지를 가졌다는 것은 하나님의 마음으로 세상을 볼 수도 있고, 반대로 마귀에게 속아 자신이 주체가 되어 세상을 볼 수도 있다는 것이다. 하나님은 우리를 사랑하시기 때문에 그만큼 자유를 주신 것이다. 인간이 선악과를 먹을 수도 있지만, 하나님께서 원하시는 것은 하나님의 사랑 때문에 생명나무 열매를 먹음으로 우리가 하나님 안에서 그분이 창조하신 세상을 보고 다스리고 즐기도록 하는 것이다. 그런데 문제는 무엇인가? 우리가 사탄의 말에 속아 하나님과 분리되어 하나님과 동등한 신분과 자격으로 세상을 보고자 한 것이다. 겉으로 드러나 있지 않지만, 뱀에게 들어온 사탄은 하나님의 형상대로 지음 받은 인간을 속임으로 하나님을 대적하고자 했다. 그런데 자유의지를 가진 아담과 하와는 하나님의 말씀 대신에 마귀의 말에 유혹된 것이다.

> **[창 3:4-6]** 뱀이 여자에게 이르되 너희가 결코 죽지 아니하리라 너희가 그것을 먹는 날에는 너희 눈이 밝아져 하나님과 같이 되어 선악을 알 줄 하나님이 아심이니라 여자가 그 나무를 본즉 먹음직도 하고 보암직도 하고 지혜롭게 할 만큼 탐스럽기도 한 나무인지라 여자가 그 열매를 따먹고 자기와 함께 있는 남편에게도 주매 그도 먹은지라

다시 한번 생각해보라. 먹음직하고 보암직하고 탐스럽기도 하다는 것은 자신의 생각이자 느낌일 뿐이다. 그렇다면 마음에 올라오는 생각과 감정을 의지적으로 선택하고 받아들이는 것이 누구인가? 바로 자유의지를 가진 혼(자아의식)이다. 혼은 하나님의 말씀보다 세상으로부터 들어오는 것, 자신을 즐겁게 하는 생각과 느낌을 택한 것이다. 이것이 바로 죄를 짓는 것이고, 죄의 결과는 하나님의 영이 떠난 것이며, 하나님과 분리된 상태로 존재하는 것이다(하나님과의 생명과 사랑의 관계 없이 존재하는 것이다). 그 결과 우리는 세상에 종속된 존재로 타락했다. 즉 하나님과 분리되어, 하나님 없이 스스로 살아가야만 하는 자가 된

것이다. 그 결과 우리는 더 이상 하나님이 지으신 세계가 아닌 우리가 살아남아야 할 세계로 세상을 바라보게 되었다. 이것이 바로 타락이다. 그 후 인간은 하나님의 자녀로서 하나님의 '영광의식'이 아닌 타락한 인간의 '생존의식'으로 이 세상을 살 수밖에 없게 되었다.

타락의 결과는 우리에게 근본적인 죄책감, 두려움, 결핍감, 수치심, 무능감을 가지게 했고, 인간은 이러한 내면에서 올라오는 것들을 감추거나, 무시하거나, 억압하기 위해 태어나서부터 스스로 할 수 있는 모든 것을 하며 '생존 모드' 또는 '투쟁 모드'로 살고 있다. 그리고 그것을 인생이라고 생각한다. 우리는 자기 마음대로 할 수 있는 자유가 있다고 생각하는데, 사실 어두운 세상에서 가장 자유하지 못하고 얽매여 있는 것이 바로 우리의 혼(자아의식)이다. 자유는 자유의 내용이 아니라 그 내용을 선택하는 주체의 문제이다. 예를 들어 무엇 때문에 자유한 것이 아니라 그것을 결정하는 내가 어떤 것에도 묶이지 않기 때문에 자유한 것이다. 인간은 더 큰 자유를 누리고 싶은 욕심에 하나님을 떠났다. 하지만 하나님을 떠난 인간에게는 자유는커녕 속박과 어두움과 죽음만이 존재하게 되었다. 하나님의 영원한 소망은 자신이 창조한 인간들이 다시 하나님의 자녀가 되어 이 고통과 억압에서 벗어나 영원한 안식 가운데서 주의 뜻을 이루어가는 삶을 살게 하는 것이다. 따라서 진정한 자유의 결과는 하나님의 생명으로 다시 하나 되는 것이며 하나님과 사랑을 나누며 안식 가운데 공의를 행하는 것이다.

인간의 죄로 인한 타락과 모든 죄악의 시초는 하나님께서 그분의 자녀에게 주신 놀라운 선물인 자유의지를 잘못 사용했기 때문이다 (창 2:16-17, 3:5). 인간은 사탄에게 속아 자유의지를 잘못 사용함으로써 타락하게 되었고, 그 결과 하나님께서 본래 주셨던 진정한 자유의지를 상실해버렸다. 그래서 사탄의 종노릇하며 이 땅에서 살아가야만 하는 처량한 존재가 되어버린 것이다. 그러나 하나님께서는 인간이 자유의지를 잘못 사용했을지라도 자녀들이 다시 회복되고 본래 허락하신 그 자유의지로 하나님과 하나 되어 하나님의 뜻을 이룰 수 있는 길을 마련해두셨다. 그것은 바로 원시복음으로 잘 알려진 창세기 3장 15절에서 볼 수 있다. 때가 되면 독생자 예수 그리스도를 이 땅에 보내주셔서 사탄의 종노릇하게 된 우리를 회복시켜 '다시 그러나 이제는' 하나님만을 위해 자유의지를 사용할 수 있는 기회를 주시겠다고 약속하신 것이다.

[창 3:15] 내가 너로 여자와 원수가 되게 하고 네 후손도 여자의 후손과 원수가 되게 하리니 여자의 후손은 네 머리를 상하게 할 것이요 너는 그의 발꿈치를 상하게 할 것이니라 하시고

성경에 나오는 모든 언약은 바로 이 놀라운 하나님의 약속을 이루기 위해서 하나님께서 인간과 맺으신 것이다. 노아와 맺은 언약, 아브라함과 맺은 언약, 시내산 언약, 다윗 언약은 모두 새 언약을 향하고 있다. 새 언약의 핵심은 하나님의 영이 다시 우리에게 임하시고, 그 법을

우리의 심중에 두심으로 타락 이전의 상황과 상태로 돌아가게 하여서, 그리스도 안에서 회복된 자유의지로 하나님을 사랑하고 섬김으로써 하나님의 영원한 안식 안에 들어가도록 하기 위해서다. 할렐루야!

하나님께서 왜 인간을 창조하셨고 자유의지를 주셨는지 더 깊이 이해하기 위해서는, 왜 하나님께서 우리를 창조의 마지막 날인 6일째 창조하셨는지를 알아야 한다. 인간이 창조된 이유는 하나님과의 생명적 관계 가운데 안식하며 그분을 나타내는 삶을 살도록 하기 위해서다. 그래서 6일째 창조하시고 인간이 맞는 첫날이 바로 7일째인 안식일이 되도록 하신 것이다. 그 말은 하나님께서는 성전-동산(에덴동산)을 완성하시고, 인간을 창조하시고 그곳에 거하시며 그들로 하여금 하나님께 영광을 올려드리고(제사장 직분으로) 그 영광을 드러내는(왕의 직분으로) 안식의 삶을 살도록 하셨다는 것이다.

[창 2:1-3] 천지와 만물이 다 이루어지니라 하나님이 그가 하시던 일을 일곱째 날에 마치시니 그가 하시던 모든 일을 그치고 일곱째 날에 안식하시니라 하나님이 그 일곱째 날을 복되게 하사 거룩하게 하셨으니 이는 하나님이 그 창조하시며 만드시던 모든 일을 마치시고 그 날에 안식하셨음이니라

구약적인 사고방식에 사로잡혀 있는 사람들은 안식일 또는 주일은 아무 일도 하지 않는 날이고, 해서는 안 되는 날이라고 생각한다. 그리고 오직 주님과 교제하고 묵상하는 날이라고 생각한다. 그것은 타락 후에 인간이 하나님의 생명이 없는 거짓자아로 살아가기 때문에, 하나님께서 모든 것을 창조하셨고 주관하신다는 것을 깨닫도록 하기 위해

서, 스스로가 주체가 되어 자신을 위해 일하지 말라고 하신 것이다. 진정한 안식은 하나님께서 창조하신 세상에서, 생명나무 열매를 마음껏 먹으며, 하나님의 영의 인도함을 받아 하나님의 영광을 드러내는 일을 하는 것이다. 자기가 주체가 된 일을 하는 것이 아니라 하나님의 생명을 나타내는 것이 바로 안식이다.

예수님께서 이 땅에 오셔서 언제 일하셨는지 생각해보라. 종교 지도자들이 신성모독이라고 할 만큼 안식일만 골라 주의 뜻을 행하지 않았는가? 그리고 자신이 안식일의 주인이며 하나님의 뜻을 나타내는 것이 바로 안식하는 삶이라고 가르치지 않으셨는가?

[막 2:27-28] 또 이르시되 안식일이 사람을 위하여 있는 것이요 사람이 안식일을 위하여 있는 것이 아니니 이러므로 인자는 안식일에도 주인이니라

[요 5:17-18] 예수께서 그들에게 이르시되 내 아버지께서 이제까지 일하시니 나도 일한다 하시매 유대인들이 이로 말미암아 더욱 예수를 죽이고자 하니 이는 안식일을 범할 뿐만 아니라 하나님을 자기의 친 아버지라 하여 자기를 하나님과 동등으로 삼으심이러라

더욱이 히브리서의 말씀을 생각해보자. 하나님께서 이스라엘 백성을 출애굽시켜 광야를 통과하여 가게 하신 가나안 땅은 바로 이 땅에서의 하나님나라의 그림자이다. 그곳에 가게 하신 본래의 목적이 무엇인가? 바로 온전치 못한 백성들을 정결케 하고, 그곳을 차지하고 있는 악한 족속을 심판하고, 하나님의 언약을 지키는 백성들이 다시 에덴의 동산

과 같은 성전-도시를 건설하고, 그곳에서 안식을 누리도록 하기 위함이 아닌가?

> [히 3:17-19] 또 하나님이 사십 년 동안 누구에게 노하셨느냐 그들의 시체가 광야에 엎드러진 범죄한 자들에게가 아니냐 또 하나님이 누구에게 맹세하사 그의 안식에 들어오지 못하리라 하셨느냐 곧 순종하지 아니하던 자들에게가 아니냐 이로 보건대 그들이 믿지 아니하므로 능히 들어가지 못한 것이라

구약에 있어 가나안 땅이 하나님나라의 그림자라면 예수님의 재림 후에 있을 온전하고 영원한 하나님나라에 대한 현재의 그림자는 무엇인가? 바로 예수님께서 초림하시고 우리에게 주기를 원하셨던 우리 안에 있는 현재적 하나님나라이다. 우리가 성전이고, 하나님의 백성들이 모인 도시가 바로 교회이다. 교회를 통해서 온 세상에 성전-도시가 형성되도록 하신 것이다. 그렇다면 창조 때 본래 계획하셨던 천지와 에덴의 동산, 즉 성전-도시 그리고 영원한 안식을 누리는 곳, 그러나 우리의 타락으로 인하여 아직 이루지 못한, 그렇지만 하나님께서 반드시 이루실 그 영원한 실체는 어디에 있는가? 그것은 바로 요한계시록의 새 하늘과 새 땅이 임하고 하늘에서 내려오는 새 예루살렘 성, 그곳이 바로 우리 모두가 성전이 되는 도시이다. 에덴의 동산이 결국 새 예루살렘 성이 되는 것이다.

하나님께서는 창조하실 때 이루시고자 했던 계획과 목적을 포기하신 적이 없고, 하나님께서 예정하신 때에 반드시 이루신다. 우리는 그

것을 요한계시록에서 보고 있다. 따라서 우리는 성경의 역사를 통해 하나님께서 이루실 온전한 실재에 대해 일시적이지만 이 땅에서 그것들의 그림자와 모형들을 볼 수 있으며, 또한 그 일을 이루어가시는(혹은 이루어가실) 예수 그리스도와 그분의 일들을 예표하는 표상들을 보게 된다.

그렇다면 그 영원한 하나님나라에서의 안식은 언제 오는가? 바로 예수님의 재림을 통해서 온다. 생각해보라. 이스라엘 백성이 가나안 땅으로 들어갈 때 하나님께서는 불순종했던 1세대들이 광야에서 다 죽은 뒤에, 가나안 땅에서 온갖 악행을 일삼던 그 땅의 거민들을 심판함으로써 믿음의 세대만이 약속의 땅인 가나안 땅으로 들어가도록 하셨다. 이처럼 영원한 하나님나라로 들어가기 전에 예수님께서 재림하셔서, 예수 그리스도를 믿지 않는 자, 자신 안에 있는 하나님나라를 이루어가지 못한 자 그리고 이 세상을 통치하던 마귀와 그 졸개들을 심판하신 다음 그리스도의 정결한 신부들만 영원한 하나님나라로 들어가 안식을 누리게 하실 것이다.

예수님은 다시 오신다. 그분은 휴거와 심판을 위해 재림하신다. 혼의 구원을 이루어가는 자들, 즉 자신 안에 하나님나라를 이루어가는 자들은 몸의 부활을 입고 휴거되어 공중에서 주를 만나 천국 혼인잔치에 참여하게 될 것이다. 이에 반해 구원받지 못한 자 그리고 혼의 구원을 이루어가지 않는 자들은 하나님을 반역하고 하나님의 자녀들에게 죄를 짓게 한 사탄과 그 졸개와 함께 하나님의 진노의 심판을 받게 될 것이다. 하나님께서는 우리를 영원한 안식에 들어가도록 예수 그리스도 안에서 그분의 기쁘신 뜻에 따라 계획하셨고, 지금도 그렇게 하기를 원하신다. 이것은 처음 창조 때부터 계획하신 것이었다. 그러나 이것이 인간의 죄로 인하여 이루어지지 못하게 되자 하나님께서는 이 약속을 예수님을 통해 이루게 하셨고 또한 이루어가고 계시는 것이다.

> [히 4:1-3] 그러므로 우리는 두려워할지니 그의 안식에 들어갈 약속이 남아 있을지라도 너희 중에는 혹 이르지 못할 자가 있을까 함이라 그들과 같이 우리도 복음 전함을 받은 자이나 들은 바 그 말씀이 그들에게 유익하지 못한 것은 듣는 자가 믿음과 결부시키지 아니함이라 이미 믿는 우리들은 저 안식에 들어가는도다 그가 말씀하신 바와 같으니 내가 노하여 맹세한 바와 같이 그들이 내 안식에 들어오지 못하리라 하셨다 하였으나 세상을 창조할 때부터 그 일이 이루어졌느니라

혼의 구원을 이루어간다는 뜻을 제대로 이해해야 한다. 그것은 우리의 영 안에 계신 하나님과의 생명적 관계 안에서 말씀의 인도함을 받고 행하는 삶이고, 자신 안에 하나님나라를 이루어가는 삶이다(눅 17:20-21). 하나님의 영이 임했음에도 불구하고, 그 영의 인도함을 받기보다 자신의 경험과 지식에 기초한 마음의 생각과 감정으로만 주님을 믿고 자신을 변화시키고자 신앙생활한다면 그것은 구약적이고 행위보상적인 신앙생활일 수밖에 없으며, 혼의 구원을 이루어가는 삶이라고 볼 수 없을 것이다. 왜냐하면 그것은 돌 같은 마음을 제거하고 새 마음을 받는 것이 아니라 돌 같은 마음 그대로 주님을 믿으려고 애쓰는 것이며, 그것은 새 언약 안에 거하는 것이 아니기 때문이다(렘 31:31-33 ; 겔 11:19-20, 36:26-27 ; 히 8:10, 10:16). (그러나 이것을 단순히 외부적 기준이나 열

매(행위)로 명확하게 판단할 수는 없을 것이다. 왜냐하면 우리는 무의식 가운데서도 주의 말씀의 인도함을 받기 때문이다).

5. 재창조의 은혜와 다시 찾아온 기회

하나님께서 예수님을 이 땅에 보내신 이유에 대해 숙고해보자. 사랑과 공의의 하나님께서는 인간을 자신의 형상을 따라 모양대로 지으시고 생명을 불어넣으시고 자유의지를 주셨다. 그러나 자유의지를 가진 인간은 마귀에게 속아 하나님의 사랑과 공의를 거절하고 스스로 하나님처럼 되고자 했다. 그 결과로 타락하게 된 인간은 하나님과 영적으로 단절됨으로써 모든 고통과 환난과 죽음을 경험하게 되었다.

하나님께서 왜 우리를 구원하셨을까? 첫째로 그분의 모양과 형상을 따라 친히 지으신 그분의 자녀를 사랑하기 때문이다. 둘째는 하나님께서 스스로 계획하시고 선포하시고 창조하신 것을 포기하실 수 없었기 때문이다. 사랑 그 자체이신 하나님께서 사랑하기를 멈춘다거나 그분의 계획과 뜻을 포기한다는 것은 하나님 자신을 부정하는 것과 같다. 그래서 하나님께서는 인간에게 다시 타락 이전의 상태로 돌아갈 기회를 주신 것이다. 그것이 바로 예수님께서 은혜와 진리를 가지고 이 땅에 오신 이유이다. 십자가의 대속을 통해 우리를 구원하심으로 우리를 향한 변하지 않는 하나님의 사랑을 확증해주셨고(롬 5:8), 대제사장으로서 또한 하나님의 어린양으로서 자신의 피를 가지고 하늘 성소에 나아감으로 하나님의 공의를 만족시키셨다(히 9:11-12). 그리고 그리스도의 영으로 인간 안에 들어오심으로써 우리로 하여금 하나님의 의가 되도록 하셨다(고후 5:21).

하나님께서 예수 그리스도를 통하여 우리로 하여금 다시 기회를 주신 것이 무엇인가? 다시 창조 때의 상태로 돌아가도록 하셨고, 다시 자유의지를 가지고 하나님만 사랑하고 주의 뜻을 이룰 수 있는 기회를 주셨다. 그것을 위해서 하나님의 영이 우리 안에 임하게 하시고, 그 영의 인도함을 받는 혼이 자유의지를 가지고 마귀에게 순종하지 않고, 자신의 육신의 탐욕에 사로잡히지 않고(요일 2:15-16), 하나님의 말씀을 이루는 안식의 삶을 살도록 하신 것이다. 안식의 삶을 산다는 것이 바로 하나님의 나라와 의를 이루는 삶을 살아감으로 성령 안에 있는 의와 평강과 희락을 누리는 것이다.

다시 한번 생각해보라. 하나님의 본래의 목적은 바로 창조 때 천지와 인간을 지으시고, 하나님께서 이 땅에 친히 내려오셔서 자녀들과 함께 에덴동산에서 친밀한 사랑의 교제를 나누는 것이었다. 또한, 하나님의 뜻을 자녀들을 통해 이루어감으로써, 자녀들이 생육하고 번성하여 온 땅에 에덴동산을 확장해나가는 것이었다. 사탄의 꾐에 빠진 인간의 타락에도 불구하고 하나님께서는 본래의 목적과 계획을 이루시기 위해서 예수님을 보내셔서 인간을 구원하심으로써 다시 기회를 주신 것이다. 재림 때 심판주로 오시는 예수님께서는 하나님의 본래의 목적과 계획을 기준으로 각자의 삶을 심판하실 것이며, 종국에는 새 하늘과 새 땅을 새롭게 창조하심으로써, 하나님의 자녀들이 새 예루살렘성에서 영원한 안식을 누리도록 하심으로써 그분의 본래의 목적을 성취하실 것이다.

성부 하나님께서 이 땅에 성자 하나님을 보내신 이유를 다시 묵상해보라.

[요 1:14] 말씀이 육신이 되어 우리 가운데 거하시매 우리가 그의 영광을 보니 아버지의 독생자의 영광이요 은혜와 진리가 충만하더라

성자 하나님께서는 인자(人子)로 오신 것이다. 그분은 새 언약을 이루시기 위해 죽으심으로 우리의 죄를 사하시고 부활 승천하심으로 하나님의 영이 우리에게 임하도록 하셨다. 또한 주님께서는 이 땅에 계실 때 우리로 하여금 타락하기 이전의 상태(죄가 없는 상태)에서 경험할 일들을 친히 보여주셨고, 우리도 그 일을 할 수 있다고 말씀하셨다.

[요 14:12] 내가 진실로 진실로 너희에게 이르노니 나를 믿는 자는 내가 하는 일을 그도 할 것이요 또한 그보다 큰 일도 하리니 이는 내가 아버지께로 감이라

하나님께서는 예수님을 타락하기 전 아담처럼 이 땅에 보내셨다. 그리고 창조된 인간과 동일한 상황을 맞이하게 하셨다. 인자로 오셔서 요단강에서 세례를 받으시고 성령에 이끌려 광야에 가서 시험을 받게 하신 것이다. 아담은 에덴의 동산, 즉 하나님이 통치하시는 곳에서 유혹을 받았지만, 예수님은 이미 마귀(세상 신)가 통치하는 더 혹독한 광야에서 시험을 받도록 하신 것이다. 마귀가 창세기 2장 16-17절의 선악과를 통해 아담과 하와의 자유의지를 시험했던 것처럼 또다시 인자로 오신 예수님을 시험했다. 그러나 예수님께서는 광야에서 마귀

의 시험을 물리치심으로 더한 악조건에서 성령과 말씀으로 어떻게 마귀의 유혹을 이기고 자유의지를 올바르게 사용할 수 있는지 보여주신 것이다. 이것에 대한 것이 바로 마태복음 4장 1-11절의 말씀이다. 마귀가 시험하는 전제는 "네가 하나님의 아들이라면"이었고, 그 이면에는 시기, 질투, 비웃음 그리고 속임이 있었다. 사도 요한은 요한일서 2장 15-16절의 말씀에서 세상 신이 통치하고 있는 세상에 대해 말하고 있다.

[요일 2:15-16] 이 세상이나 세상에 있는 것들을 사랑하지 말라 누구든지 세상을 사랑하면 아버지의 사랑이 그 안에 있지 아니하니 이는 세상에 있는 모든 것이 육신의 정욕과 안목의 정욕과 이생의 자랑이니 다 아버지께로부터 온 것이 아니요 세상으로부터 온 것이라

육신의 정욕에 대한 유혹
먹음직도 하고(창 3:6) vs 사십 일을 금식하신 예수님에게 "돌들이 떡덩이가 되게 하라(마 4:3)

[마 4:4] 예수께서 대답하여 이르시되 기록되었으되 사람이 떡으로만 살 것이 아니요 하나님의 입으로부터 나오는 모든 말씀으로 살 것이라 하였느니라 하시니

안목의 정욕에 대한 유혹
보암직도 하고(창 3:6) vs 일, 사건, 환경, 관계의 능력을 나타내는 일

을 말하며, 세상에 너 자신을 보여라(마 4:5-6)

[마 4:7] 예수께서 이르시되 또 기록되었으되 주 너의 하나님을 시험하지 말
라 하였느니라 하시니

이생의 자랑에 대한 유혹

지혜롭게 할 만큼 탐스럽기도 한(창 3:6) vs 천하만국과 그 영광을
보여주고 경배받으라 말하고 있다(마 4:8-9). 즉 권세와 통치권을 누리
라고 속삭이는 것이다.

[마 4:10] 이에 예수께서 말씀하시되 사탄아 물러가라 기록되었으되 주 너의
하나님께 경배하고 다만 그를 섬기라 하였느니라

예수님께서 광야에서의 승리를 통해 무엇을 보여주셨는가? 바로 인
자로 오신 예수님께서 그 혼이 몸의 종노릇하지 않고 하나님의 영의 인
도함을 받음으로 하나님께서 주신 자유의지를 하나님의 본래 의도대
로 사용하신 것이다. 우리도 거듭나 성령의 인도함을 받으면, 우리의
혼이 과거처럼 선악과를 택하지 않고 다시 생명나무 열매를 택할 수 있
다는 것을 보여주신 것이다.

하나님께서 예수님을 이 땅에 보내신 이유는 우리에게 다시 기회를
주시기 위해서다.

[고전 15:45] 기록된 바 첫 사람 아담은 생령(혼)이 되었다 함과 같이 마지막

이 말은 우리가 본래 하나님의 영광을 드러내는 영적 존재인데, 타락한 혼으로 살아가는 존재가 되었기 때문에, 하나님께서는 다시 예수님을 이 땅에 보내셔서 우리에게 하나님의 영이 임하도록 하셨다는 것이다. 마지막 아담이 우리 안에 오심으로 우리로 하여금 이제 다시 회복된 자유의지로 하나님만 사랑하며 그분을 나타낼 수 있는 기회를 주셨다. 그것을 위해서 예수님께서 새 언약을 이루시고 우리로 하여금 새 언약의 일꾼으로 살게 하신 것이다(고후 3:6). 이것이 바로 구원의 목적이다. 세상 신은 지금도 우는 사자처럼 돌아다니며 우리를 시험하고 있다. "네가 하나님의 자녀라며?"라고 우리를 비웃고 있다. 그리고 "지금도 죄를 지으면서 어떻게 하나님의 자녀가 될 수 있어?", "하나님의 자녀라면 육신의 정욕, 안목의 정욕, 이생의 자랑에서 벗어나봐" 등으로 속삭거린다.

이러한 마귀의 시험과 공격 가운데서 승리할 수 있도록 예수님께서는 우리가 살아가면서 혼과 몸의 구원을 이루어가도록 새 언약의 중보자로서 우리 안에 오셔서, 설령 우리의 육신이 죄를 짓는다 할지라도 회개하면 항상 우리의 죄를 사하여주시고, 성령을 통하여 계속 말씀하시며 기름부어주시고, 그리고 인자로서 마귀의 유혹을 이기고 하나님의 뜻대로 자유의지를 사용하셨던 것처럼 우리에게도 그렇게 해보라고 하신다.

생각해보면 창조 때보다 더 나은 조건하에서 하나님의 본래 뜻대로 자유의지를 사용할 수 있는 훈련의 장을 주신 것이다. 얼마나 놀라운 은혜인가? 은혜의 핵심은 자유의지를 가진 혼이 더 이상 거짓자아와 마귀에게 속아 자유의지를 오용하는 것이 아니라 성령님의 인도함을 따라 자유의지를 온전히 사용함으로써 혼의 구원을 이루어가는 것이다. 그것은 하나님의 형상을 따라 모양대로 지음을 받은 자로서 혼이 선악과 대신에 생명과를 마음껏 먹고 자신 안에 하나님나라를 이루어 감으로써, 에덴동산과 같은 성전-도시인 교회를 통하여 교회 밖 이 땅에서 하나님의 영광을 나타내는 삶을 사는 것이다.

다음 말씀이 이 진리를 잘 표현해준다.

[벧전 1:9] 믿음의 결국 곧 영혼(혼)의 구원을 받음이라

[약 1:21] 그러므로 모든 더러운 것과 넘치는 악을 내버리고 너희 영혼(혼)을 능히 구원할 바 마음에 심어진(엠퓌토스 : 뿌리박힌, 심어진) 말씀을 온유함으로 받으라

[벧전 4:19] 그러므로 하나님의 뜻대로 고난을 받는 자들은 또한 선을 행하는 가운데에 그 영혼(혼)을 미쁘신 창조주께 의탁할지어다

[히 10:39] 우리는 뒤로 물러가 멸망할 자가 아니요 오직 영혼(혼)을 구원함에 이르는 믿음을 가진 자니라

놀라운 은혜와 다시 주어진 기회를 정리해보면 다음과 같다. 하나님께서는 전지전능하셔서 우리 인간의 타락을 원하시지는(예정하시지는)

않았다. 그러나 인간에게 자유의지라는 최고의 선물을 부여함으로써 발생 가능한 모든 일들을 다 예지하셨으며, 우리가 구원받고 구원을 이루어가도록 모든 것을 예수 그리스도 안에서 예비하셨다. 그러나 그것을 따를지 따르지 않을지는 인간의 자유의지에 맡기셨다. 자유의지를 강조한다고 해서 구원이 우리의 자유의지에만 달렸다고 말하는 것은 잘못이다(이에 대해서는 7장에서 자세히 다루고 있다). 왜냐하면 성령님의 은혜와 도우심 없이 우리의 자유의지만으로는 절대로 거짓자아와 마귀의 속임수에서 벗어날 수 없기 때문이다. 또한 예수 그리스도의 십자가의 구원이 없었더라면, 타락 후 우리는 이미 사탄에게 속박된 자유의지를 가졌기 때문에 마귀의 뜻대로 살아갈 수밖에 없었을 것이다. 그렇기 때문에 구원은 시작부터 끝까지 전적인 하나님의 은혜이다.

하지만 하나님께서는 이 놀라운 은혜의 역사에 우리의 자유의지를 그분께 드림으로써 우리가 하나님의 뜻에 동참하기를 원하신다. 하나님께서는 성령님을 통해 계속 말씀하시고 주의 천사들을 보내어 하나님께서 예비하신 그 길을 따라 살도록 보호하신다. 그러나 우리가 계속적으로 자유의지를 잘못 사용함으로써 그 길에서 벗어나는 삶을 살아간다면 예수님께서 다시 오실 때 그 삶에 대해서 심판하실 것이라고 성경은 말씀하고 있다. 이 두 가지의 진리(성도의 견인과 탈락의 가능성) 모두를 견지하며 혼의 구원을 이루어가는 것이 성경적으로 건강하고 균형 잡힌 신앙이다.

Q1 그렇다면 우리가 사는 동안에도 죄가 있으면 하나님의 영이 우리를 떠나야 하는데, 왜 떠나지 않으시는가?

A1 예수 그리스도를 믿음으로 구원을 받은 자는 법적으로는 영혼 몸 모두가 구원을 받았지만, 현실적으로 영은 의로 인하여 살았지만, 몸은 죄로 인하여 죽은 것이다(하나님의 통치 밖에 있다는 것이다). 즉 육신에 속한 자로 살고 있는 것이다. 그래서 혼의 구원을 이루어가도록 하기 위해서 예수 그리스도께서 우리 안에 오신 것이다. 따라서 하나님께서는 우리의 거짓자아의 행실을 보고 자녀 삼으시고 관계하는 것이 아니라 우리 안에 계시는 예수님을 보시고 우리를 자녀 삼으시고 우리와 관계하시는 것이다. 그래서 우리의 몸이 흙으로 돌아갈 때까지 기다려 주시고 긍휼을 베푸시는 것이다. 얼마나 놀라운 은혜인가? 우리는 몸을 가지고 이 땅에서 살아가는 동안 죄를 지을 수는 있지만, 그럴 때마다 성령과 말씀으로 혼이 다시 새롭게 되어 우리가 누구인지를 알고, 그리스도 안에서 그리스도를 나타내는 의식으로 하나님의 의를 이루는 삶을 살아야 한다.

Q2 십자가 우편 강도처럼 임종 직전에 예수님을 영접한 사람은 혼의 구원을 이룰 시간이 거의 없었는데, 이 경우는 어떻게 생각해야 하는가?

A2 우편 강도에게 어떤 일이 일어났는지 정확히 알 수는 없다. 하지만 그는 왼편 강도와 달리 예수님과 함께 십자가에 있는 동안 예수님이 하나님의 아들이시고, 자신이 죄인임을 깨닫게 되었다. 그는 마치 믿음의 조상 아브라함이 가졌던 믿음처럼 바랄 수 없는 중에 바라고 믿었던 그 믿음을 갖게 된 것이다(롬 4:18). 그래서 "이르되 예수여 당신의 나라에 임하실 때에 나를 기억하소서 하니"(눅 23:42)라고 말한 것이다. 그때 예수님께서 "내가 진실로 네게 이르노니 오늘 네가 나와 함께 낙원에 있으리라 하시니라"(눅 23:43)라고 말씀하셨다.

이제 구원받은 강도의 혼의 구원에 대해 이야기해보자. 이 문제에 대한 답을 얻기 위해서는 우선 세상적 사고방식인 인과법칙에서 벗어나야 한다. 그것을 위해서는 먼저 예수님께서 하나님나라에 대해 말씀하신 '포도원의 품꾼' 비유를 이해해야 한다. 즉 우리는 모든 것을 시간에 기초한 인과법칙으로 생각하지만, 하나님께서는 시공간을 초월한 은혜의 법칙을 적용하신다. 우리의 관점에서 보면 우편 강도는 구원을 이루어갈 시간을 갖지 못했는데 어떻게 구원받을 수 있는지 의구심을 가질 수 있지만, 하나님의 관점에서 보면 그는 진정한 회개로 구원을 얻었지만, 하나님의 사랑의 발로로 주신 자유의지로 하나님이 주신 모든 것을 누리고 하나님의 영광을 드러낼 수 있는 기회는 없었던 것이다. 안타깝지만 말이다. 우리가 구원받고 예수 그리스도 안에서 살아가는 삶은 고통과 괴로움으로 견뎌내야 하는 시간이 아니라 하나님께서 이 땅의 모든 것을 누리고 주님을 나타낼 수 있는 시간으로 주신 것이다. 따라서 예수님의 십자가 우편에 있던 강도는 참된 회개를 했음으로 영원한 천국에 들어가게 될 것이다. 물론 구원을 이루어감으로써 주어지는 상급은 없을 것이지만 말이다.

Q3 혼의 구원을 어느 정도까지 이루어야 어린양의 혼인잔치에 택함을 받을 수 있게 되는 것일까?

A3 먼저 확실하게 짚고 넘어가야 할 진리는 혼의 구원을 이루어가는 것은 정도의 문제가 아니라 관계의 문제라는 것이다. 무엇을 어떻게 해야 얻을 수 있는 눈에 보이는 열매보다 더 중요한 것은 '자신이 정말 하나님과의 올바른 관계 가운데 거하고 있는가?', '하나님의 영 안에서 성령과 말씀의 인도함을 받고 있는가?'이다. 모든 인간은 살아가면서 육신의 죄를 짓게 마련이다. 죄를 짓지 않고 살 수 있는 인간은 없다. 그러기에 주님께서는 우리 안에 중보자로 계셔서 우리의 혼과 몸이 죄를 지을 때마다 당신의 피로 우리의 죄를 사해주신다. 그렇다고 해서 주의 은혜를 믿고 죄를 지어도 된다는 말은 아니다(롬 6:1). 정말 중요한 것은 하나님을 위해서 무엇을 얼마나 많이 했느냐가 아니라, 우리가 어떤 일을 하더라도 살아가면서 우리의 혼이 점점 더 육신의 소욕에서 벗어나 성령의 소욕에 이끌림 받는 삶을 살아가는가 하는 것이다. 그 결과 주님께서 나를 통해 나타나심으로 하나님의 의가 더 나타나도록 하는 것이다. 만약 어떤 인간이 주를 위하여 얼마나 위대한 일을 했느냐로 심판받는다면, 하나님은 사랑과 공의의 하나님이 될 수 없다.

혼인잔치에 택함을 얻기 위해 우리가 말할 수 있는 기준은 ① 설령 죄를 짓더라도 예수 그리스도 안에서 자신이 누구인지를 알고 하나님과의 생명적 관계를 유지하는가? ② 육신의 죄를 지었다 할지라도 예수 그리스도의 이름으로 회개하며 살아가는가? ③ 무슨 일을 하더라도 자유의지를 가진 혼이 점점 더 자신의 생각과 감정에 묶이지 않고 그리스도 안에 거하는가? 그 결과 판단하는 삶이 아닌 분별하는 삶을 사는가? ④ 내 안에 계신 주님이 더 나타나는 삶을 살아가는가? 이것을 누가 판단할 수 있는가? 종국에는 하나님이 하시겠지만, 살아가는 동안에는 자신밖에 없다. 매일 믿음의 선한 싸움을 이루어가는 자는 두려워할 필요가 없을 것이다.

1 하나님께서 창조하신 에덴동산에 있는 두 나무는 죄를 짓지 말라는 하나
   님의 명령이 아니라 하나님께 순종할 수 있고 반역할 수도 있는 자유의지
   라는 최고의 선물을 하나님께서 인간에게 주셨다는 것을 보여주는 사랑
   과 은혜의 상징이다.

2 따라서 창세기 2장 16-17절의 말씀은 행위언약으로 볼 수 없으며, 언약
   이전에 아버지가 자신이 낳은 자녀들과 자발적 의지를 기반으로 하는 친
   밀한 사랑의 관계를 나누고자 하는 간절한 열망이 담긴 표현이자 사랑의
   초대장으로 보아야 한다.

3 인간이 하나님을 대적하고자 하는 마귀의 거짓말에 속은 것은 바로 자
   유의지를 가진 혼(자아의식)이다. 그 결과로 인간은 하나님과 분리되어(하
   나님의 생명과 사랑의 관계 없이) 세상 신(마귀)의 통치하에 세상에 묶인 삶을
   살게 된 것이다. 그 결과 인간은 더 이상 하나님이 지으신 세계가 아닌 인
   간이 살아남아야 할 세계로 세상을 바라보게 되었고, 하나님의 자녀로서
   '영광의식'이 아닌 타락한 인간으로서 '생존의식'으로 세상에서 살 수밖에
   없게 되었다.

4 예수님께서 인자로서 이 땅에 오셔서 세례를 받고 성령에 이끌려 광야로 나
   아가 시험을 받으신 이유는 혼이 몸의 종노릇하지 않고 하나님의 영의 인
   도함을 받아 자유의지로 하나님의 영광을 드러내는 것(마귀의 일을 무력화시
   키는 것)을 인간에게 보여주신 것이다. 살려주는 영으로 오신 예수님께서는
   타락한 우리에게 다시 그렇게 살 수 있는 기회를 주신 것이다(고전 15:45).

5 안식일 또는 주일은 아무 일도 하지 않고 오직 주님과 교제하고 묵상하는 날이라고 생각하지만, 그것은 구약적 사고방식이다. 타락 이후 인간이 하나님의 생명이 없는 거짓자아로 살아가기 때문에, 하나님께서 모든 것을 창조하셨고 주관하신다는 것을 깨닫도록 하기 위해 스스로가 주체가 되어 자신을 위해 아무 일도 하지 말라고 하신 것이다. 진정한 안식은 하나님의 생명 안에서 하나님께 영광을 올려드리고, 그 영광을 드러내는 일을 하는 것이다. 바로 거짓자아를 유지하기 위해서 일하는 것이 아니라 하나님의 생명을 나타내는 것이 안식의 참된 의미이다.

6 구원의 본래적 의미는 하나님께서 우리로 하여금 성자 하나님을 통하여 죄사함을 받고 하나님의 영 안에서 새로운 피조물이 되어 처음 하나님께서 인간에게 주신 놀라운 사랑과 공의를 다시 누리는 것이다. 그것이 바로 구원을 이루어가는 삶이다. 그 삶은 자유의지를 가진 혼이 성령의 인도함을 받아 자신의 생각과 감정에 묶이는 것이 아니라 오히려 그것들을 통치함으로써 더 이상 선악과를 택하지 않고 다시 생명나무 열매를 택하는 삶을 살아가는 것이다.

6

구원받은 자도
실족할 수 있는가?

왜 그리스도인들은 "한 번 구원은 영원한 구원인가?"에 그토록 집착하는 것일까? 한 번 구원은 영원한 구원이라는 진리를 믿지만(사실 정말로 믿으면 더 이상 문제될 것이 없는데), 성경 말씀을 보고 자신의 삶을 되돌아볼 때 그렇지 못할 수도 있을 것이라는 의구심이 들기 때문일 것이다. 누가복음 13장에 나오는 어떤 사람의 질문에 대한 예수님의 대답과 생명으로 인도하는 문은 좁고 길이 협착하여 찾는 자가 적다는 그분의 가르침은 우리의 뼛속까지 떨리게 한다.

[눅 13:23-24] 어떤 사람이 여짜오되 주여 구원을 받는 자가 적으니이까 그들에게 이르시되 좁은 문으로 들어가기를 힘쓰라 내가 너희에게 이르노니 들어가기를 구하여도 못하는 자가 많으리라

[마 22:14] 청함을 받은 자는 많되 택함을 입은 자는 적으니라

"한 번 구원은 영원한 구원인가?"(다른 말로, 구원의 확신이 구원의 보장인가?)에 대한 의구심의 해소 없이는 내면에서 올라오는 불안감을 떨쳐버릴 수 없을 것이다. 그러나 사실 이러한 질문 자체가 구원에 대한 부분

적인 이해에서 비롯된 잘못된 질문이라는 것을 알아야 한다. 앞서 구원의 여정과 영혼몸의 구원에 대해 살펴보면서 알게 되었듯이, 구원이 단순히 과거의 한 시점에 끝나는 것이 아니라 과거, 현재, 미래적 측면(시간적 관점)이 있을 뿐만 아니라 영, 혼, 몸의 구원에서 볼 수 있듯이 법정적, 차원적 측면이 있기 때문이다. 즉 이 질문을 던지기 전에 '한 번 구원'이라고 할 때 시간적, 법정적, 차원적 관점에서 본 구원의 어떤 측면을 가리키고 있는지가 먼저 규정되어야 한다.

우리가 흔히 말하는 한 번 구원이란 우리의 무엇을 의미하는가? 영혼육 전부를 포함하는 것인가? 아니면 일부만 이야기하는 것인가? 하나님께서 거듭난 자녀들에게 여전히 자유의지를 가지도록 하셨기 때문에 우리는 예수 그리스도 안에서 하나님과의 생명적 관계를 통한 영혼몸의 온전함의 관점에서, 그리고 끝까지 그 구원을 이루어가는 삶의 관점에서 구원을 이해해야 한다.

또한 구원은 하나님의 전적인 은혜에 따른 우리의 믿음으로 이루어지는 것이지, 우리의 믿음과 조건충족에 대한 하나님의 허용이 아니다. 그렇게 볼 때 구원을 하나님의 요구에 대한 우리의 응답이나 전적인 하나님의 결정으로만 말할 수 없을 것이다.

하나님의 관점에서 우리의 구원을 생각한다면, 우리 구원의 최종 목적은 영혼몸의 구원일 것이고, 다시 하나님의 생명으로 온전히 충만해져서 하나님의 자녀로서 그분의 형상을 예수님처럼 온전하게 나타내는 것일 것이다. 이러한 구원의 최종 목적지에 도달하기 위해서는 영생으로 이끄는 생명의 좁은 길을 걸으며, 예수님께서 재림하실 때까지 그리스도 안에서 말씀과 성령으로 우리의 혼이 구원을 이루어감으로써 우리의 몸을 거룩한 산 제물로 하나님께 드려야 한다. 따라서 구원은 구원을 받는 것과 더불어 종국에 우리를 구원하시는 이유가 무엇인지에 대한 관점에서도 보아야 한다. 따라서 우리는 구원을 예수의 초림과 재림을 아우르는 하나님나라의 관점에서 볼 때 온전하게 이해할 수 있다.

정리하면, 구원은 단순히 시간적 관점뿐만 아니라 법정적, 차원적 관점에서의 칭의, 성화, 영화를 포함하는 생명적 과정으로 보아야 구원에 대한 성경적이면서도 통전적인 이해를 할 수 있다. 이를 위해 먼저 예수 그리스도의 초림과 재림의 관점에서 구원의 여정을 살펴보고, 영생으로 이끄는 생명의 좁은 길에서 실족하여 종국에 혼의 구원을 이루지 못했을 때는 어떻게 되는지를 이번 장에서 살펴보고자 한다.

1. 예수 그리스도의 초림과 재림의 관점에서 본 구원의 여정

하나님의 창조 목적의 관점에서 보면, 예수님의 초림은 새 언약의 성취를 통해 하나님의 영을 다시 우리에게 보내주심으로써 다시 한번 하나님의 자녀로서 그분의 창조 목적인 '안식하는 삶'(그분을 나타내는 삶)을 살 수 있는 기회를 주신 것이다. 반면에, 예수님의 재림은 하나님께서 다시 한번 주신 기회를 우리가 어떻게 사용했는지에 대해 심판하시기 위한 것이다. 이렇듯 창조 목적의 관점에서 구원을 본다면, 우리가 구원을 받았다는 것은 단순히 죄용서와 죄사함의 차원을 넘어 인간의 범죄와 타락으로 잃어버렸던 하나님의 자녀로서의 권세와 자유의지가 타락 이전과 같이 법정적으로 온전히 회복되었다는 것을 의미한다.

하나님께서는 우리가 혼의 구원을 이루어가는 데 필요한 모든 것을 예수 그리스도 안에서 이미 주셨다(엡 1:3). 특권과 권리가 주어지면 그에 대한 책임이 뒤따르게 마련이다. 즉 구원을 받았을 때 '하늘에 속한 모든 신령한 복'이 우리에게 주어졌다면, 구원받은 우리는 이 놀라운 선물을 구원을 이루어가는 삶에 십분 활용해야 한다. 구원을 이루어간다는 것은, 거짓자아가 죄를 짓지 않기 위해서 애쓰는 삶이 아니라 자신이 누구인지를 알고 그리스도 의식으로 자신의 마음을 새롭게 함으로 하나님의 의를 나타내며 하나님나라를 이루는 삶을 사는 것이다. 이것이 바로 혼의 구원을 이루는 삶이며, 성령님의 인도함을 받아 혼의 구원을 이루어가면 갈수록 하나님을 더 깊이 경험하게 되고 성화된(또는 회복된) 자유의지로 그분을 더 나타내는 삶을 살게 되는 것이다. 그럴 때 육신의 소욕은 점차 사라지게 된다. 이러한 측면에서 볼 때 신앙생활은 단지 구원받고 그리스도로 옷 입는 것으로 끝나서는 안 된다. 그리스도로 옷 입은 자는 약혼한 신부로서 공의의 겉옷(세마포 옷), 즉 예복을 입어야 한다. 그것은 예수님이 다시 신부인 우리를 데리러 올 때까지 해야 할 옳은 행실이다.

[롬 13:14] 오직 주 예수 그리스도로 옷 입고 정욕을 위하여 육신의 일을 도모하지 말라

[계 19:8] 그에게 빛나고 깨끗한 세마포 옷을 입도록 허락하셨으니 이 세마포 옷은 성도들의 옳은 행실이로다 하더라

[사 61:10] 내가 여호와로 말미암아 크게 기뻐하며 내 영혼이 나의 하나님으로 말미암아 즐거워하리니 이는 그가 구원의 옷을 내게 입히시며 공의의 겉옷을 내게 더하심이 신랑이 사모를 쓰며 신부가 자기 보석으로 단장함 같게 하셨음이라

이 말은 우리가 받은 구원이 부분적이라든지 온전하지 못하다는 말이 아니다. 구원의 여정과 영혼몸의 성경적인 이해를 통해 반복적으로 강조했던 것처럼, 예수님께서는 법적으로 우리를 온전히 구원하셨다. 그러나 법적으로 받은 온전한 구원이 현실에서도 온전히 이루어질 때까지, 즉 현재적 하나님나라에서 사는 동안에(다른 말로, 예수님의 재림 전까지는) 예수 그리스도 안에서 신부로서, 즉 새 언약 안에 거해야 한다는 것이다.

이 진리에 대해 예수님과 바울과 베드로가 어떻게 말씀하고 있는지를 살펴보도록 하자.

먼저 예수님의 말씀을 살펴보자.

[마 16:26] 사람이 만일 온 천하를 얻고도 제 목숨(프쉬케)을 잃으면 무엇이 유익하리요 사람이 무엇을 주고 제 목숨(프쉬케)과 바꾸겠느냐

여기서 '목숨'은 헬라어 프쉬케, 즉 혼을 나타낸다. 이 단어는 제유법적으로 '목숨', '생명'으로 번역할 수 있다. 그런데 언제부터인가 이 단어의 뜻을 '육신의 생명'을 가리키는 것으로 당연시하고 있다. 그래서 이 말씀을 "세상의 모든 것을 얻고도 죽어버리면 무슨 소용이 있겠느냐"

라는 식으로 해석한다. 그러나 다음 말씀을 묵상해보자.

[마 10:28] 몸(소마)은 죽여도 영혼(프쉬케)은 능히 죽이지 못하는 자들을 두려워하지 말고 오직 몸과 영혼을 능히 지옥에 멸하실 수 있는 이를 두려워하라

우리가 구원받은 후 우리의 혼이 소생되어 그리스도 안에 있을 때는, 마귀들이 비록 우리의 몸은 죽일 수 있어도 우리의 혼은 죽일 수 없다. 왜냐하면 하나님의 영에 속해 있기 때문이다. 그렇지만 우리가 그리스도 안에 있으면서도 혼이 여전히 자신의 몸에 종노릇하게 되면, 몸도 혼도 구원받지 못하고 지옥으로 가게 된다고 말씀하고 있다. 이 뜻을 생각하면, 마태복음 16장 26절의 말씀은 "온 천하를 얻고도 그 혼이 죽어서 지옥에 가면 그 모든 것과 혼이 지옥에서 빠져 나오는 것과 바꿀 수 있겠느냐?"라고 물으신 것이다. 물론 답은 바꿀 수 없다. 한마디로 예수님께서 천하를 얻어도 구원을 받지 못하면 무슨 소용이 있느냐고 물으신 것이다.

사도 바울은 어떻게 말하고 있는가? 우리가 거짓자아에서 벗어나 자유의지를 가진 혼(의식)이 하나님의 영의 인도함을 받아 자신의 경험에 기초한 생각(육의 생각)이 아닌 하나님의 말씀에 일치된 생각(영의 생각)을 하고 살지 않으면 사망이라고 말하지 않는가?

[롬 8:5-7] 육신을 따르는 자는 육신의 일을, 영을 따르는 자는 영의 일을 생각하나니 육신의 생각은 사망이요 영의 생각은 생명과 평안이니라 육신의

생각은 하나님과 원수가 되나니 이는 하나님의 법에 굴복하지 아니할 뿐 아
니라 할 수도 없음이라

베드로 사도는 어떻게 말하고 있는가? 시험으로 인하여 근심하나 오히려 기뻐할 수 있으며, 이는 우리의 혼이 더 이상 자신의 생각이나 감정에 묶이지 않고 하나님의 영 안에 거하고자 하는 믿음의 선한 싸움을 통해서, 예수 그리스도께서 다시 오실 때 주어질 영광을 얻을 것을 알기 때문이라고 가르치고 있다.

> [벧전 1:6-9] 그러므로 너희가 이제 여러 가지 시험으로 말미암아 잠깐 근심하게 되지 않을 수 없으나 오히려 크게 기뻐하는도다 너희 믿음의 확실함은 불로 연단하여도 없어질 금보다 더 귀하여 예수 그리스도께서 나타나실 때에 칭찬과 영광과 존귀를 얻게 할 것이니라 예수를 너희가 보지 못하였으나 사랑하는도다 이제도 보지 못하나 믿고 말할 수 없는 영광스러운 즐거움으로 기뻐하니 믿음의 결국 곧 영혼(프쉬케)의 구원을 받음이라

이처럼 예수님, 바울, 베드로 모두 구원의 여정에 관한 진리, 그중 혼의 구원에 대해 강조하고 있음을 알 수 있다. 이 진리가 좀 더 시각적으로 다가올 수 있도록 우리에게 익숙한 하늘나라를 향해 가는 구원 열차 예화를 통해 알아보도록 하자.

우리가 회개와 믿음으로 예수님을 영접했다면 천국행 열차의 티켓을 구입하고 그 구원 열차를 탄 것이다. 우리는 그 열차를 타고 천국으로 가고 있다. 그러나 만약 우리가 그 구원 열차에서 내리면 우리는 천국

에 갈 수 없게 된다. 혹자는 예수 그리스도께서 은혜로 지켜 보호하시기 때문에 한 번 열차에 탄 사람은 절대 내릴 수 없다고 주장하기도 하지만 39 성경적으로, 그리고 자신과 주변의 신앙을 돌아보았을 때, 이 주장은 비논리적일 뿐만 아니라 비성경적이라는 것을 알 수 있다. 우리가 구원받았다고 해서 자유의지(즉, 하나님을 다시 거절할 의지)가 사라진 것은 아니다. 물론 우리의 구원은 전적인 하나님의 은혜로 성령님의 회심하게 하는 역사에 회개와 믿음으로 반응할 때 일어난다. 성령님의 역사에 우리의 자유의지를 드림으로써 우리는 구원 열차에 탑승한 것이다.

그렇다면 우리는 구원하신 하나님의 은혜와 성령님의 도우심에 힘입어, 그 열차에서 내리라고 속살거리는 거짓자아와 마귀의 음성을 물리치고, 그 열차의 종착지인 천국에 도착할 때까지 그 안에 계속 머물러야 한다. 이것이 바로 새 언약 가운데 거한다는 말이다. 구원을 통해 하나님과 올바른 관계가 회복된 사람은 그 위에 굳건히 서 있어야 한다는 것을 성경은 반복적으로 강조한다. 우리가 구원 열차에서 절대 내릴 수 없다면, 성경은 왜 그 열차에 굳건히 탑승하고 있어야 한다고 말하는 것일까? 구원 이후에 우리의 자유의지가 사라지지 않는 것처럼, 구원 이후에도 우리의 자유의지로 우리가 실제로 그 열차에서 내릴 수 있기 때문에 성경이 그 위험에 대해 경고하고 있는 것이다.

---

39 개혁주의 신학에서는 이를 불가항력적 은혜에 따른 성도의 견인이라고 한다. 또는 열차에서 내린 사람, 즉 배도를 하거나 신앙에서 완전히 떠난 사람들을 가리켜 처음부터 진정으로 거듭난 적이 없는 명목상의 그리스도인(nominal christian)이라고 보기도 한다.

[롬 5:2] 또한 그로 말미암아 우리가 믿음으로 서 있는 이 은혜(구원 열차 탑승 - 저자 주)에 들어감을 얻었으며 하나님의 영광을 바라고 즐거워하느니라

[고전 15:1-2 새번역] 형제자매 여러분, 내가 여러분에게 전한 복음을 일깨워 드립니다. 여러분은 그 복음을 전해 받았으며, 또한 그 안에(구원 열차 탑승) 서 있습니다. 내가 여러분에게 복음으로 전해드린 말씀을 헛되이 믿지 않고, 그것을 굳게 잡고 있으면(구원 열차에 계속해서 타고 있으면), 그 복음을 통하여 여러분도 구원을 얻을 것입니다.

[롬 11:22 새번역] 그러므로 하나님의 인자하심과 준엄하심을 생각해 보십시오. 하나님은 넘어진 사람들에게는 준엄하십니다. 그러나 그대가 하나님의 인자하심에 머물러 있으면, 하나님이 그대에게 인자하게 대하실 것입니다. 그렇지 않으면, 그대도 잘릴 것입니다.

[벧후 1:10] 그러므로 형제들아 더욱 힘써 너희 부르심과 택하심을 굳게 하라 너희가 이것을 행한즉 언제든지 실족하지 아니하리라

이 말씀들이 바로 우리 앞에 당한 경주(히 12:1)에서 믿음의 선한 싸움(딤전 6:12)을 통해 혼의 구원을 이루어가는 것을 말하고 있다(벧전 1:9 ; 히 10:39). 그동안 많은 경우 구원에 대해 말할 때 그 초점은 예수 그리스도의 초림에 기초했다. 예를 들면, "어떻게 하면 구원받을 수 있는가?", "우리가 받은 구원은 무엇인가?", "우리가 받은 구원은 영원한 구원인가?" 등과 같은 질문들 말이다.

그러나 구원을 온전히 깨닫고 체험하는 삶을 살기 위해서는 이미 오신 예수 그리스도뿐만 아니라 다시 오실 예수 그리스도, 즉 그리스도의 재림의 관점에서도 구원을 보아야 한다. 그럴 때 성경이 말하는 구원의 여정을 분명히 알 수 있게 된다. 지금 우리는 그리스도의 재림에 대해서 말하기를 꺼려 하는 시대에 살고 있다. 하지만 그분은 분명히 다시 오신다고 말씀하셨다. 그분의 재림에 대해서 제대로 언급하지 않거나 반대로 그분이 언제 반드시 오신다는 것을 강조하는 것은 정상적인 신앙에서 벗어난 것이다.

그러나 우리가 정말 관심을 가져야 할 것은 "언제 오시는가"가 아니라 "왜 오시는가"에 대한 것이다. 그분이 다시 오시는 것은 두 가지 이유에서다. 첫 번째 이유는 마지막까지 구원을 이룬 신부를 부르셔서 어린양의 혼인잔치를 행하기 위해서다. 두 번째 이유는 혼인잔치에 청함을 거절한 자와 청함은 받았지만 택함을 받지 못한 자 그리고 하나님을 반역한 마귀와 그 졸개들을 심판하기 위해서다. 예수님의 재림의 관점에서 성경이 구원에 대해서 무엇이라고 말하는지 마태복음 22장의 혼인잔치 비유를 통해 살펴보자.

[마 22:11-14] 임금이 손님들을 보러 들어올새 거기서 예복을 입지 않은 한 사람을 보고 이르되 친구여 어찌하여 예복을 입지 않고 여기 들어왔느냐 하니 그가 아무 말도 못하거늘 임금이 사환들에게 말하되 그 손발을 묶어 바깥 어두운 데에 내던지라 거기서 슬피 울며 이를 갈게 되리라 하니라 청함을 받은 자는 많되 택함을 입은 자는 적으니라

갈릴리 혼인 풍습에서 신랑과 신부의 혼인잔치를 생각해보면 이 말씀을 더 잘 이해할 수 있다. 신랑이 신부와 약혼을 하고 아버지의 집으로 가서 거할 집을 마련하고 때가 되었을 때 다시 신부를 데리러 온다. 그리고 아버지의 집으로 신부를 데려와 천국 혼인잔치를 한다. 그런데 정결하지 않은 신부를(고후 11:2) 신랑이 받아들이겠는가? 다른 말로, 약혼을 하고 나서 다른 남자와 살거나 마귀와 놀아나거나 세상의 탐닉에 젖은 자를 신랑 되신 예수님께서 신부로 맞이하겠는가? 약혼한 신부로서의 정절을 지키지 못했다는 것은 혼의 구원을 이루어가지 못한 것을 의미한다. 청함을 받았다는 것은 구원받아 그리스도와 연합하여 그리스도로 옷 입었다는 것이고, 택함을 받았다는 것은 청함을 받은 이후에 신랑 되신 예수 그리스도를 나타내는 삶을 살아감으로써 (하나님의 나라와 의를 구함으로써, 신부 자신을 단장함으로써) 혼인잔치에 참여할 수 있는 특권을 받았다는 것이다.

[갈 3:27] 누구든지 그리스도와 합하기 위하여 세례를 받은 자는 그리스도로 옷 입었느니라

[계 19:7-8] 우리가 즐거워하고 크게 기뻐하며 그에게 영광을 돌리세 어린 양의 혼인 기약이 이르렀고 그의 아내가 자신을 준비하였으므로 그에게 빛나고 깨끗한 세마포 옷을 입도록 허락하셨으니 이 세마포 옷은 성도들의 옳은 행실이로다 하더라

청함은 받았으나 택함을 받지 못했다는 것은 영의 구원은 받았으나

혼의 구원을 이루어가는 삶을 살지 못했다는 것을 의미한다. 택함의 기준은 하나님과의 올바른 관계 가운데 이 땅에서 예수님의 신부로서 어떠한 삶을 살았느냐로 판단받는다.

[벧전 1:17] 외모로 보시지 않고 각 사람의 행위대로 심판하시는 이를 너희 가 아버지라 부른즉 너희가 나그네로 있을 때를 두려움으로 지내라

누가복음 21장에서도 환난의 징조를 말하면서 예수님께서 다음과 같은 말씀을 하셨다.

[눅 21:19] 너희의 인내로 너희 영혼(프쉬케 : 혼)을 얻으리라

예수님의 초림과 재림의 관점에서 본 구원의 여정과 그에 따른 일들을 좀 더 정확하게 이해하기 위해서는 또 다른 구절을 볼 필요가 있다. 그것은 바로 예수님께서 공생애 사역을 시작하실 때 인용한 이사야서의 예언이다. 누가복음을 보면 예수님께서는 첫 공생애 사역을 하실 때 이사야서의 말씀을 인용하시며 "이에 예수께서 그들에게 말씀하시되 이 글이 오늘 너희 귀에 응하였느니라 하시니"(눅 4:21)라고 말씀하셨다. 그런데 4장 18-19절을 보면, 19절은 이사야서 61장 2절의 말씀 중 한 가지만 말씀하고 다른 한 가지는 말씀하지 않으셨다.

[사 61:2] 여호와의 은혜의 해와 우리 하나님의 보복의 날을 선포하여 모든 슬픈 자를 위로하되

[눅 4:19] 주의 은혜의 해를 전파하게 하려 하심이라 하였더라

이사야는 예언을 통하여 인간의 구원 여정을 예수님의 초림 때와 재림 때 모두에 대해 선포하였다. 즉, 예수 그리스도를 통한 은혜의 구원의 때와 하나님과 새 언약 안에 거한 유무에 대한 판단인 심판의 때를 예언한 것이다. 그러나 예수님께서는 공생애 사역을 시작하시면서 은혜의 해, 즉 구원에 초점을 두고 하나님나라의 복음을 선포하셨고, 공생애 사역의 마지막 때 하늘로 올라가신 다음에 이루어질 재림에 관해 말씀하실 때는 하나님의 심판(영원한 언약을 이루기 위해서)을 통하여 구원을 완성시키겠다고 말씀하신 것이다.

'은혜의 해'와 '보복의 날'을 비교하면 다음과 같다.

여호와(야훼)의 은혜의 해(year)	우리 하나님(엘로힘)의 보복의 날(day)
현재적 하나님나라(초림과 재림 사이)	재림(미래적 하나님나라의 시작)
기간(duration)	시점(at that point/moment)
약혼식과 신부 단장 기간	결혼식(혼인잔치)

2. 만약 혼의 구원을 이루지 못하면 어떻게 되는가?

예복을 입지 않는 자에 대한 임금의 명령(마 22:13)은 구원을 받았지만 혼의 구원을 이루어가지 못한 자에게 임할 운명, 즉 재림의 때에 있을 심판을 보여준다.

[마 22:13] 임금이 사환들에게 말하되 그 손발을 묶어 바깥 어두운 데에 내던지라 거기서 슬피 울며 이를 갈게 되리라 하니라

우리가 이 말씀을 제대로 이해하기 위해서는 성경의 다른 구절을 살펴볼 필요가 있다. 마태복음 24장 말미에는 충성되고 지혜 있는 종과 악한 종에 대한 예수님의 비유가 나온다. 이 내용은 마지막 때 믿지 않는 자가 아니라 믿는 자 중에서도 충성되고 지혜 있는 종이 있고 악한 종이 있다는 것을 보여준다. 주인이 더디 오리라 생각하고 방탕하고 무절제한 삶을 산 악한 종에게 주인은 다음과 같이 말씀한다.

[마 24:48-51] 만일 그 악한 종이 마음에 생각하기를 주인이 더디 오리라 하여 동료들을 때리며 술친구들과 더불어 먹고 마시게 되면 생각하지 않은 날 알지 못하는 시각에 그 종의 주인이 이르러 엄히 때리고 외식하는 자가 받는 벌에 처하리니 거기서 슬피 울며 이를 갈리라

마태복음 24장 51절의 말씀은 마태복음 22장 13절의 뒷부분과 똑같은 말씀이다.

[마 24:51] 엄히 때리고 외식하는 자가 받는 벌에 처하리니 거기서 슬피 울며 이를 갈리라

[마 22:13] 임금이 사환들에게 말하되 그 손발을 묶어 바깥 어두운 데에 내던지라 거기서 슬피 울며 이를 갈게 되리라 하니라

그러나 앞부분은 마태복음 22장 13절에서는 "그 손발을 묶어 바깥 어두운 데에 내던지라", 마태복음 24장 51절은 "엄히 때리고 외식하는 자가 받는 벌에 처하리니"라고 되어 있다. 그런데 이 개역개정의 번역은 원문을 제대로 번역한 것이 아니다. 몇 가지 번역본만 보아도 완전히 다른 것을 알 수 있다.

[마 24:51 킹제임스흠정역] 그를 잘라내고 위선자들과 함께할 그의 몫을 그에게 지정하리니 거기서 슬피 울며 이를 갊이 있으리라.

[마 24:51 NIV] He will cut him to pieces and assign him a place with the hypocrites, where there will be weeping and gnashing of teeth.

[마 24:51 NLT] and he will cut the servant to pieces and assign him a place with the hypocrites. In that place there will be weeping and gnashing of teeth.

마태복음 24장 51절의 문장을 헬라어 원문으로 보면 다음과 같다.

엄히 때리고(디코토메오) : 두 부분으로 자르다
받는(메타, 전치사) : 와 함께
벌에(메로스) : 부분, 일부분
처하리니(티데미) : 놓다, 두다, 지정하다.

직역하면 "(그의 주인이) 그를 둘로 쪼개고, 그리고 그의 부분(메로스 : part, share, portion)을 위선자들과 함께 둘 것이다. 바로 그곳에서 그는 슬피 우는 자가 되고, 이를 가는 자가 될 것이다"이다. 우리가 한 번도 생각해보지 못한 끔찍한 내용이지만, 정확하게 번역하면 그렇다. 이 내용은 구약의 언약에 대한 심판과 정확히 일치한다.

인간의 타락 이후로 하나님께서는 인간과 세상을 창조한 하나님의 창조 목적을 이루시기 위해서 계속 인간과 언약을 맺어 왔다. 사실 구약시대 때 근동 지방에서 맺는 모든 언약은 언약을 맺을 당시 둘로 쪼개진 동물 사이를 지나가면서, 목숨을 걸고 언약을 지키되 언약을 지키지 못하는 사람은 이 동물처럼 될 것이라고 맹세하며 언약을 맺었다. 한 예로, 하나님께서 아브라함과 맺은 언약도 이 언약 풍습을 잘 보여준다(창 15:17-18 ; 렘 34:18-20). 구약에 보면 하나님께서는 언약을 지키지 못한 백성들을 쪼개어 죽이지 않고 은혜를 베푸셨고, 마침내 새 언약에서는 하나님께서 그 백성을 대신하여 친히 죽으셨다. 얼마나 놀라운 사랑이고 은혜인가! 바로 이것이 '여호와의 은혜의 해'의 시작을 알린 예수님의 초림 때의 일이다.

그렇다면 우리 '하나님의 보복의 날'이 이루어질 예수님의 재림 때에는 어떤 일이 일어날까? 바로 영원한 언약 안으로 들어가기 위한 심판이 이루어진다. 이 영원한 언약(재림 후 예수님과의 천국 혼인잔치)으로 들어가기 위해서는 누구도 예외 없이 각자 심판을 받아야 한다. 만약 언약을 지키지 못했다면 둘로 쪼개져야 하고, 죽음에 처하고, 영원히 저주 가운데 있게 되는 것이다.

새 언약의 마지막은 예수 그리스도와 온전히 하나가 되는 것이고,

하나님의 창조 목적이 완성되는 것이다. 따라서 예수님의 재림은 새 언약의 최종적 결산이다. 만약 우리가 예수 그리스도로 옷 입었지만 끝까지 이 새 언약 안에 거하지 않음으로 예복을 입지 못한다면, 새 언약은 파기되는 것이고, 그에 따른 심판을 받아야 하는 것이다. 예복을 입지 못했다는 것은 비록 법정적으로 영혼몸의 구원은 받았지만, 혼의 구원을 현실적으로 이루어가지 못하고 세상과 세상 신에 종노릇하며 살았다는 것이다. 우리 안에 계신 신랑을 나타내기보다는 세상 신을 나타내는 삶을 살았다는 것이다. 그 말은 하나님께서 계획하신 진짜 자신이 누구인지도 알지 못하고, 마귀와 거짓자아에 속아 자신의 생각과 감정에서 벗어나지 못한 삶을 살았다는 것이다.

그럴 때는 마태복음 25장 51절의 말씀처럼, 그의 주인이 그를 둘로 쪼개고, 그 사람의 부분을 위선자들과 함께 둘 것이다. 그는 지옥에서 슬피 울며 이를 가는 자가 될 것이다. 성령으로 거듭나 새로운 피조물이 되었지만, 혼의 구원을 이루어가지 못한 자에게는 하나님의 심판이 있다. 이 심판 때는 둘로 쪼개져서 그 사람 안에 거하시던 하나님의 영은 하나님의 것이기 때문에 다시 하나님께 하늘나라로 가지만, 그 사람의 기능하지 못하는 영과 혼은 구원의 완성을 이루지 못했기 때문에 위선자들이 있는 음부로 내려간다. 그런데 중요한 사실은 영과 혼은 나누어질 수 없다는 것을 알아야 한다. 이때 혼이라고 말하는 것은 하나님의 영이 떠남으로 기능하지 못하는 영에 속한 혼이라는 말이다. 여러 번 언급한 바와 같이 혼 자체만 존재하는 일은 없다. 따라서 구원받았지만 구원을 제대로 이루어가지 못하는 자의 제대로 작동하지 못하는 인간의 영과 혼은 지옥으로 간다. 이것이 성경의 말씀이다.

요한복음 15장을 보면 예수님께서 십자가를 지시기 전 마지막 만찬 때 제자들과 나눈 이야기가 나온다. 그때 예수님께서 포도나무와 가지의 비유를 들며 "무릇 내게 붙어 있지만(every branch in me) 열매를 맺지 아니하는 가지는 아버지께서 그것을 제거해버리신다"라고 말씀하신다. 한 가지도 예외 없이 말이다. 이것이 무엇을 말하는가? 우리가 예수 그리스도를 믿음으로 우리의 영이 새롭게 되었지만(구원은 받았지만), 우리의 혼이 영과 생명적 관계를 가지고 주의 뜻을 이루어가지 않으면(즉 구원을 이루어가지 않으면) 결과적으로 그 가지를 제거해버린다고 하지 않는가?

[요 15:1-3] 나는 참포도나무요 내 아버지는 농부라 무릇 내게 붙어 있어(엔 : every branch in me) 열매를 맺지 아니하는 가지는 아버지께서 그것을 제거해 버리시고 무릇 열매를 맺는 가지는 더 열매를 맺게 하려 하여 그것을 깨끗하게 하시느니라 너희는 내가 일러준 말로 이미 깨끗하여졌으니

3절에 "너희는 내가 일러준 말로 이미 깨끗하여졌으니"의 말씀이 '칭의'를 나타낸다면, 4절 말씀은 '성화의 삶'을 의미한다.

[요 15:4] 내 안에 거하라(메노) 나도 너희 안에 거하리라 가지가 포도나무에 붙어 있지(메노) 아니하면 스스로 열매를 맺을 수 없음 같이 너희도 내 안에 있지(메노) 아니하면 그러하리라

여기에 나오는 '거하다'(메노, abide)라는 표현은 대부분 사도 요한이 의도적으로 사용한 독특한 표현이다. 신약에 총 118회 나오는데 요한이 68회나 사용하고 있다. 요한복음 1장부터 8장 사이에 '거하다'라는 단어가 7번 등장하는데 반해, 요한복음 15장에서만 '거하다'라는 단어가 10번 등장한다. 이 사실은 '거하다'라는 단어가 포도나무와 가지의 비유에서 정말 중요한 의미를 가지는 단어임을 보여준다. 이때 '거하다'(abide)라는 단어의 뜻은 생명적 관계 안에 거하는 것을 말한다. 단지 그곳에 있는 것이 아니라 생명을 나누며 지속적으로 머문다는 뜻이다.

예수님께서는 우리의 죄를 사하시고 하늘로 올리우사 하나님의 공의를 만족시키심으로 우리로 하여금 하나님의 자녀가 되게 하셨다. 그렇지만 그것이 끝이 아니라는 사실을 알아야 한다. 인간의 죄의 관점에서 구원을 보면 우리가 예수 그리스도로 인하여 구원을 받는 것이 중요하지만, 하나님나라의 관점에서 보면 우리가 예수 그리스도로 말미암아 거듭나는 것과 정확히 똑같은 정도로 예수 그리스도 안에서 하나님의 의를 나타내는 자녀의 삶을 살아가는 것도 중요하다. 다른 말로, 하나님께서는 우리의 영뿐만 아니라 혼과 몸도 구원을 이루어가기를 원하신다. 그것이 바로 열매 맺는 삶이다.

그러나 이것을 제대로 깨닫지 못하면 자신이 누구인지 알지 못하고 (여전히 과거와 동일하게 거짓자아로 살아가며) 죄를 짓지 않는 데 초점을 두는 삶을 살 수밖에 없다. 또한 지금 여기에서 있는 그대로 만족하지 못하고, 늘 '지금은 아니지만 그러나 언젠가는'을 추구하는 삶을 살아가게 된다. 반면에 그리스도 의식을 가진 자는 하나님의 의를 누리고 나타내는 데 초점을 두는 삶을 살게 된다. 지금 이 순간 여기에서 자신의 몸을 통해 주님의 생명을 드러냄으로 하나님의 뜻을 이루는, 즉 열매 맺는 삶을 살게 된다. 시간의 축상에서 사는 것이 아니라 차원의 축상으로 살아간다는 것이다.

우리가 그리스도인이 되고 난 뒤에도 겪는 대부분의 고통과 괴로움은, 우리 육신의 죄 때문에 일어난 것이지만, 주님께서 그것을 허용하시는 것은 바로 우리를 깨끗하게 하시기 위해서다. 그 말은 자신이 누구인지를 알고, 하나님의 의를 나타내도록 하기 위해서, 즉 우리의 죄를 징벌하는 것이 아니라 더 많은 열매를 맺도록 하기 위해서라는 것이다. 생각해보라. 어떻게 해야 가지가 살고 열매가 맺히는가? 포도나무로부터 가지로 끊임없이 수액이 공급되어야 그 양분으로 가지에 붙어 있는 잎이 광합성을 하고, 그 결과 만들어진 양분이 꽃으로 이동하여 포도나무의 열매가 맺히도록 하고, 동시에 포도나무로 흘러가 더 많은 수액이 공급되게 한다. 포도나무에 붙어 있지만 수액이 흐르지 않으면, 가지는 말라비틀어질 수밖에 없을 것이다.

그렇다면 그 결국은 어떻게 되는지 살펴보자.

[요 15:6] 사람이 내 안에 거하지 아니하면 가지처럼 밖에 버려져(발로) 마르나니 사람들이 그것을 모아다가 불에 던져(발로) 사르느니라

우선 여기에 '사람들이'라고 되어 있지만, 본래 헬라어에는 주어가 없는 수동태 문장이다. 그래서 대부분의 번역본은 "그 가지들이 모아져서 불속에 던져져 타게 된다"고 말하고 있다. 문맥적으로 해석하면

예수님의 재림 때 주의 말씀을 이루는 천사들이라고 보는 것이 타당할 것이다(마 13:39-42 참고). "밖에 버려져(헬, 발로) 마르나니"와 "불에 던져(헬, 발로 : 던지다, throw) 사르느니라"라는 표현은 주로 종말 때 예수님께서 심판에 대해 말씀하실 때 사용하신 표현이다. 이때 헬라어 '발로'는 조건에 따른 미래적 일을 나타내고 있다. 즉 사람이 "내 안에 거하지 아니하면 열매를 맺기는커녕…"이라는 뜻이다. 그러나 실제로 헬라어 시제를 보면, 과거 직설법 수동태를 사용하고 있다. 이것은 과거에 이미 일어난 것처럼 미래에 발생할 것이 확실할 때 사용하는 용법이다. 너무나 강한 확신을 가지고 이야기를 할 때 이런 말을 사용한다.[40]

> **[마 7:19-21]** 아름다운 열매를 맺지 아니하는 나무마다 찍혀 불에 던져지느니라(발로) 이러므로 그들의 열매로 그들을 알리라 나더러 주여 주여 하는 자마다 다 천국에 들어갈 것이 아니요 다만 하늘에 계신 내 아버지의 뜻대로 행하는 자라야 들어가리라

> **[마 13:49-50]** 세상 끝에도 이러하리라 천사들이 와서 의인 중에서 악인을 갈라 내어 풀무 불에 던져 넣으리니(발로) 거기서 울며 이를 갈리라

---

40 우리도 흔히 이런 용법을 일상생활에서 사용하고 있다. "너 내일 죽을 거야"라고 말해야 시제적으로 옳은 표현임에도 불구하고, 우리는 "너 내일 죽었어"라는 말을 사용함으로 강조 또는 확신을 나타낸다.

포도나무에 붙어 있지만 열매를 맺지 못하면(혼의 구원을 통해 그분의 생명 안에 거함으로 그분을 나타내는 삶을 이루어가지 못한다면), 다른 말로, 우리의 혼이 더 이상 자신의 생각과 감정에 묶이지 않고 소생케 되어 하나님의 영의 인도함을 받아 우리 마음을 새롭게 해나가지 못한다면(우리가 만든 열매가 아니라 주께서 우리를 통해 만들어가시는 열매를 맺지 못한다면), 우리는 천국 혼인잔치에 참여할 수 없는 것 아니겠는가?

지금껏 우리가 함께 본 말씀은 단지 이 땅에 오신 예수님의 자기계시에 대한 것뿐만 아니라, 예수님께서 재림 때 우리를 신부로 불러 행하실 천국 혼인잔치를 위해서도 중요하기 때문에 그렇게 말씀하신 것이다. 예수님은 포도주에 대한 비유를 많이 드셨다. 가나의 혼인잔치에서, 공생애 동안의 만찬에서도, 그리고 천국에서도 포도주의 이야기가 나온다.

예수님께서는 마지막 때 제자들에게 다음과 같이 말씀하셨다.

[마 26:28-29] 이것은 죄 사함을 얻게 하려고 많은 사람을 위하여 흘리는 바 나의 피 곧 언약의 피니라 그러나 너희에게 이르노니 내가 포도나무에서 난 것을 이제부터 내 아버지의 나라에서 새것으로 너희와 함께 마시는 날까지 마시지 아니하리라 하시니라

[마 26:29 ESV] I tell you I will not drink again of this fruit (yield) of the vine until that day when I drink it (this fruit of the vine) new (kainos) with you in my Father's kingdom.

268

예수님께서 공생애 사역 동안에는 모형과 그림자인 이 땅에서 난 포도주를 마셨지만, 예수님께서 죽으시고 하늘로 올리우신 다음 때가 이르러 "내 아버지의 나라에서 새것으로 너희와 함께 마시는 날까지" 포도주를 다시 마시지 아니하신다고 말씀하셨다. 이 말씀 안에는 ① 예수님께서 주시는 포도주가 예수님의 대속의 피라는 사실(내 피로 세운 새 언약), ② 예수님의 죽으심과 부활 승천에 대한 것, 그리고 ③ 그분의 재림과 천국 혼인잔치에 대한 이야기와 그때 신부와 함께 먹는 포도주에 대한 이야기 전부가 포함되어 있다. 이미 말한 것처럼 포도나무에서 난 열매로 만든 포도주는 예수님의 피와 그 결과로 주어지는 새 언약을 표상하고 있다. "내 피로 세운 새 언약이니"라는 말씀을 기억해보라.

[고전 11:25] 식후에 또한 그와 같이 잔을 가지시고 이르시되 이 잔은 내 피로 세운 새 언약이니 이것을 행하여 마실 때마다 나를 기념하라 하셨으니

예수님께서 이 땅에 계시는 동안에는 모형과 그림자로서 이 땅에서 난 포도주를 마심으로 당신의 피를 예표하셨지만, 하늘나라에 오르신 다음에는 당신의 피로 하나님의 공의를 만족시키셨기 때문에 더 이상 포도주를 마실 필요가 없을 것이다. 그리고 때가 되어 천국 혼인잔치 때에는 이 땅의 포도나무에서 난 포도주가 아닌 하늘나라에서 난 새 것으로 우리와 함께 마시겠다고 말씀하신다. 그렇다면 하늘나라에서 포도나무는 무엇인가? 그 포도나무에서 난 열매로 만든 새 것은 무엇을 의미하는 것일까?

새 언약을 성취시키기 위해서 예수님께서 이 땅에 오셔서 마시던 포도주는 이 땅의 포도나무에서 난 포도주이다. 그러나 지금 하늘에서 있을 혼인잔치 때 먹는 포도주는, 예수님의 공생애 동안에 사용했던 포도나무에서 난 포도주가 아니다. 우리는 하늘나라에서 더 이상 예수 그리스도의 피를 마실 이유가 없다. 그때 먹는 포도주, 새 포도주는 바로 우리가 참 포도나무이신 예수 그리스도 안에 거할 때 맺히는 포도 열매로 만든 포도주이다.

다시 요약하자면, 예수님께서는 "그러나 너희에게 이르노니 내가 포도나무에서 난 것을 이제부터 내 아버지의 나라에서 새것으로 너희와 함께 마시는 날까지 마시지 아니하리라 하시니라"(마 26:29)는 이 말씀을 이루시기 위해서 "내 안에 거하라 나도 너희 안에 거하리라 가지가 포도나무에 붙어 있지 아니하면 스스로 열매를 맺을 수 없음 같이 너희도 내 안에 있지 아니하면 그러하리라 나는 포도나무요 너희는 가지라 그가 내 안에, 내가 그 안에 거하면 사람이 열매를 많이 맺나니 나를 떠나서는 너희가 아무것도 할 수 없음이라"(요 15:4-5)라고 말씀하신 것이다. 할렐루야!

[계 19:8] 그에게 빛나고 깨끗한 세마포 옷을 입도록 허락하셨으니 이 세마포 옷은 성도들의 옳은 행실이로다 하더라

이 포도주를 위 말씀에서는 예수님이 성도들의 삶을 통해서 나타날 때 가능한 '옳은 행실'로 묘사하고 있다. '포도나무와 가지'의 비유는 '머리와 몸', '신랑과 신부'의 비유와 같다. 우리가 아버지의 나라에 들

어가면 우리의 머리 되신 예수 그리스도와 한 몸이 되었기 때문에 더 이상 포도주와 떡으로 비유된 그분의 피와 살을 먹을 필요가 없다. 그러나 그분이 포도나무이면 우리는 가지이고, 그것이 하나 되어 그분의 생명으로 나타난 우리의 선한 열매가 맺히게 되고, 주님께서는 그것을 함께 먹겠다는 것이다.

다시 결론을 말하자면 가지가 포도나무에 붙어 있지만 거하지 않음으로 열매를 맺지 못하면, 가지를 잘라내어 불에 던져 넣게 된다(요 15:1-2, 5-6). 우리가 하나님의 전적인 은혜로 구원을 받았고 지금도 하나님께서 우리의 구원을 보호하시며 지켜주시지만, 하나님의 영 안에서 소생된 혼의 자유의지로 주의 선한 일을 나타내지 않는다면 우리는 천국 혼인잔치에 참여하지 못하고 심판을 받는다는 것이다. 이렇듯 혼의 구원은 너무나 중요하기 때문에, 예수님께서 신약성경에 반복적으로 강조하고 계신 것이다.

1 거짓자아의 의구심에서 나온 "한 번 구원은 영원한 구원인가?"라는 질문은 구원에 대한 부분적인 이해에서 파생한 잘못된 질문이라는 것을 알아야 한다. 왜냐하면 구원은 전적인 하나님의 은혜에 따른 우리의 믿음으로 이루어지는 것이지, 우리의 믿음과 조건충족에 대한 하나님의 허용이 아니기 때문이다.

2 구약의 이사야는 예언을 통해 예수님의 초림과 재림에 있을 구원의 여정에 대해 선포했다(사 61:2). 한편, 예수님께서는 초림 때는 은혜의 해와 구원에 초점을 맞추어 말씀하셨고(눅 4:19), 재림에 관해서는 하나님의 보복의 날에 대해 말씀하셨다(마 22:13, 24:51). 따라서 구원의 여정은 하나님의 구원하심과 예수 그리스도 안에서 구원을 이루어가는 것과 마지막 때 하나님의 심판을 통한 구원의 완성으로 이루어진다고 볼 수 있다.

3 구원 이후에 하나님과 올바른 관계가 회복된 사람은 끝까지 새 언약 안에 거해야 한다. 이것은 성경에서 반복적으로 강조하는 말씀이다. 비유적으로 우리가 천국으로 향하는 구원의 열차에 한 번 탄 이상 절대 내릴 수 없다면, 왜 그 열차에 굳건하게 탑승하고 있어야 한다고 성경이 지속적으로 말하는 것일까? 그것은 구원 이후에도 우리 혼의 자유의지로 마귀의 유혹과 더불어 육신의 정욕, 안목의 정욕, 이생의 자랑 등으로 우리가 열차에서 내릴 수 있기 때문에 성경이 그 위험성에 대해 경고하고 있는 것이다.

4 예수님의 공생애 동안에 예수님은 이 땅에서 난 포도주를 '내 피로 세운 새 언약'으로 비유하셨지만, 우리가 예수 그리스도와 정혼(약혼)한 다음

에는 예수님께서 참 포도나무가 되고 우리는 가지가 된다. 따라서 예수님께서 재림 후 우리와 함께 천국 혼인잔치를 벌일 때는 이 땅의 포도주가 아니라 우리 안에 계신 예수님(포도나무)에 의해 우리(가지)를 통해 나타난 선한 행실(열매)를 먹겠다고 말씀하신다. 선한 열매를 맺는 핵심은 혼의 구원을 통해 하나님과 생명적 관계를 지속적으로 갖는 것이다.

5 예수 그리스도로 인하여 하나님 아버지와 맺게 된 새 언약의 마지막은 예수 그리스도와 온전히 하나가 되어 영원한 안식을 누리는 것이다. 따라서 예수님의 재림의 때에 심판은 새 언약의 최종적 결산이다. 만약 우리가 예수 그리스도로 옷 입었지만 끝까지 그 새 언약 안에 거하지 않음으로 예복을 입지 못한다면 새 언약은 파기되고 그에 따른 심판을 받아야 하는 것이다. 그럴 때는 구약의 언약처럼 주인이 그를 둘로 쪼개고, 그 사람의 부분을 지옥에 던져 넣게 될 것이다(마 24:51). 이것이 성경의 말씀이다.

6 예수님의 재림의 때에 판단하시는 기준은 인간 스스로 하나님을 위해 어떤 일을 얼마나 했는가를 나타내는 열매에 있는 것이 아니다. 세상적으로 가치 없거나 하찮은 일이라 할지라도 예수 그리스도 안에서 그분과의 생명적 관계를 통해 나타난 열매(선한 행실)에 있다. 그것은 하나님의 영 안에서 소생된 혼의 자유의지로 주의 뜻(윤리와 도덕적 성품, 지혜와 능력)을 이루어가는 삶의 나타남이다.

7

영혼몸의
온전한 구원

본 장은 이 책의 마지막 장으로서, 지금까지 살펴본 하나님나라 복음의 관점에서의 인간과 구원에 대한 이해를 기반으로 하여 영혼몸의 온전한 구원에 대해 통합적으로 알아보고자 한다. 개혁주의에서는 하나님의 절대주권에 따른 예정에 기초한 불가항력적 은혜로 거듭난 그리스도인은 성령의 내주로 말미암아 하늘이나 땅에 있는 어떤 것이라도 그들을 하나님의 사랑에서 끊어낼 수 없다는 교리인 '성도의 견인'(Perseverance of the saints)을 믿는다(롬 8:39). 그러나 성경뿐 아니라 지난 2천 년 교회사 속에서, 그리고 현실 속에서도 우리가 경험하는 것은 하나님의 부르심을 받고 예수 그리스도를 주라 시인하여 '구원의 길'에 들어섰던 자가 중간에 타락한 경우를 볼 수 있다는 것이다. 그렇다면 이에 대해 우리가 갖게 되는 의문은 이러한 사람은 "처음부터 하나님의 예정에 따른 구원의 선택을 받지 못한, 진정으로 거듭난 적이 없는 사람인가? 아니면 선택받은 자임에도 불구하고 구원에서 탈락한 것인가?"에 대한 것이다. 이 문제에 대한 새로운 통찰을 얻기 위해서는 성령님의 도우심으로 하나님나라의 관점에서 구원을 통전적으로 보아야 한다. 즉 인간 중심적으로 우리가 구원을 얻기 위해 무엇을 해야 하는지에 초점을 두는 것이 아니라, 하나님 중심적으로 하나님께서 우

리를 구원하시기 위해 무엇을 하셨는가 하는 관점으로 새롭게 보아야
한다.

1. 새로운 관점에서 본 영혼몸의 구원

(1) 흔히 현재적 하나님나라의 관점에서 구원을 말한다고 하지만 우
리는 대부분 시간적 관점에서 구원의 여정을 보고 있을 뿐이다. 하지만
성경이 말하는 영혼몸의 구원을 통전적으로 이해하기 위해서는 시간적
관점뿐만 아니라 법정적·현실적 관점 그리고 차원적 관점(하나님나라와
세상나라)에서도 보아야 한다.

(2) 또한 법정적 관점에서 구원의 여정을 보는 사람들도 있지만, 단
지 인간을 전인적 관점에서 볼 뿐, 새 언약에 기초하여 영혼몸의 존재적
상태의 현실적 변화의 관점에서는 보지 못하고 있다. 즉, 옛사람과 새
사람 그리고 거짓자아를 나타내는 겉사람(하나님의 영 + 여전히 자신의 생
각과 감정에 묶여 있는 혼)과 그리스도 안에 있는 자아를 나타내는 속사
람(하나님의 영 + 그 영에 속한 혼)의 차이를 구분하여 제대로 설명하고 있
지 않다. 물과 성령으로 거듭난 하나님 자녀의 정체성과 시민권에 대한
두 차원의 정확한 이해와 관점 없이 단지 인간의 지성과 이성의 관점에
서 구원론에 대해 이야기하는 것이다. 우리가 구원을 받았다면 우리의
인식이 변화된 것이 아니라 새로운 의식을 가진 존재가 되었다는 것을
알고, 그에 따른 새로운 의식으로 살아가는 것을 경험해야 한다.

(3) 물과 성령으로 거듭난 하나님의 자녀가 구원을 이루어가는 것을 의의 관점에서 보지 않고 여전히 죄의 관점에서 보고 있다. 즉, 구원받은 것을 믿는 거짓자아의 관점에서(진정한 자아를 누리지 못한 채), 하나님의 의와 인간의 죄의 관계로 구원론을 생각하고 있다. 그러나 우리가 정말 구원을 받았다면, 구원을 이루어가는 것은 하나님의 은혜에 따른 하나님 자녀(생득권으로 주어진 새로운 본질)의 의와 우리 육신의 죄의 관계로 생각해야 한다. 즉 겉사람이 죽어가는 만큼 속사람이 겉사람을 뚫고 나타나는 관점에서 보아야 한다.

(4) 구원론을 단지 예수님의 초림에 기초해서 하나님의 은혜에 대한 인간의 믿음의 관점에서만 본다. 그러나 구원론을 하나님나라의 관점에서 본다면, 구약에서 예수님에 대한 점진적 계시에 기초하여 예수 그리스도의 초림뿐 아니라 재림의 관점에서도 보아야 한다. 즉 인자로서 오신 세상 죄를 지고 가는 어린양, 부활 후의 대제사장, 모든 영광을 받으신 후 하나님 우편에 앉으신 중보자 그리고 아버지의 보좌로부터 오시는 심판주의 관점에서 인간의 구원을 보아야 한다는 것이다.

(5) 예수님의 구원 사역에 따른 인간의 구원은 영과 혼뿐만 아니라 몸의 관점에서도 보아야 한다. 일반적으로 구원론을 말할 때는 살아 있음에 기초하여 말하고 있지만, 하나님나라의 관점에서 볼 때는 몸의 죽음과 부활도 구원의 여정에서 중요한 부분이라는 것을 알아야 한다. 하나님께서는 인간을 영혼몸을 가진 존재로 창조하셨고, 영원의 관점에서 보면 인간은 언제나 영혼몸을 가지고 살아가게 될 것이다.

예수 그리스도를 믿고 거듭난 자는 예수님의 재림 때 몸의 부활을 입고 영화로운 영의 몸으로 새 하늘과 새 땅에서 영원히 살게 될 것이고, 예수 그리스도를 믿지 않는 자는 최후 심판 때에 몸의 부활을 입고 수치스러운 영의 몸으로 지옥에서 영원히 살게 될 것을 성경은 분명히 말하고 있다(요 5:28-29 ; 계 20:12-13 ; 고전 15:42-44).

2. 하나님의 섭리와 인간의 자유의지

영혼몸의 구원을 온전하게 이해하기 위해서는 하나님의 섭리와[41] 인간의 자유의지에 대한 성경적 이해가 필요하다. 구원이 하나님의 주권과 선택으로, 그리고 성령의 전적인 역사로 이루어진다는 것은 의심의 여지가 없는 진리이다. 왜냐하면 하나님께서 먼저 인간을 구원하시기로 주권적인 선택을 하시지 않았다면, 타락한 인간 스스로가 구원을 절대 이룰 수 없기 때문이다. 이러한 측면에서 구원은 오직 하나님의 선물이라고 할 수 있다(엡 2:8). 그렇다고 해서 구원이 하나님의 주권이니 인간의 그 어떤 행위도 하나님의 구원에 영향을 미칠 수 없다고 하는 것은 또 다른 극단에 치우친 것이다. 왜냐하면 모든 구원이 하나님에게서 나오지만 그 구원이 믿음의 순종에 의해 각 개인에게 적용된다는 것을 성경이 반복적으로 강조해서 말하고 있기 때문이다. 인간의 관점에서는 이 두 부분이 정반대로 서로 상충되는 것처럼 보이지만, 하

---

41 섭리(攝理, providence) : 앞을 내다본다(pro와 videre)의 뜻을 지니고 있으며, 예지와 예정은 넓은 의미에서 섭리라는 개념에 속한다.

나님나라의 관점에서는 하나님과 우리가 다시 하나가 되어가는(하나님의 생명 안에서 그분의 형상으로 빚어져가는) 과정을 조화롭게 설명하는 것이다.

성경이 계시하는 하나님의 관점은 알파와 오메가를 포함하는, 즉 과거-현재-미래 모두를 초월한 영원한 현존의 관점이며, 인간의 선험적 지식을 뛰어넘는 하나님나라(영적 세계)의 관점이고, 하나님나라에서는 이미 이루어졌지만 현실적으로는 아직 이 땅에서 이루어지지 않은 차원적 관점이다. 따라서 인간적인 관점으로는 하나님의 주권과 인간의 자유 의지가 양립 불가능해 보이고, 이해할 수 없는 신비의 영역이라고 생각되는 것이 어찌 보면 당연한 것이다.

[롬 16:25-27] 나의 복음과 예수 그리스도를 전파함은 영세 전부터 감추어졌다가 이제는 나타내신 바 되었으며 영원하신 하나님의 명을 따라 선지자들의 글로 말미암아 모든 민족이 믿어 순종하게 하시려고 알게 하신 바 그 신비의 계시를 따라 된 것이니 이 복음으로 너희를 능히 견고하게 하실 지혜로우신 하나님께 예수 그리스도로 말미암아 영광이 세세무궁하도록 있을지어다 아멘

인간의 구원은 오직 하나님의 섭리의 은혜로, 하나님의 영이 역사함으로(신비의 계시에 따라), 우리의 기능하지 못하는 영이 반응하게 되면서 시작된다. 타락했음에도 불구하고 우리의 영이 반응할 수 있는 이유는, 비록 타락으로 인해 하나님의 영이 떠나 하나님의 생명을 나타낼 수 없는 영이 되었지만 하나님의 흔적(하나님의 생기에 의해 창조된 내 존

재에 대한 흔적)은 여전히 남아 있기 때문이다. 그런데 이 일은 우리의 영 안에서 일어난 일이기 때문에 우리의 혼이나 몸은 알 수 없고 느낄 수도 없는 것이다. 즉 이 일은 우리의 의지적 믿음에 앞서 일어난 것이다. 이러한 측면에서 구원은 그분의 주권적 선택과 예정에 따른 은혜의 선물이라고 할 수 있다.

우리의 타락한 혼은 자신의 정체성을 유지하기 위해서 자신의 생각과 감정을 자신과 동일시함으로 실재하지 않는 허상의 존재인 거짓자아를 만들었다. 하지만 진리의 영이신 성령님께서 회심하게 하는 선행하는 은혜를 베푸실 때 비로소 타락한 혼이 깨어나 예수 그리스도를 믿음으로 구원을 받게 되는 것이다(물론 이때 세상에 강하게 사로잡힌 혼은 그 자유의지로 성령님의 회심하게 하시는 은혜를 거절하며 예수 그리스도를 구주로 받아들이지 않을 수도 있다). 그럴 때 예수 그리스도께서 약속하신 성령님이 우리 안에 오셔서 죽었던 영을 다시 살리시고 우리 안에 내주하시게 되는 것이다. 그것이 바로 은혜로 인하여 믿음으로 구원을 받게 된다는 뜻이다. 우리는 흔히 복음을 듣고 예수 그리스도를 믿음으로 구원을 얻는다고 생각하지만, 사실은 하나님의 주권적인 섭리 없이는 이런 일이 일어날 수 없음을 알아야 한다.

[엡 1:4-5] 곧 창세 전에 그리스도 안에서 우리를 택하사 우리로 사랑 안에서 그 앞에 거룩하고 흠이 없게 하시려고 그 기쁘신 뜻대로 우리를 예정하사 예수 그리스도로 말미암아 자기의 아들들이 되게 하셨으니

이때 타락한 혼은 스스로를 자유케 할 수는 없으나 미약하지만 내

재하는 하나님을 향한 갈망으로(영원한 영광 의식 그리고 양심으로) 인하여 자유의지로 하나님이 주시는 극복하는 은혜(overcoming grace)[또는 선행하는 은혜(prevenient grace)]의 도움을 받아 구원을 향한 첫 발걸음을 내디딜 수 있는 것이다. 그렇지만 인간의 혼이 자신의 생각과 감정에 강하게 묶여 있을 때는 하나님께서 주시는 그 은총을 얼마든지 거절할 수도 있다. 성경에서는 이것을 '선한 양심' 혹은 '악한 양심'으로, 돌이킬 가망이 없는 상태에 이른 경우에는 '화인 맞은 양심'으로 표현하기도 한다.

> [전 3:11] 하나님이 모든 것을 지으시되 때를 따라 아름답게 하셨고 또 사람들에게는 영원을 사모하는 마음(히, 레브 ; 헬, 카르디아)을 주셨느니라 그러나 하나님이 하시는 일의 시종을 사람으로 측량할 수 없게 하셨도다

> [벧전 3:21] 물은 예수 그리스도께서 부활하심으로 말미암아 이제 너희를 구원하는 표니 곧 세례라 이는 육체의 더러운 것을 제하여 버림이 아니요 하나님을 향한 선한 양심의 간구니라

그런데 이 부분에 대해서 역사 이래로 수많은 갈등을 빚어온 이유는 바로 하나님의 주권적 섭리와 인간의 자유의지를 동일선상에서 대척적 대립 관계로 여기기 때문이라고 생각된다. 누구도 창조주와 인간을 동일선상에 두지는 않겠지만, 영과 혼이 같은 개념이며 영혼이 구분될 수 없다는 믿음이 우리로 하여금 그렇게 여길 수밖에 없게 만들었다고 본다. 그것은 엄청난 속임이며 하나님의 피조물인 우리의 존재를 제대로

보지 못한 결과이다. 차원적인 관점에서 보면, 하나님의 섭리는 영적 수준에서 일어나는 것이고, 우리의 자유의지는 혼적 수준에서 일어나는 것이다. 이 둘 사이의 차원적 차이를 제대로 이해하지 못하면 우리의 구원이 극단적으로는 단지 하나님의 선택과 예정하심에 달려 있다거나 반대로 우리의 자유의지만으로 구원을 받아들이거나 받아들이지 않을 수 있다고 착각하게 되는 것이다.

구원은 하나님의 절대적 주권에 의해 주어진 선물이고 그것에 반응하는 것은 우리의 영이기 때문에 우리 혼의 차원보다 높은 차원에서 일어나기에 논리적으로는 선행(先行)하는 것이다. 따라서 그리스도 안에서 우리를 택하심은 인간의 자유의지와 상관이 없다는 것이다(엡 1:4). 그러나 성령의 감동과 우리의 영의 반응으로, 우리가 인식할 수 있는 수준인 혼의 차원에서 볼 때에는, 우리의 혼의 의지적 믿음으로 받아들이는 것이다(은혜에 의하여 믿음으로 받아들임, 엡 2:8). 이 둘은 차원의 관점에서 보았을 때 논리적인 선후 관계가 있는 것이지, 시간적인 관점에서 보았을 때 거의 동시에 일어난다고 할 수 있다.

[엡 2:8] 너희는 그 은혜에 의하여 믿음으로 말미암아 구원을 받았으니 이것은 너희에게서 난 것이 아니요 하나님의 선물이라

하나님의 주권적인 구원 계획은 만세 전부터 예수 그리스도 안에서 예정하시고 선택하신 것이다. 그러나 이것을 제대로 이해하기 위해서는 하나님의 섭리(예지와 예정)를 새롭게 볼 줄 알아야 한다. 일반적으로는 하나님의 섭리를, 하나님께서 미래의 모든 일을 아시고 주관적으로

예정하신다는 식으로 선형적 시간의 개념으로만 본다. 그렇기 때문에 하나님께서 구원을 받을 자와 받지 못할 자를 미리 알고 예정하셨다고 말한다. 그것은 하나님의 절대적 주권을 높이는 것처럼 보이지만, 오히려 인간이 창조의 하나님을 제한시키는 것이다. 시공간을 초월한 하나님의 창조적 섭리(예지와 예정)를 인간이 생각하는 결정론적 섭리로 제한시키고 있기 때문이다. 42

하나님께서는 인간에게 하나님을 거절할 수 있는 자유의지를 주셨고 그 결과로 타락이 일어났다. 하지만 하나님께서는 인간이 어떠한 결정을 내릴 것인지에 대한 모든 경우의 수를 알고 계시며, 그 사람의 환경과 선택 그리고 타인의 영향에 따라 그 경우의 수가 어떻게 달라지는지, 그 선택에 따라 어떤 미래가 펼쳐질지도 다 알고 계신다. 하나님께서는 각 개인에게 하나님이 그리시는 최고의 미래가 실현되기를 원하시고, 이를 위해 여러 방편을 통해 역사하시지만, 인간의 자유의지는 침범하지 않으신다. 왜냐하면 하나님께서 부여하신 자유의지를 침범하여 강요하게 되면 먼저는 그분 자신을 스스로 부정하는 것이 되며, 진정한 사랑의 전제조건인 자율성이 사라지게 되어 하나님과 인간과의 진정한 사랑이 존재할 수 없게 되기 때문이다.

성경을 볼 때 하나님께서는 만세 전에 예수 그리스도 안에서 모든 것을 예정하셨지만, 인간의 자유의지에 따라 개인사 뿐만 아니라 인류사까지도 변한 것을 볼 수 있다(물론, 역사의 큰 줄기와 흐름은 하나님께서 주

---

42 결정론적 세계관을 가진 사람들은 미래의 모든 일들이 이미 다 정해져 있고 하나님께서는 그것을 모두 다 아시고 예정해놓으셨다고 믿는다.

관하고 계심을 성경은 반복해서 말하고 있다). 즉, 인류의 미래를 향한 자유의지의 사용은 닫혀 있는 것이 아니라 창조적으로 항상 열려 있다는 것이다. 하나님의 예지는 인간이 어떤 결정을 내리기 위한 자유의지적 과정과 선택에 대해서 궁극적으로 간섭하지 않지만, 그 결정에 따른 결과와 그에 따라 파생되는 모든 일과 그에 따른 대책 등에 대해서 모두 알고 계신 것이라고 볼 수 있다. 이러한 예지는 인간이 생각하는 선험적 조건하에서가 아니라 시공간을 초월하여 영원히 현존하시는 하나님의 관점에서 볼 줄 알아야 한다. 결과적으로 볼 때 하나님의 섭리는 이러한 예지 가운데서 예수 그리스도 안에서 모든 것을 예정하셨다고 보아야 한다.

또한 성경에서 구원에 대한 하나님의 예정과 선택은 거의 모든 구절에서 '그리스도 안에서'라는 표현과 함께 등장하기 때문에, 즉 하나님의 예정과 선택의 시작과 기준은 '예수 그리스도'이지, '나'라는 개인으로 볼 수는 없다. 43

[엡 1:4-5] 곧 창세 전에 그리스도 안에서 우리를 택하사 우리로 사랑 안에서 그 앞에 거룩하고 흠이 없게 하시려고 그 기쁘신 뜻대로 우리를 예정하사 예수 그리스도로 말미암아 자기의 아들들이 되게 하셨으니

---

43 소수의 예외적인 경우에 하나님께서 강권적으로 개인을 선택하시는 것을 볼 수 있는데(이 때의 선택의 목적은 개인의 구원이 아닌 사역과 부르심으로서의 선택이다), 이 경우조차도 개인을 향한 하나님의 선택과 예정이 그리스도 안에서 이루어진다는 진리는 바뀌지 않는다.

개인주의(individualism)가 세계적인 주류 이데올로기인 오늘날의 관점에서 예정론을 접근할 때 역시 개인주의적 관점에서 보기 쉽다. 하지만 구약성경은 물론 신약성경이 기록된 주후 1세기만 하더라도 그 당시에는 개인보다 공동체에 중점을 두는 세계관이 주류였다. 그리고 무엇보다 성경이 말하는 하나님의 예정과 선택은 개인 중심으로 이루어지는 것이 아니라 공동체 중심으로 이루어진다. 구약시대 이스라엘 민족을 선택하시는 하나님의 경륜을 생각해보면, 하나님께서는 먼저 이스라엘 민족이라는 집단을 대표하는 사람(아브라함-이삭-야곱)을 선택하심으로써 그 집단에 속한 모든 구성원을 선택하시는 것을 볼 수 있다. 예를 들어, 이스라엘은 하나님께서 야곱에게 지어주신 이름이라는 것을 생각해보라. 이스라엘은 한 개인의 이름이지만 민족의 이름을 대표한다(신 4:37, 7:6-8).

구약이 말하는 하나님의 예정과 선택은 공동체를 대표하는 한 사람을 선택하심으로써 그 공동체를 선택하시며 각 개인은 그 공동체에 속함으로써 이미 그 공동체에 주어진 하나님의 예정과 선택에 참여하게 되는 것이다. 이러한 하나님의 예정과 선택의 원칙을 잘 보여주는 예시가 바로 이스라엘 민족의 혈통에 속하지 않지만 함께 거하는 이방인들이었다. 그들은 본래 하나님의 예정과 선택을 받지 않은 혈통에서 나고 자랐지만, 하나님의 선택을 받은 이스라엘 민족에 속함으로써 이미 이스라엘 민족에게 주어진 예정과 선택에 참여하였다. 우리가 잘 아는 라합이나 룻의 이야기가 이 점을 잘 보여준다(라합이나 룻은 이방인이었음에도 불구하고 마태복음 1장에 나오듯 예수님의 족보에 들어가는 놀라운 은총을 경험했다).

그렇다면 신약성경은 인류의 구원을 위한 하나님의 예정과 선택에 대해 어떻게 말씀하고 있는가? 구약에서 계시된 예정과 선택의 원칙(공동체를 대표하는 사람을 선택하심으로써 그 공동체를 선택하고 개인은 그 공동체에 속함으로써 하나님의 예정과 선택을 받는다는 것)은 그대로 유지되면서 예정과 선택의 범위는 예수 그리스도를 통해 확장되는 것을 볼 수 있다. 구약에서는 이스라엘 민족만이 하나님의 선택받은 민족이었기 때문에 하나님의 선택을 받기 위해서는 이스라엘 민족에 속했어야 했다. 하지만 신약에서는 예정과 선택의 범위가 이스라엘 민족에서 예수 그리스도로 확장되면서 이제는 이스라엘 민족이 아닌 이방인조차 민족적, 혈통적 이스라엘 민족에 속하지 않더라도 참 이스라엘인 예수 그리스도 안에 있으면 하나님의 예정과 선택의 수혜자가 될 수 있게 되었다. (사도 바울은 갈라디아서 3-4장, 에베소서 1-2장에서 이 점을 반복적으로 강조해서 말하고 있다).

정리하면, 구원을 위한 하나님의 예정과 선택은 개인에서 출발하여 선택받은 개인이 모여 선택받은 공동체를 이루고, 그 공동체가 예수 그리스도에 속하는 방향(개인→공동체→예수 그리스도)이 아닌, 정반대 방향인 예수 그리스도 안에서 선택받은 공동체(구약의 이스라엘 민족, 신약의 예수 그리스도의 몸, 교회 = 하나님의 친백성)를 통해 개인에게 이루어지는 방향(예수 그리스도→공동체→개인)으로 역사한다는 것이다. 44 이러한 연유로, 하나님의 예정과 선택의 범위는 절대로 '정적'(static)이

---

44 로마서 11장 11-24절을 보면, 하나님의 선택과 예정을 받은 이스라엘 민족에 속한 유대인이었지만, 참 이스라엘이신 예수 그리스도 안에 속하는 것을 거부한 자들은 하나님의 선택과 예정

거나 '고정된'(fixed) 닫힌 경륜(經綸, dispensation)이 아니라 오히려 '동적'(dynamic)이면서 '유연한'(flexible) 열린 경륜이다. 이런 의미에서 하나님의 예정과 선택은 온 인류를 구원하시기 위한 창조적 하나님의 사랑과 은혜의 총합이라고 할 수 있다.

온 인류를 구원하시기 위해 역사하는 하나님의 섭리는 디모데전서 2장 4절 말씀을 통해 잘 드러난다. 영원히 현존하시는 하나님께서는 그의 나라와 의를 이루기 위해서 예수 그리스도 안에서 모든 사람을 구원하기 원하신다(딤전 2:4). 그것이 하나님의 본심이며, 그분의 섭리(예지와 예정)는 그분의 본심을 이루기 위해 작동한다. 만약 하나님께서 구원받을 자와 그렇지 못한 자를 일방적으로 예정(선택)하셨다면, 잃어버린 한 마리 양을 찾으시고, 자신의 양을 위해 목숨을 버리신 예수님께서 전하신 하나님나라의 복음과 상치되는 것이다. 누가복음 15장의 잃어버린 양, 잃어버린 드라크마, 잃어버린 아들의 비유를 생각해보라. 요한복음 10장 1-18절의 예수님께서 자신을 '양의 문'과 '선한 목자'로 계시하신 것을 생각해보라(마 12:11, 18:12-14 ; 막 6:34 참조).

[딤전 2:4] 하나님은 모든(파스 : all, every) 사람이 구원을 받으며 진리를 아는 데에 이르기를 원하시느니라

을 궁극적으로 누리지 못하였다. 또한 사도 바울이 이방인으로 본래는 하나님의 선택과 예정을 받은 이스라엘 민족이 아니었지만 예수 그리스도 안으로 들어옴으로써, 선택과 예정을 받은 자도 실족할 경우 유대인들처럼 다시 실족할 수 있음을 경고하고 있다. 이 점은 선택과 예정은 '개인'의 차원이 아닌 '공동체'의 차원에서 일어난다는 것을 잘 보여준다.

[벧후 3:9] 주의 약속은 어떤 이들이 더디다고 생각하는 것 같이 더딘 것이 아니라 오직 주께서는 너희를 대하여 오래 참으사 아무도 멸망하지 아니하고 다(파스 : all, every) 회개하기에 이르기를 원하시느니라

한편, 우리는 흔히 우리의 자유의지로 예수 그리스도를 믿어 구원을 받는다고 생각하는데, 그것은 정말 인간적인 수준에서 구원을 생각하기 때문이다. '믿음으로 구원받는다'는 표현을 좀 더 정확하게 표현하면 우리는 인간의 경험과 지식에 기초한 이해와 판단으로 믿은 것이 아니라 성령님의 역사로 인하여 믿기워진 것이다(롬 1:17). '믿은 것'이 아니라 '믿기워진 것'이기 때문에 구원을 받은 후에도 하나님의 영의 인도함을 받기 전까지는 자신이 믿게 된 논리적 이유를 설명하기가 힘든 것이다.

[요 16:8-13] 그가 와서 죄에 대하여, 의에 대하여, 심판에 대하여 세상을 책망하시리라 죄에 대하여라 함은 그들이 나를 믿지 아니함이요 의에 대하여라 함은 내가 아버지께로 가니 너희가 다시 나를 보지 못함이요 심판에 대하여라 함은 이 세상 임금이 심판을 받았음이라 내가 아직도 너희에게 이를 것이 많으나 지금은 너희가 감당하지 못하리라 그러나 진리의 성령이 오시면 그가 너희를 모든 진리 가운데로 인도하시리니 그가 스스로 말하지 않고 오직 들은 것을 말하며 장래 일을 너희에게 알리시리라

[고전 2:4-5] 내 말과 내 전도함이 설득력 있는 지혜의 말로 하지 아니하고 다만 성령의 나타나심과 능력으로 하여 너희 믿음이 사람의 지혜에 있지 아니

인간의 전적인 타락이나 하나님의 주권(선택과 예정)을 약화시키고 인간의 자유의지로 구원에 이를 수 있다는 주장은 이미 교회사에서 펠라기우스적 이단으로 정죄된 바 있다. 그렇다고 해서 "구원에 자유의지가 보태진다면 구원은 전적인 은혜가 아니다. 성경은 인간의 자유의지와 상관없는 하나님의 주권적 선택과 예정으로만 영생을 얻는다고 선언하고 있다"라고 주장하거나, 반대로 "구원에 있어서 하나님의 은혜는 주동적인 역할을 하고 있으나, 선행적(先行的)인 하나님의 은혜에 협동하려는 인간의 의지가 없이는 구원에 이를 수가 없다. 왜냐하면 하나님께서는 구원의 은혜에 능동적으로 참예하는 이를 구원으로 이끄시기 때문이다"라고 주장하는 것도 하나님의 주권과 인간의 자유의지에 대한 균형 잡힌 성경 이해가 아니다.

그 이유는 두 주장 모두 하나님의 섭리와 인간의 자유의지를 차원적으로 보지 않고 동일 선상에서 보기 때문이다. 하나님의 섭리와 인간의 자유의지를 차원적으로 균형 있게 보기 위해서는, 타락한 혼이지만 하나님의 흔적을 가진 자유의지를 제대로 알아야 하며, 구원 전후 우리의 본질(옛자아와 그에 따른 거짓자아 vs 예수 그리스도 안에 있는 새로운 자아)에 따른 혼의 자유의지를 제대로 구분할 줄 알아야 한다. 즉 두 차원의 자유의지와 그에 따르는 행함의 차이를 구분할 수 있어야 한다.

죄와 타락에 따른 인간(혼)의 자유의지에 대해서 생각해보자. 하나님은 완전한 선이시고 말씀으로 온 우주를 창조하셨는데, 악은 인간의 창조 전 하나님을 배반한 마귀와 그 졸개 천사들로부터 온 것이다. 그런데 인간이 자유의지로 하나님의 말씀을 거절하고 마귀의 악에 가담함으로써 죄가 인간의 세계에 들어온 것이다. 죄의 결과는 하나님의 분리이며 그것이 바로 타락이다. 타락한 인간은 자기방식대로 이원성을 지니고 선과 악을 판단하게 되었다. 따라서 타락 이전 인간이 가지는 자유의지는 자기 책임하에 선과 악을 선택할 수 있는 능력이 아니라 하나님의 말씀에 순종하든지 불순종할 수 있는 자유의지를 가진 것이었다. 그리고 타락한 이후에(하나님의 영이 떠난 후에, 하나님과 분리된 후에야) 비로소 자신의 혼이 주체가 되어 자기방식대로의 선과 악을 알게 된 것이다.

[창 3:5] 너희가 그것을 먹는 날에는 너희 눈이 밝아져 하나님과 같이 되어 선악을 알 줄 하나님이 아심이니라

그런데 많은 경우 인간이 타락 이전에도 스스로 선과 악을 판단할 수 있는 자유의지가 있었던 것처럼 생각한다. 결코 그렇지 않다. 왜냐하면 타락 전에는 지금 타락한 인간이 판단하는 것과 같은 선과 악이 없었으며, 완전한 빛이시자 완전한 선이신 하나님의 부재가 곧 어둠이고 악일 뿐이었다. 인간이 죄를 지은 후 타락하여 하나님과 단절된 상태가 되었지만, 하나님의 영이 떠난 후에도 인간의 영과 혼에는 하나님

의 흔적이 있기 때문에 타락 이전 하나님께서 원하시는 것을 행하기 원하는 일말의 자유의지가 있을 수 있다.

그러나 그것에 기초하여 선을 행한다 할지라도 그 선은 하나님의 영의 인도함을 받기보다는 타락한 혼이 주체가 되어 행하는 선일 뿐이다. 즉 하나님의 선이 아닌 인간의 선이기 때문에 인간의 선은 하나님의 관점에서 볼 때 악이다. 왜냐하면 유일하고 완전한 선이신 하나님으로부터 기인한 선이 아니기 때문이다. 따라서 타락한 인간이 가진 자유의지를 가지고 아무리 선한 삶을 산다 해도 결코 스스로 구원에 이를 수 없을뿐더러 하나님이 보시기에 진정한 선을 행할 수 없다.

타락 전의 자유의지라면 하나님의 형상을 따라 그분의 뜻을 마음껏 이루고자 하는 자유의지일 것이다(눅 15:31 ; 요 15:7). 하나님처럼 될 수 있다는(하나님과의 분리를 초래하는) 마귀의 악한 거짓말과 유혹이 아니었다면 죄를 짓고 싶어 하지 않는 자유의지이다. 반면에 타락 후의 자유의지라면 세상 신의 뜻을 이루고자 하는(자신이 원하는 대로 살고자 하는) 자유의지이다(엡 2:2-3). 즉 그 마음에 하나님을 두기 싫어하는 타락한 자유의지이다(롬 1:21).

[엡 2:2-3] 그 때에 너희는 그 가운데서 행하여 이 세상 풍조를 따르고 공중의 권세 잡은 자를 따랐으니 곧 지금 불순종의 아들들 가운데서 역사하는 영이라 전에는 우리도 다 그 가운데서 우리 육체의 욕심을 따라 지내며 육체와 마음의 원하는 것을 하여 다른 이들과 같이 본질상 진노의 자녀이었더니

[롬 1:21] 하나님을 알되 하나님을 영화롭게도 아니하며 감사하지도 아니하고 오히려 그 생각이 허망하여지며 미련한 마음이 어두워졌나니

구원의 관점에서 볼 때, 하나님의 영이 떠남으로 타락한 혼은, 일말의 하나님의 흔적이 남아 있을지라도, 자신의 몸을 유지하기 위한(생존의식을 위한) 자유의지로 전락한 것이다. 그렇다면 구원받은 후 혼의 자유의지는 어떤가? 하나님의 생명 안에서 성령의 소욕에 이끌림으로써 하나님의 영광을 드러내고자 하는 자유의지와 동시에 자신의 생각과 감정에 묶여 과거의 습관대로 살고자 하는 자유의지가 늘 충돌하게 될 것이다. 그것은 흔히 양가감정(兩價感情) 형태로 나타난다.

[갈 5:17] 육체의 소욕은 성령을 거스르고 성령은 육체를 거스르나니 이 둘이 서로 대적함으로 너희가 원하는 것을 하지 못하게 하려 함이니라

그러나 우리가 성령 안에서 기도와 말씀을 통하여 자기를 부인하고 자기십자가를 지는 훈련을 하면 할수록(혼이 자신의 생각과 감정에 종노릇하는 데서 벗어나고자 하면 할수록, 육의 생각에서 벗어나고자 하면 할수록) 혼이 소생케 되어 주님을 더 나타내고자 하는 자유의지로 변하게 되어 영의 생각을 하게 되며(겉사람은 후패하지만 속사람이 새로워짐으로), 그 결과 몸의 행실을 죽여가게 된다.

[갈 5:16] 내가 이르노니 너희는 성령을 따라 행하라 그리하면 육체의 욕심을 이루지 아니하리라

[고후 4:16] 그러므로 우리가 낙심하지 아니하노니 우리의 겉사람은 낡아지나 우리의 속사람은 날로 새로워지도다

이렇게 되는 것을 정확히 깨닫기 위해서는, 예수님께서 자기계시를 통하여 하나님나라 복음의 비밀을 알려주실 때 구원받은 자에 대해서는 거짓자아(겉사람)의 관점이 아니라 그리스도 안에 있는 자아(속사람)의 관점으로 말씀하신다는 것을 알 필요가 있다. 45 예를 들어, 요한복음 10장 3-5절의 말씀을 보라.

[요 10:3-5] 문지기는 그를 위하여 문을 열고 양은 그의 음성을 듣나니 그가 자기 양의 이름을 각각 불러 인도하여 내느니라 자기 양을 다 내놓은 후에 앞서 가면 양들이 그의 음성을 아는 고로 따라오되 타인의 음성은 알지 못하는 고로 타인을 따르지 아니하고 도리어 도망하느니라

우리가 구원을 받았다 할지라도 거짓자아가 주체인 관점에서(현실의 관점에서) 생각할 때는 타인의 음성은 잘 듣지만 목자의 음성을 잘 듣지 못하기 때문에 어떻게 하면 목자의 음성을 들을 수 있을까에 초점을 두는 신앙생활을 하게 된다. 그러나 지금 예수님께서 하시는 말씀은 정반대로 거듭난 자(그리스도 안에서 하나님의 자녀가 된 자)의 관점에서

---

45 이 관점은 너무나 중요하다. 그럼에도 불구하고 간과되고 있다. 우리는 신약을 볼 때 구약에서처럼 여전히 죄인의 관점에서(또한 거짓자아로 말씀을 지키고 행해야 하는 관점에서) 말씀을 보게 된다. 그러나 예수님께서는 구원받은 자에게 의인의 관점에서(그리스도 안에서 주의 말씀을 이루어야 하는 관점에서) 말씀하시고 계신다.

말씀하신다. 또한 이런 맥락에서 볼 때 예수님께서 포도나무와 가지의 비유에서 "나를 떠나서는 너희가 아무것도 할 수 없다"라고 말씀하시는 것을 이해할 수 있을 것이다(요 15:5). 현실적으로 생각하면 예수님을 떠난다고 해서 정말 아무것도 할 수 없는가? 정직하게 자신의 삶을 돌아보면 예수님 없이도 할 수 있는 일이 얼마나 많은가? 또한 예수님께서 무엇이든지 너희가 원하는 대로 구하라고 말씀하신 것은 어떻게 이해해야 하는가?(요 15:7) 이 말씀들의 핵심은 무엇인가? 예수님께서는 거짓자아(구원은 받았지만 여전히 타락한 혼의 자유의지)를 두고 말씀하신 것이 아니라 자신을 통해 구원받음으로 새로운 피조물이 된 자(소생된 혼의 자유의지)를 두고 말씀하신 것이다. 이처럼, 구원받은 자에게는 두 차원의 자유의지가 있다는 것과 어떤 자유의지를 통해 나타난 행함인지를 구별하는 것은 하나님의 섭리와 인간의 자유의지를 차원적 관점에서 이해하는 데 있어서 정말 중요할 뿐만 아니라, 하나님의 관점에서 열매 맺는 삶을 살아가는 데 있어서도 매우 중요하다.

4. 죽음과 부활 그리고 몸의 구원

이제 영혼몸의 균형잡힌 성경적 이해를 위해 몸의 구원에 대해 집중적으로 알아보도록 하자. 우리는 구원 하면 보통 예수 그리스도를 믿고 영접할 때 일어나는 현실적 측면에서 정확한 구분 없이 영혼의 구원만을 생각한다. 그러나 구원을 하나님나라의 관점에서 법정적, 차원적 관점으로 볼 때는 영의 구원을 통한 혼의 구원, 혼의 구원을 통한 몸의 구원을 이루어가신다고 볼 수 있다.

[살전 5:23] 평강의 하나님이 친히 너희를 온전히 거룩하게 하시고 또 너희의 온 영과 혼과 몸이 우리 주 예수 그리스도께서 강림하실 때에 흠 없게 보전되기를 원하노라

우리가 이 땅에서 살면서 구원을 이루어가는 것의 핵심은 혼의 구원을 이루어가는 것이지만, 구원의 완성은 몸의 구원을 통해 이루어진다. 그런데 몸의 구원은 역설적으로 몸의 죽음을 통해서 이루어진다. 왜냐하면 그리스도인에게 몸의 죽음은 몸의 부활을 전제로 하기 때문이며 예수님께서 자신의 부활로 이를 보여주셨기 때문이다(고전 15:13-14,16). 따라서 이 땅에서의 구원의 최종은 몸의 죽음이다. 인간적인 관점에서는 몸의 죽음이 마지막이라 생각되지만, 하나님나라의 관점에서 볼 때 몸의 죽음은 구원 여정의 정점이며 영원한 구원의 클라이맥스(climax)라고 볼 수 있을 것이다.

[고전 15:42] 죽은 자의 부활도 그와 같으니 썩을 것으로 심고 썩지 아니할 것으로 다시 살아나며

[고전 15:44] 육의 몸으로 심고 신령한 몸으로 다시 살아나나니 육의 몸이 있은즉 또 영의 몸도 있느니라

예수님께서는 몸의 죽음과 부활을 친히 보여주셨을 뿐만 아니라 우리에게 영원한 생명의 삶을 약속하셨다. 우리는 세례를 통하여 그분의 죽으심과 부활하심에 연합함으로(롬 6:4-5), 죄사함을 받고 하나님의

영이 임하심으로 인하여 우리의 혼이 이 땅에서 구원을 이루어가게 된 것이다(히 10:38-39). 혼의 구원을 이루어간 자는 비록 몸의 죽음을 경험할지라도 종국에는 우리의 몸이 예수님의 재림 때 다시 부활의 몸을 가짐으로써 영혼몸 모두가 온전하게 되어 신랑 되신 예수 그리스도의 신부로서 영원한 하나님나라의 삶을 살게 될 것이다.

[살전 4:14-17] 우리가 예수께서 죽으셨다가 다시 살아나심을 믿을진대 이와 같이 예수 안에서 자는 자들도 하나님이 그와 함께 데리고 오시리라 우리가 주의 말씀으로 너희에게 이것을 말하노니 주께서 강림하실 때까지 우리 살아 남아 있는 자도 자는 자보다 결코 앞서지 못하리라 주께서 호령과 천사장의 소리와 하나님의 나팔 소리로 친히 하늘로부터 강림하시니 그리스도 안에서 죽은 자들이 먼저 일어나고 그 후에 우리 살아 남은 자들도 그들과 함께 구름 속으로 끌어 올려 공중에서 주를 영접하게 하시리니 그리하여 우리가 항상 주와 함께 있으리라

이 놀라운 구원의 최종적 완성(몸의 부활)은 히브리서 11장에 나오는 믿음의 선진들조차 천국에서 기다린다는 것을 알아야 한다.

[히 11:39-40] 이 사람들은 다 믿음으로 말미암아 증거를 받았으나 약속된 것을 받지 못하였으니 이는 하나님이 우리를 위하여 더 좋은 것을 예비하셨은즉 우리가 아니면 그들로 온전함을 이루지 못하게 하려 하심이라

중요한 사실은 우리가 예수 그리스도를 믿음으로 '영의 구원'을 받

았다면 현실적으로 '혼의 구원'을 이루어가야 하며, 혼의 구원을 끝까지 이루어갈 때 종국적으로 '몸의 구원'을 받게 된다는 것이다. 그렇다면 제삼자적 관점에서 어떤 사람이 정말 구원을 받았는지, 또는 그렇지 않은지 어떻게 알 수 있을까? 그것은 살아가는 동안이 아니라 마지막 몸의 죽음에 대한 태도를 통해서 알 수 있을 것이다.

구원받았다고 말할지라도 실상 구원을 받지 못한 자나 육적인 소욕에 사로잡힌 자는 거짓자아가 주체인 삶을 살게 될 것이다. 그 경우 여전히 소생되지 못한 혼은 자신의 생각과 감정을 자신과 동일시하고 심리적 시간과 상상을 통하여 자신이라는 상상의 이야기를 만들게 된다. 그 이야기는 자신의 부족과 결핍을 채우고자 하는 욕망과 자신의 한계 짓는 믿음에 기초하여 만든 것이다. 그럴 경우 현실과 자신이 만든 상상의 이야기 간 격차는 늘 현재의 괴로움과 고통을 만들게 되고, 그 결과 항상 '지금은 아니지만 언젠가'라는 미래의 성취를 추구한다. 결국, 자신의 실재는 지금 이 순간 여기임에도 불구하고 자신의 존재를 늘 미래에 두는 것이다.

따라서 미래가 없다는 것은 자신이 만든 이야기를 추구하지 못한다는 것이고, 결국 미래를 잃어버린다면 자신의 존재가 없어지는 것과 같다. 인간에게 있어 내일이 없다는 것은 가장 큰 절망이자 두려움이다. 실제로 죽음이 두려운 것은 죽음 그 자체보다 내일이 없다는 것에 대한 두려움이다(거짓자아의 존재는 미래가 있다는 것을 전제하고 만들어진 것이기 때문에). 자신의 존재가 사라진다고 여기기 때문이다.

[히 2:15] 또 죽기를 무서워하므로 한평생 매여 종 노릇 하는 모든 자들을 놓

아 주려 하심이니

그렇다면 하나님의 관점이 아니라 인간의 관점에서 볼 때 몸의 구원을 받았는지에 대한 징표는 무엇일까? 이미 언급한 것처럼 하나님나라에서의 구원의 전제는 이 땅에서의 온전한 삶과 예수님의 재림 후 영원한 안식이다. 따라서 인간이 죽음 앞에서 어떤 태도를 취하느냐가 정말 구원을 받았는지, 그리고 그 결과로 혼의 구원을 이루어갔는지를 가늠할 수 있게 해줄 것이다. 신랑 되신 예수님과의 천국 혼인잔치에 참여할 최종 준비를 마친 하나님의 자녀에게 있어서 몸의 죽음은 사도 바울이 이 땅에 있을 때 그토록 원했던 것처럼 몸을 떠나 주와 함께 거하는 최고의 순간이 아니겠는가?

[고후 5:8] 우리가 담대하여 원하는 바는 차라리 몸을 떠나 주와 함께 있는 그것이라

[딤후 4:6-8] 전제와 같이 내가 벌써 부어지고 나의 떠날 시각이 가까웠도다 나는 선한 싸움을 싸우고 나의 달려갈 길을 마치고 믿음을 지켰으니 이제 후로는 나를 위하여 의의 면류관이 예비되었으므로 주 곧 의로우신 재판장이 그 날에 내게 주실 것이며 내게만 아니라 주의 나타나심을 사모하는 모든 자에게도니라

육신의 생각으로(혼이 자신의 생각과 감정에 종노릇하며) 살아온 자는 천국을 믿는다고 하지만 자신의 죽음을 두려워하기 때문에 천국 가기를

싫어한다. 그렇지만 영의 구원에 힘입어 혼의 구원을 이루어간 자는 몸의 죽음을 미래가 없는 마지막으로 받아들이는 것이 아니라, 차원적인 삶(이 땅의 유한한 삶에서 하나님나라의 영원한 삶으로)의 시작으로 보고 산 소망을 가지게 될 것이다. 죽음을 두려워하는 것이 아니라 이 땅에서 주를 나타냈던 삶에 대한 감사와 산 소망으로 맞이하게 될 것이다.

> [고후 5:1] 만일 땅에 있는 우리의 장막 집이 무너지면 하나님께서 지으신 집 곧 손으로 지은 것이 아니요 하늘에 있는 영원한 집이 우리에게 있는 줄 아느니라

5. 성도의 견인과 유보적 칭의론의 균형 잡기

바울에 대한 새 관점(new perspective on Paul) 학파의 영향으로 칭의에 대한 새로운 차원의 논의가 활발해졌다. 그동안 칭의는 법정적 의미로서 '무죄 선언', '의인이라 선언됨'의 차원에서 주로 이해되었는데, 칭의의 관계적 측면과 선교적, 교회론적 측면이 부각되기 시작했다. 그 중 뜨거운 논쟁이 펼쳐지는 부분이 바로 성도의 견인과 유보적 칭의론이다.

칭의와 성화를 논리적으로는 구분할 수 있지만[46], 하나님과의 관계적 측면에서 볼 때 동시적인 것이며, 칭의 없는 성화가 존재할 수 없고,

---

46 이 부분에 대해서는 1장 섹션 1(구원의 여정과 예수님이 전하신 복음)과 2(구원의 여정과 하나님나라의 관계)를 참고하라.

성화 없는 칭의는 있을 수 없다. 거듭남을 통하여 하나님의 영이 우리 안에 임하셨다면 하나님의 생명에 의해서 혼과 몸이 통치를 받는 삶은 당연히 따라와야 하는 것이다. 왜냐하면 하나님께서 우리를 통해 그분의 사랑과 공의를 이루시기 위해서 우리가 홀로 고군분투하는 신앙생활을 하도록 내버려두시지 않고 주의 선하심과 인자하심으로 항상 함께해주시기 때문이다(시 23:6).

우리와 함께하시는 임마누엘 하나님은 우리가 혼의 구원을 온전하게 이루어갈 수 있도록 힘 주시고 지켜 보호하실 뿐만 아니라 때로는 책망과 훈계를 통해 의의 정로에서 벗어나지 않도록 하신다. 이로써 우리는 하나님께서 우리에게 베푸신 구원을 그분께서 이루어가실 것을 확신할 수 있다. 이렇듯 하나님께서는 성도를 끝까지 견디도록 도우신다. 이를 견인 교리라고 할 수 있다. 하지만 "진짜 구원받은 사람은 무슨 일을 하더라도 하나님께서 그분의 은혜와 능력으로 구원에서 탈락되는 것을 막아주신다"라고 주장하거나 "신앙의 정로를 걷는 것처럼 보였으나 실족하여 타락한 사람은 원래 처음부터 구원받은 것이 아니었다"라고 주장하는 것은 성경이 말하고 있는 진리를 확대 해석한 것이다.

이와 반대로 구원의 탈락 가능성에 치우친 것이 소위 (극단적) '유보적 칭의론'이라고 할 수 있다. 이 견해에 따르면, 칭의는 구원받을 때 결정되어지는 것이 아니라 얼마만큼 구원을 이루어가는지 구원 이후 삶의 결과로서 주님의 재림 때 최종 결정된다고 주장한다(물론 구원파적인 신앙이 난무한 현시대의 상황을 보거나, 칭의받은 후에 성화의 삶이 전혀 뒤따르지 않는 오늘날의 많은 그리스도인들의 현실을 바라볼 때 이러한 견해가 왜 등장하게 되었는지는 이해할 수 있다). 그러나 이 주장대로라면 우리는 늘 불안하여 하루도 구원의 확신을 누리며 살 수 없게 될 것이다. 또한 우리가 하나님께 의롭다고 인정받기 위해 주님이 이루신 것을 누리는 대신 끊임없이 추구하는 삶을 살게 될 것이다. 그리고 실제로 이렇게 산다면 다시 행위구원적인 삶으로 돌아가게 될 것이고, 우리가 거룩해지려고 하면 할수록 더 온전하지 못함을 느끼게 될 것이다. 선한 의도이지만 종국에는 로마 가톨릭교회의 의화(義化, justification) 교리를 지지하는 꼴이 되고 만다.

그렇다면 이러한 유보적 칭의론의 어떤 부분이 문제가 되는가? 두 가지 관점에서 보면 이 질문에 대한 답을 얻을 수 있을 것이다. 첫 번째는 하나님의 불가항력적 은혜와 성도의 견인은 영적 수준에서 일어나는 일이고, 인간의 자유의지는 혼적 수준에서 일어나는 일이라는 것과, 두 번째는 칭의를 받았다면 우리는 그리스도 안에서 새로운 피조물로서(즉 새롭게 된 혼(의식)의 자유의지로) 하나님의 의를 누리는 삶을 사는 것이지, 새로운 피조물인 것을 믿는 거짓자아로 죄를 짓지 않는 삶(말씀을 지키고 행함으로써 하나님의 의를 이루고자 하는 것)을 사는 것이 아니라는 것을 분별하는 것이다.

이 두 가지 사실을 분별할 수 있다면, 우리가 구원받고 거듭나서 자기부인과 자기십자가를 지는 삶을 통해 혼의 구원을 이루어가는 삶이란 겉사람(거짓자아)이 더 거룩해지는 것이 아니라 속사람이 더 나타나는(그의 나라와 의를 구하는) 것임을 알고 체험하게 될 것이다. 예수님의 재림 때 칭의에 대한 최종 확인 및 판결은 겉사람의 열매가 기준이 아니라 우리의 혼이 (몸의 생각과 감정의 종노릇에서 벗어나) 소생케 되어 하나님의 영을 나타내는 의식으로 살아왔느냐를 기준으로 내려질 것이다.

우리는 법정적으로 영혼몸 전부가 구원받았다. 한마디로 우리는 예수 그리스도 안에서 하나님의 의가 되었고, 구원을(하나님의 의를) 이루어가게 되었다는 것이다. 그러나 현실적으로는 영의 구원만이 이루어졌고, 우리 안에 계신 예수 그리스도 안에서 성령과 말씀을 통하여 혼과 몸이 구원을 이루어가야 한다. 따라서 우리는 칭의를 통해서 본질적으로 새로운 존재, 즉 이미 하나님의 의가 되었으며, 이 새로운 정체성을 단순히 지적으로 믿는 것이 아니라 그 본질이 체험되어야 한다. 그리고 우리의 모든 인식이 여기서 출발해야 한다. 그런데 우리가 거듭났음에도 불구하고 우리는 여전히 거짓자아가 주체가 되어 진리를 바라보고 믿는 방식으로 살아가고 있다. 우리가 구원을 받았다면, 더 이상 거짓자아의 믿음으로 살아가는 것이 아니라 예수 그리스도 안에 있는 믿음으로 살아가야 한다. 즉 내가 죽고 내 안에 그리스도께서 사심으로 인하여 나의 믿음이 아니라 새로운 피조물로서 아버지의 뜻을 나타내는 믿음으로 살아가는 것이다.

> **[딤후 3:15]** 또 어려서부터 성경을 알았나니 성경은 능히 너로 하여금 그리스도 예수 안에 있는 믿음으로 말미암아 구원에 이르는 지혜가 있게 하느니라

따라서 칭의는 종말론적으로 유보된 것이 아니라 구원받을 때 이미 법정적으로, 차원적으로 온전하게 주어지는 것이다. 법정적으로, 차원적으로 온전히 의롭게 되었기 때문에, 예수 그리스도 안에서 하나님의

의가 된 하나님의 자녀는 자신의 본질(영)이 몸의 행실을 죽여가는 삶을 살아감으로써(즉 하나님의 의를 나타내는 삶을 살아감으로, 다른 말로, 우리의 혼이 더 이상 경험과 지식에 기초한 생각과 감정에 묶인 삶을 사는 것이 아니라 우리의 혼이 소생케 되어 하나님의 영을 나타내는 그리스도 의식으로 살아감으로써) 우리의 생각과 감정이 새롭게 되는 것을 경험해야 한다. 이것이 바로 우리 안에 하나님의 나라가 임했기 때문에, 뜻이 하늘에서 이루어진 것같이 땅에서도 이루어지도록 하는 두 차원의 삶이다. 이 삶이 예수님의 재림 때 심판의 기준이며, 이 삶을 살지 못할 때 우리는 심판을 받게 되는 것이고, 천국 혼인잔치에 참여하지 못하게 되는 것이다.

예수 그리스도를 사변적으로, 또는 율법적으로 믿는 자(거짓자아 의식)의 관점으로 본다면 믿음뿐만 아니라 삶의 열매가 있어야 구원을 받게 된다는 식으로 말할 수밖에 없다. 그러나 그리스도 안에서 하나님의 자녀가 된 관점(그리스도 의식)으로 하나님과의 생명적 관계적 측면에서 본다면, 영혼 없는 몸이 죽은 것과 마찬가지로 행함 없는 믿음이 죽은 믿음이라는 것은 당연한 말이다(약 1:22-23, 2:26). 우리는 구원을 이루어가는 것을 믿음과 열매의 관점으로 판단하고자 한다. 하지만 하나님의 관점에서 볼 때 그분의 절대적 주권과 성령의 역사는 새로운 피조물이 된 우리와 그분과의 생명적인 관계와 그 관계로 우리의 평범한 삶에 나타나는 하나님의 성품과 지혜와 능력을 기준으로 보아야 한다.

이와 더불어, 현재적 하나님나라의 속성인 '이미 그러나 아직'의 개념을 단지 시간적 관점이 아닌 차원적 그리고 법정적, 현재적 관점으로 본다면, 칭의는 법정적, 선언적 의미일 뿐만 아니라 본질적으로 새로운 태생과 신분을 갖게 되는 관계적 의미를 포함한다는 것을 알 수 있다. 칭의 안에는 성화가 당연히 수반되는 것이다. 타락한 혼의 자유의지가 아니라 하나님의 영 안에 거하는 혼의 자유의지로 (새 언약 안에 거하면서) 주와 생명적 관계를 통해 주의 뜻과 성품을 나타내는 삶은 지극히 당연하며 뿐만 아니라 포도나무에 포도가 맺히고 사과나무에 사과가 맺히듯 지극히 자연스러운 것이다(마 6:10 ; 벧전 2:9). 그러나 이것을 다시 순종과 윤리의 관계로 보고 해석하여 구원받은 자도 타락할 수 있다는 것을 강조하기 위해서 칭의가 최후의 심판 때까지 유보되었다고 보는 것은 하나님 자녀로서의 정체성을, 즉 일관된 주체 의식을 가지지 못한 결과이다. 즉 칭의에 대해서는 그리스도 의식으로, 성화에 대해서는 거짓자아 의식으로 해석하는 것일 뿐이다. 그래서 과거에 믿음으로 예수를 주로 고백하여 칭의 또는 구원을 받았다고 하더라도, 종말의 칭의 또는 구원의 완성에 이르지 못하고 탈락할 수 있다고 보는 것이다. 그야말로 하나님의 전적인 은혜로 구원받은 자가 그리스도를 믿지만 그리스도 안에 거하지 않고 그리스도 밖에서 구원을 보는 격이다. 칭의와 성화의 주체 의식을 분별하지 못하고, 거짓자아의 의식으로 성화를 바라본 결과이다.

구원받은 자의 칭의와 성화에 따른 진정한 주체 의식을 제대로 견지하지 못하기 때문에 생긴 이러한 주장은 하나님의 은총, 성령님의 내주 동행의 역사 그리고 성도의 견인을 약화시키고, 오히려 그리스도인이 윤리적으로 의롭고 거룩한 삶을 살아야 구원을 받을 수 있다는 오해를 불러일으키고 말았다. 구원받은 자가 그런 삶을 살지 않아도 된다는 것이 아니라, 그리스도 안에서 소생된 혼이 주를 나타내고자 하는 갈망함은 자연스러운 자유의지이지 그리스도를 믿는 자가 여전히 타락한 혼의 자유의지로 지키고 이루어내어야 할 의무나 책임이 아니라는 것이다.

유보적 칭의론이 사실이 아니지만 그렇다고 해서 "하나님의 선택받은 백성에 속하는 사람이 마지막에 멸망하거나 버림받는 것은 불가능하다"라는 주장도 옳지 않다. 이렇게 말하는 것은 법정적 관점과 현실적 관점으로 인간 영혼몸의 존재적 변화에 대해서 정확히 알지 못하기 때문이다. 만약 이렇게만 주장한다면, 예수님께서 재림의 때의 심판에 있어 단지 구원받지 못한 자뿐만 아니라 구원을 받았지만 온전한 구원을 이루어가지 못한 자도 심판에 포함된다는 말씀에 배치된다. 이것을 처음부터 구원받지 못한 것이라고 치부한다면 그것은 우리가 성경을 자의적으로 해석하는 것뿐이다.

한 번 구원을 받은 자도 구원에 이르지 못할 수 있는가? 성경은 "그렇다"라고 말씀하고 있다. 그러나 거짓자아의 관점에서 본 의로운 행위와 윤리 도덕적 삶을 살지 않았기 때문에 구원의 탈락에 이르는 것이 아니라(의로운 행위와 윤리 도덕적 삶을 살지 말라거나 살지 않아도 괜찮다는 것이 아니라) 그리스도 안에서 새로운 혼의 자유의지로 주를 나타내는 삶을 살지 않았기 때문에 탈락되는 것임을 명심해야 한다.

[고전 9:26-27] 그러므로 나는 달음질하기를 향방 없는 것 같이 아니하고 싸우기를 허공을 치는 것 같이 아니하며 내가 내 몸을 쳐 복종하게 함은 내가 남에게 전파한 후에 자신이 도리어 버림을 당할까 두려워함이로다

마지막으로 올바른 구원 교리를 붙들고 현실에서 온전한 그리스도 인의 삶을 살기 위해서는 다음 두 가지를 유념할 필요가 있다. 첫째, 칭의는 "오직 믿음으로 주어지는 하나님의 은혜이며, 그리스도의 의가 우리에게 전가되었고, 하나님의 자녀가 되었기 때문에, 이제는 하나님 나라의 시민권을 가진 자가 되었다"라는 것을 믿는 것이 아니라, 실제 그리스도 안에서 성령님을 통하여 이 칭의를 누려야 한다는 것이다. 복음은 인식의 변화가 아니라 새로운 의식을 가지고 누리는 것이기 때문이다. 그렇다면 우리 스스로에게 질문해보아야 한다. 구원 전의 나(자아, 존재)와 구원 후의 나의 차이가 있는가 없는가? 있다면 생각(인식)의 차이인가? 본질(의식)의 차이인가?

둘째, 칭의, 성화, 영화에 이르는 인간 구원의 여정을 새 언약에 기초하여, 영혼몸의 구원을 시간적 관점에서 뿐만이 아니라 법정적·현실적 관점과 더불어 차원적 관점으로 통전적으로 볼 수 있는 영적 안목이 필요하다. 현실적으로 영의 구원을 통해 새로운 피조물이 된 우리는(그것을 믿는 것이 아니라 그렇게 된 우리가) 그리스도 의식으로 성령을 통하여 주를 나타내는 하나님의 하루를 살아가야 한다. 그렇다면 우리는 다시 스스로에게 질문해보아야 한다. 우리는 '지금 이 순간 여기'에 대해서 어떤 생각을 가지고 있는가? '지금은 아니지만 언젠가는'이라는 사고방식으로 추구하는 삶을 살고 있는가? 아니면 지금 이 순간 여기에서 영원한 현존 가운데 계신 주님과 생명적으로 연결되어 주를 드러내는 삶을 살고 있는가? 당신은 여전히 크로노스(Chronos) 시간에 묶여 있는가? 아니면 크로노스 안에서 카이로스(Kairos) 시간을 누리는가?

타락한 인간의 자유의지는 결코 구원의 수단이 될 수 없으며, 구원은 전적인 하나님의 은혜와 사랑 그리고 공의에 기초한 하나님의 선택과 예정으로 이루어지는 것이다. 그러므로 구원받은 인간은 타락한 혼의 자유의지로 과거처럼 살 것이 아니라(자신의 생각과 감정을 진리와 자신으로 받아들이고 살아가는 것이 아니라), 늘 성령과 말씀의 도우심을 통하여 그리스도의 영 안에 거함으로써 주를 나타내고자 하는 소생된 혼의 자유의지로 주와 생명적 관계 속에서 그분의 형상을 드러내는 삶을 살아야 한다. 다시 한번 강조하자면, 스스로 존재하고자 하는 거짓자아의 자유의지로(여전히 타락한 혼의 자유의지로) 주님의 말씀을 지키고 행하는 것이 아니라, 하나님의 영에 속한 소생된 혼이 자유의지로 주를 나타내는 삶을 사는 것이다. 즉 거짓자아로 주의 말씀을 지키는 것이 아니라 그리스도 안에 하나님의 의로서 주의 말씀을 이루는 삶을 사는 것이다.

신약에서 저자들이 강조하는 수많은 말씀들이 우리에게 바로 이런 삶을 요구하고 있는 것이다. 주로 서신서에서 등장하는 이와 같은 말씀들은, 구원을 받았기 때문에 이제는 말씀을 지키고 행하는 삶을 살아야 한다고 말씀하는 것처럼 보이지만, 사실은 이 모든 말씀들이 타락한 혼의 자유의지가 아니라 그리스도 안에 있는 자로서 새롭게 된 혼의 자유의지에 호소하는 것이다. 우리는 지속적으로 이런 삶을 살도록 믿음의 주요 우리를 온전하게 하시는 예수를 의지하며, 믿음의 선한 싸움을 해나가야 한다. 그러나 이 말은 동시에 우리가 살아가는 동안에 그렇게 살지 못하는 때도 얼마든지 있을 수 있다는 것을 의미하기도 한다.

[히 12:2] 믿음의 주요 또 온전하게 하시는 이인 예수를 바라보자 그는 그 앞에 있는 기쁨을 위하여 십자가를 참으사 부끄러움을 개의치 아니하시더니 하나님 보좌 우편에 앉으셨느니라

[약 1:2-4] 내 형제들아 너희가 여러 가지 시험을 만나거든 온전히 기쁘게 여기라 이는 너희 믿음의 시련이 인내를 만들어 내는 줄 너희가 앎이라 인내를 온전히 이루라 이는 너희로 온전하고 구비하여 조금도 부족함이 없게 하려 함이라

여러 가지 시험이 왜 오는가? 그것은 성령에 감동받은 우리의 혼이 예수 그리스도를 받아들임으로 인하여 우리가 구원을 받았고, 그 결과 하나님의 영이 우리 안에 계심으로 우리의 본질은 변했지만, 그렇다고 해서 우리의 혼이 지속적으로 하나님의 영과 말씀의 인도함을 받는 것은 아니기 때문이다. 왜냐하면 태어나서 구원을 받을 때까지, 아니 이 땅에 몸이 있는 동안에는 계속해서 세상 신, 전통과 관습, 이 세상의 풍조, 초등학문, 부모의 유전 등의 영향을 받아왔고 받아갈 것이기 때문이다. 그것이 바로 우리가 쉬지 말고 성령 안에서 기도해야 하고, 믿음의 선한 싸움을 싸워야 하는 이유이며 두렵고 떨리는 마음으로 우리의 구원을 이루어가야 하는 이유이다.

우리 삶의 시험과 고통은 마귀가 우리를 도둑질하고 죽이고 멸망시키려는 것이지만, 그리스도 안에 있는 자아를 가진 자에게 있어서는 거

짓자아로부터 벗어나(우리의 혼이 자기를 부인하고 자기십자가를 짊으로써) 그리스도 안에 거하고(참자아를 체험하고), 그의 나라와 의를 구할 수 있는 기회와 수단이 되는 것이다. 바로 문제로부터의 해방과 자유가 아니라 그 문제에 대해서 생각하는 거짓자아로부터의 해방과 자유를 누리는 것이다. 그 결과가 바로 하나님나라의 상태이다.

[롬 14:17] 하나님의 나라는 먹는 것과 마시는 것이 아니요 오직 성령 안에 있는 의와 평강과 희락이라

따라서 우리의 의식(혼)은 늘 성령을 통하여 자신의 생각과 감정에서 벗어나 그리스도 안에 거해야 하며, 주의 사랑과 생명의 말씀을 자신의 심중(heart)에 기록함으로써 우리의 몸(마음과 신체)을 새롭게 하는 삶을 살아야 한다. 다시 말하지만, 이 삶의 핵심은 하나님의 영의 인도함을 받지 못하는 혼(자아의식)으로 주의 말씀을 지키고 행하려고 하는 것이 아니라(이 자유의지가 아니라), 먼저 하나님의 영의 인도함을 받는 그리스도 의식(혼)이 그분의 의를 나타내고자 하는 자유의지를 갖는 것이다.

그런 의미에서 시험과 고통은 하나님이 대신 해결해주셔야 하는 그 무엇이 아니라, 거짓자아를 부인함으로써 그리스도 안에 있는 진짜 나를 발견할 수 있는 기회이며, 하나님의 자녀로서 하늘에서 이미 이루어진 뜻을 이 땅에 나타내는 삶을 사는 기회인 것이다. 그런데 많은 경우, 거짓자아와 그리스도 안에 있는 자아를 제대로 구별하지 못하고, 우리 자신(거짓자아)의 의지와 결단을 통해 문제를 해결하거나 이겨내야 하는 것으로 생각한다. 그리고 우리 자신의 의지로 이러한 인내를

이루지 못하면 구원은 실패로 끝날 수밖에 없다고 생각한다. 도대체 어떤 자의 의지인가? 타락한 혼의 의지인가? 아니면 하나님의 영에 의하여 소생케 된 혼의 의지인가?

지금도 마귀는 거짓자아가 우리 자신인 것처럼 속이고, 자신의 생각과 감정에 묶여 있는 타락한 혼의 자유의지를 통해 선을 행하도록 하거나, 혹은 범죄하도록 한다. 그러나 하나님의 자녀인 우리는 자신의 상황이나 처지와 상관없이 예수 그리스도 안에서 자신이 누구인지를 알고 소생된 혼의 자유의지로 믿음의 선한 싸움을 싸워 나가야 한다. 그러나 그 싸움은 결과가 아직 정해지지 않은 것이 아니다. 이미 승리한 싸움을 싸우는 것이다. 구원을 얻지 못할 수도 있다는 불안과 두려움으로 열심히 선한 행실을 하며 살아가는 것이 아니라, 우리는 이미 구원받은 자로서 주의 영광을 드러내기 위한 자유의지로 하나님의 의를 더 드러내기 위해서 끝까지 인내하며 살아가는 것이다. 그것이 바로 하나님 자녀의 본질이기 때문이다. 예수님의 재림의 때 천국 혼인잔치를 기쁨으로 기대하고 소망하며, 내 안에 계신 주를 나타내는 삶을 사는 것이지, 혹시 그 잔치에 참여하지 못할까봐 두려워하며 신앙생활을 하는 것이 아니다.

[요일 4:4] 자녀들아 너희는 하나님께 속하였고 또 그들을 이기었나니 이는 너희 안에 계신 이가 세상에 있는 자보다 크심이라

[요일 5:4] 무릇 하나님께로부터 난 자마다 세상을 이기느니라 세상을 이기는 승리는 이것이니 우리의 믿음이니라

[벧후 1:3-4] 그의 신기한 능력으로 생명과 경건에 속한 모든 것을 우리에게 주셨으니 이는 자기의 영광과 덕으로써 우리를 부르신 이를 앎으로 말미암음이라 이로써 그 보배롭고 지극히 큰 약속을 우리에게 주사 이 약속으로 말미암아 너희가 정욕 때문에 세상에서 썩어질 것을 피하여 신성한 성품에 참여하는 자가 되게 하려 하셨느니라

구원을 받았기 때문에 거짓자아의 자유의지로 결단하고 인내하고 훈련받고 구원을 완성시켜 나가는 것이 아니다. 하나님나라의 복음이 말하는 것은 결코 이런 삶을 살라는 것이 아니다. 하나님의 영에 속한 혼(의식)이 주의 말씀을 나타내고자 하는 자유의지로 주의 영광을 드러내는 거룩한 삶을 사는 것이다. 그때마다 핍박과 어려움, 고통과 고난 등이 있을 수 있다. 우리는 그것을 인내하고 견뎌내지만 단지 자신을 지키기 위해서, 또는 하나님께 순종하기 위해서가 아니라 먼저 하나님의 영광 안으로 들어가기 위한 수단이 되어야 한다. 내 거짓자아로부터 벗어나는 수단이 되는 것이다. 할렐루야!

[롬 8:17] 자녀이면 또한 상속자 곧 하나님의 상속자요 그리스도와 함께한 상속자니 우리가 그와 함께 영광을 받기 위하여 고난도 함께 받아야 할 것이니라

[딤전 4:7-8] 망령되고 허탄한 신화를 버리고 경건에 이르도록 네 자신을 연단하라 육체의 연단은 약간의 유익이 있으나 경건은 범사에 유익하니 금생과 내생에 약속이 있느니라

그렇지만 이러한 삶을 사는 것이 쉬운 일은 아니다. 왜냐하면 우리는 처음부터 죄악 가운데서 태어났고, 우리의 잠재의식 안에 자신의 한계 짓는 믿음체계와 욕구에 기초한 믿음체계가 여전히 남아 있고, 세상의 유혹과 두려움에 물든 수만 가지 경험들이 뇌와 몸에 남아 있고, 세상 마귀들이 여전히 우는 사자처럼 돌아다니며 우리에게 두려움을 주고 유혹하고 있기 때문이다. 그렇기 때문에 이미 천국 티켓을 가지고 열차에 올라탄 자라도 자신이 누구인지, 자신이 지금 어디에 있는지를 알지 못하면 유혹에 이끌려 열차에서 내리기 십상이다. 그 말은 그리스도 안에서 마음의 생각과 감정을 있는 그대로 보지 못하고(말씀에 기초하여 생각하거나 느끼지 못하고) 거짓자아가 주체가 되어 자신의 생각이나 감정에 사로잡히게 된다는 것이다.

　그러나 우리가 명심해야 할 것은 우리에게는 시간의 관점에서의 소망뿐만 아니라 차원의 관점에서의 소망이 있다는 것이다. 그것이 바로 '산 소망'(a living hope)이다. 설령, 그렇게 살지 못했다 할지라도 자책하지 말고, 포기하지 말고, 다시 일어서야 한다(롬 7:25, 8:1). 왜냐하면 우리 안에 계신 예수님께서 중보자로 계셔서 우리가 회개할 때 죄를 사하시고(요일 1:9), 하나님 아버지의 선하심과 인자하심이 우리를 결코 포기하지 않으시고 끝까지 우리를 붙드시기 때문이다. 그렇기 때문에 우리는 날마다 성령 안에서 진리의 말씀을 먹고 체험함으로써 이 땅에서 하나님의 나라를 경험하는 것이다. 이 삶의 여정이 바로 혼의 구원을 이루어가는 것이다.

　혼의 구원을 이루어가는 핵심 비밀은 나에게 어떤 일이 일어나는가, 그리고 그것을 어떻게 해결하는가에 달린 것이 아니라 먼저 내가 누구인지를 알고 그리스도 안에 거하는 것이다. 이를 통해 나의 문제를 해결하는 것이 아니라 하나님의 뜻을 이루는 삶을 사는 것이다. 그것이 바로 그의 나라와 의를 구하는 것이다(마 6:33). 이것의 궁극적인 목표는 바로 그리스도의 형상으로 회복되는 것이다. 그 말은 그분의 영광이 우리의 혼과 몸을 온전히 사로잡는 것이고, 우리는 온전히 사로잡히는 것이다.

[엡 4:15] 오직 사랑 안에서 참된 것을 하여 범사에 그에게까지 자랄지라 그는 머리니 곧 그리스도라

[골 3:10] 새사람을 입었으니 이는 자기를 창조하신 이의 형상을 따라 지식에까지 새롭게 하심을 입은 자니라

[고후 3:18] 우리가 다 수건을 벗은 얼굴로 거울을 보는 것 같이 주의 영광을 보매 그와 같은 형상으로 변화하여 영광에서 영광에 이르니 곧 주의 영으로 말미암음이니라

[요일 4:17) 이로써 사랑이 우리에게 온전히 이루어진 것은 우리로 심판 날에 담대함을 가지게 하려 함이니 주께서 그러하심과 같이 우리도 이 세상에서 그러하니라

오늘날 수많은 설교와 가르침이 이 부분을 정확히 알려주지 않아 다음과 같이 한쪽으로 치우친 진리를 가르치고 있다. 한편에서는 한 번

구원은 영원한 구원이라고 가르치며, 구원을 이루어가는 실제적인 삶
(하나님나라에서의 법정적, 차원적인 삶)에 대해서 제대로 가르치지 않는다.
다른 한편에서 하나님께서는 완전한 구원의 길을 마련해놓으셨지만
우리가 불순종하거나 마귀에게 속아 넘어지게 되면 그 구원은 수포로
돌아가기 때문에, 구원을 이루어가도록 더욱 성령의 지혜를 구하고 절
대적으로 순종하고 복종함으로 죄를 짓지 않는 변화된 삶을 살아가도
록 노력해야 한다고 가르친다. 양쪽 다 성경의 부분적인 진리를 강조
하다가 통전적인 진리를 놓치고 있다. 또한 양쪽 다 현재적 하나님나
라에서의 인간의 존재적 변화와 그에 따라 무엇을 어떻게 해야 하는지
제대로 알려주지 않고 있다. 이러한 방식의 가르침은 결국 구원으로 인
한 내 존재의 변화를 알지 못한 채 구원받은 이후에도 구원 전의 나와
동일한 내가 의지적으로 다른 삶을 살아야 한다고 느낄 수밖에 없다.
결국 행위보상적인 사고방식으로 구약적인 삶을 살게 되는 것이다.

7. 현재적 하나님나라에서의 자녀의 삶

오늘날 우리 신앙에 있어 가장 큰 문제는 인간 중심적인 관점의 가
르침이 난무하고 있다는 것이다. 수많은 기독교 서적들도 세상적인 책
들과 별반 다를 바가 없어 보인다. '무엇을 위한 몇 가지 방법과 훈련'
또는 '무엇을 위해서는 이렇게 하면 된다' 식의 책들이 판을 친다. 우리
는 "믿으라"는 말은 많이 하지만, "죽으라"는 말은 하지 않는다. 어떻
게 어떻게 취하면 된다는 말은 해도 "놓아버려라" 또는 "주님께서 이미
이루신 것을 누려라"라는 말은 하지 않는다. 그런데 그리스도인으로서

제대로 살고 싶다면, 우리는 먼저 제대로 죽는 것을 배워야 한다. 예수님께서 왜 죽고자 하는 자는 살고 살고자 하는 자는 죽을 것이라고 말씀하셨을까? 왜냐하면 어떻게 죽어야 하는가가 바로 어떻게 다시 태어나서 새로운 삶을 살아야 하는지 알려주기 때문이다. 이것이 기독교의 핵심이고 실천적인 면에서 우리가 매일 훈련해야 할 영성 47 의 두 가지 길이다.

현재적 하나님나라에서 혼의 구원을 이루어가는 삶을 살기 위한 훈련은 크게 자기부정의 길과 자기긍정의 길로 생각해볼 수 있다. 즉 거짓자아의 관점에서는 자기부정의 길이 되고(마 16:24), 그리스도 안에 있는 자아의 관점에서는 자기긍정의 길이 될 것이다(마 6:10).48 기독교 역사를 보면 각자의 전통에 따라 어느 한쪽에 치우친 면이 있었다. 하지만 영원한 하나님나라를 본향으로 두고 지금 이 순간 여기 이 땅에 몸을 두고 살아가는 하나님의 자녀로서 그리스도 안에서 자유함을 누리는 삶을 살기 위해서는 두 가지 훈련이 항상 병행되어야 한다. 왜냐하면 하나님의 영에 속한 우리의 혼이 몸에 머무는 동안에는 완전한 해방과 자유가 없기 때문이다. 실제적인 훈련법은 이 책이 다루는 주제의 범위를 벗어나기에 영성의 두가지 길의 개요 정도만 간단히 소개하고자 한다.

---

47 여기에서 '영성'(spirituality)이라는 말은 하나님 자녀의 평범한 일상의 삶에서 하나님의 영광이 드러나는 것에 국한하여 말한 것이다. 요한복음 14장 10절을 참고하라.

48 자기부정의 길과 자기긍정의 길을 좀 더 자세히 이해하기 위해서는, 본서 4장 섹션 3의 '구원 전후 인간 존재의 상태에 대한 다양한 명칭들' 중 단락 3) '속사람과 겉사람'의 내용을 참고하라.

[고후 5:6-9] 그러므로 우리가 항상 담대하여 몸으로 있을 때에는 주와 따로 있는 줄을 아노니 이는 우리가 믿음으로 행하고 보는 것으로 행하지 아니함이로라 우리가 담대하여 원하는 바는 차라리 몸을 떠나 주와 함께 있는 그것이라 그런즉 우리는 몸으로 있든지 떠나든지 주를 기쁘시게 하는 자가 되기를 힘쓰노라

(1) 자기부정의 길

우리는 살아가는 동안 두 가지의 죽음을 항상 안고 살아야 한다. 그래야 주의 뜻을 이루는 삶을 살 수 있기 때문이다. 첫 번째 죽음은 늘 기억하고, 두 번째 죽음은 늘 직면하면서 살아야 한다. 첫 번째 죽음은 예수 그리스도의 죽으심과 부활하심에 연합함으로(믿음으로) 구원을 받았을 때, 옛사람이었던 과거의 내가 죽고 그리스도 안에서 새사람으로 다시 태어났다는 진리이다. 이 죽음과 중생을 통하여 우리의 태생과 신분이 변화된 것이다.

두 번째 죽음은 첫 번째 죽음으로 재창조된 새로운 피조물의 신분대로 살아가기 위해서 매일 죽는 삶을 말한다. 사도 바울이 "나는 날마다 죽노라"(고전 15:31)라고 했을 때의 그 죽음이다. 사도 바울은 왜 날마다 직면하는 이 죽음을 자랑했을까? 바로 자신을 포기하는 만큼 주님께서 자신을 통해 나타나시기 때문이다. 구원을 얻은 자는 자신의 생각과 감정 그리고 몸이 자신이라고 여기는 거짓자아에서 벗어나기 위해서 늘 믿음의 선한 싸움을 싸워야 한다. 그것이 바로 자기를 부인하고 자기십자가를 지는 삶으로 두 번째 죽음을 경험하는 것이며 구원을 이루어가는 삶이다.

318

[고전 15:31] 형제들아 내가 그리스도 예수 우리 주 안에서 가진 바 너희에 대한 나의 자랑을 두고 단언하노니 나는 날마다 죽노라

이 두 가지의 죽음을 가장 잘 설명한 성경 구절은 바로 고린도후서 4장 10-11절과 갈라디아서 2장 20절의 말씀이다.

[고후 4:10-11] 우리가 항상 예수의 죽음을 몸에 짊어짐은(첫 번째 죽음) 예수의 생명이 또한 우리 몸에 나타나게 하려 함이라 우리 살아 있는 자가 항상 예수를 위하여 죽음에 넘겨짐은(두 번째 죽음) 예수의 생명이 또한 우리 죽을 육체에 나타나게 하려 함이라

첫 번째의 죽음은 예수의 죽음에 믿음으로 연합함으로써 구원을 받는 것이다. 예수 그리스도를 믿음으로 죄의 형벌로부터 자유함을 얻고 영생을 얻는 것이다. 이것은 자신의 몸이 지은 죄와 고통과 괴로움과 상관없다. 오직 예수 그리스도를 믿음으로 하나님의 은혜로 주어지는 것이며, 그리스도 안에서 하나님의 의가 되는 것이다(고후 5:21).

그러나 두 번째 죽음은 그리스도 안에서 새로운 피조물로서, 자신의 몸을 죽여가는 삶을 살아가는 것이다. 혼이 몸의 종노릇에서 자유함을 얻는 것이다. 바로 거짓자아를 부인하고 자기십자가를 지는 삶이다. 그럴 때 우리는 세상으로부터, 그리고 세상 신으로부터 자유함을 누리게 된다. 다른 말로는 "예수를 위하여 죽음에 넘겨지는 것이다." 우리의 혼은 그렇게 할 수도 있고 안 할 수도 있는 자유의지가 있다. 즉, 우리는 여전히 과거의 습관과 행동대로 살 수도 있고, 하나님을 나

타내는 삶을 살 수도 있다. 다른 말로, 우리의 영은 구원받을 때 성령님의 역사로 한순간에 새로운 피조물이 되었지만, 우리의 혼은 과거와 똑같이 자신의 생각과 감정에 종노릇할 수도 있고, 반대로 하나님의 생명의 말씀에 사로잡혀 그리스도 의식으로 주의 말씀의 실체를 경험하는 삶을 살 수도 있다.

지금 언급한 '죽었고 죽어가야 하는 삶'은 신학적으로 칭의와 성화로 비유될 수 있을 것이다. 이 두 죽음(칭의와 성화)은 동전의 양면과 같아서 논리적으로는 구분될 수 있어도 시간적으로나 차원적으로는 구분될 수 없으며 언제나 함께한다. 지금 내가 그리스도인으로 존재하는 것은 첫 번째 죽음 위에 있기 때문이고, 하나님의 자녀로 살아가는 것은 두 번째 죽음을 경험하고 있기 때문이다.

고린도후서 4장 10-11절의 말씀은 갈라디아서 2장 20절의 말씀과 병행을 이루고 있다. 고린도후서 4장 10절의 말씀은 갈라디아서 2장 20절의 (a)를 나타내고, 고린도후서 4장 11절은 갈라디아서 2장 20절의 (b)를 나타내고 있다.

[갈 2:20] (a) 내가 그리스도와 함께 십자가에 못박혔나니 그런즉 이제는 내가 사는 것이 아니요 오직 내 안에 그리스도께서 사시는 것이라 (b) 이제 내가 육체 가운데 사는 것은 나를 사랑하사 나를 위하여 자기 자신을 버리신 하나님의 아들을 믿는 믿음 안에(하나님의 아들 안에 있는 믿음으로, 저자 주)서 사는 것이라

두 구절을 합쳐서 보면 더 분명하게 알 수 있다. "우리 살아 있는 자

가"(고후 4:11)는 "이제 내가 육체 가운데 살기 위해서는"(갈 2:20b) "항상 예수를 위하여 죽음에 넘겨져야"(고후 4:11, 두 번째 죽음) 한다는 것이다. 이 삶이 바로 자기를 부인하고 자기십자가를 지는 삶을 사는 것이며, 예수 그리스도 안에 있는 믿음으로 살아가는 것이다(갈 2:20b). 새롭게 된 자아가 이 땅에서 하나님나라의 삶을 살아가는 동안 거짓자아는 날마다 고통과 괴로움과 두려움을 겪는다. 우리가 해야 할 일은 우리의 믿음으로 그것을 이겨나가는 삶이 아니라, 거짓자아가 내가 아니라는 진리를 깨닫고 체험하는 것이며, 더 나아가 하나님의 나라와 의를 구하는 삶을 사는 것이다. 옛자아가 이미 죽었음을 늘 기억하고 매순간 거짓자아를 부정하는 길, 이것이 바로 우리가 매일 걸어가야 할 자기부정의 길이다.

(2) 자기긍정의 길

한편, 자기를 부정하고 자기십자가를 지는 것을 훈련하면 할수록 그리스도의 영의 인도함을 받는 그리스도 의식을 더 누리게 된다. 이것은 거짓자아로 그리스도 의식이 무엇인지 이해하고자 하거나 추구하여 성취하는 것으로는 결코 알 수 없고 누릴 수도 없다. 자기를 부인하고 자기십자가를 진 후에 하나님의 영 안에 거할 때 비로소 누릴 수 있는 하나님과의 관계적 상태이다. 이것은 성령님의 역사로 긍정적 자아의식의 상실 상태에 이르는 거짓자아의 죽음을 통해서 체험될 수 있다. 이 상태는 과거의 경험과 지식에 기초한 생각과 감정으로, 상상의 이야기로 만들어진 나와 현실이 존재하지 않는다는 것을 믿는 것이 아니라 우리의 실재가 지금 이 순간 여기뿐이라는 실존적 체험과 선험적 조건을 뛰어넘은 영원한 현존 상태에 거하는 것이다. 한마디로 몸으로 존재하고 있지만 우리의 혼이 하나님의 영에 사로잡힌 상태를 의미한다.

[골 3:1-3] 그러므로 너희가 그리스도와 함께 다시 살리심을 받았으면 위의 것을 찾으라 거기는 그리스도께서 하나님 우편에 앉아 계시느니라 위의 것을 생각하고 땅의 것을 생각하지 말라 이는 너희가 죽었고 너희 생명이 그리스도와 함께 하나님 안에 감추어졌음이라

타락한 혼이 자신의 생각과 감정을 자신과 동일시하고 심리적 시간과 상상으로 만든 상상의 이야기를 자기로 믿는 거짓자아로부터 벗어난다는 것은 생각 이전에 이미 존재하는 모든 것들을 지금 이 순간 여기에 있는 그대로 받아들이는 의식이다. 우리의 실재는 지금 이 순간 여기에만 존재하기 때문에49, 내가 만든 시공간이 사라지는 그때 비로소 하나님의 생명 안에서 그리스도 의식을 가질 수 있기 때문이다.50 우리가 어떤 사실이나 대상을 있는 그대로 본다고 생각하지만, 진실은 내 과거의 경험과 지식에 기초한 생각으로 투사하고 인식하는 것뿐이

---

49 우리는 실제 세계에 산다고 믿고 있지만, 사실은 현실에 대한 자신의 생각과 감정으로 만든 가공세계에 살고 있다. 우리는 살아가면서 우리의 의식(혼)이 자신의 경험과 지식에 기초하여 프로그램된 대로 올라오는 생각과 감정을 선택하며 나를 만들어가고 세상을 판단하는 것이다.

50 성령님께서 강력하게 임하실 때 (사람에 따라 차이는 있을 수 있지만) 비로소 내가 만든 가공세계가 사라지는 새로운 경험을 하게 된다. 일종의 타락한 혼이 만든 자아상실을 경험하는 것으로, 거듭난 자의 경우 그때 하나님의 임재하심을 체험하게 된다.

다.51 다른 말로, 당신이 믿은 대로 거두고 있는 것이다. 내(거짓자아)가 모든 경험의 주체가 되는 것이 아니라 그리스도 의식 안에서 모든 삶의 사건들이 경험되어지는 것이다. 그럴 때 우리는 타락 전에 누렸던 세 가지 의식을 가지게 된다.

첫 번째, 성부 안에서 무조건적인 사랑을 체험하고 누리는 '사랑 의식'이다(눅 15:20). 그 말은 모든 죄책감과 두려움으로부터 벗어난 상태이며, 하나님의 의와 평강과 희락을 누리는 의식이다(롬 14:17).

두 번째, 예수 그리스도 안에서 하나님의 모든 것이 이미 있는 것을 알고 누리는 '있음 의식'이다(눅 15:22). 하나님과의 분리 후에 가지게 된 결핍과 부족을 스스로 채우고자 하는 추구와 욕망이 없는 상태이며, 주님의 모든 것을 나타내고자 하는 갈망 의식이다(눅 15:31).

세 번째는 성령 안에서 하나님의 영광을 이 땅에 드러내고자 하는 '창조 의식'이다(눅 15:23-24). 자아실현에 따른 공허함, 상실감, 그에 따르는 수치심이 없는 상태이고, 뜻이 하늘에서 이루어진 것같이 땅에서도 이루어지도록 하고자 하는 의식이다(요 14:10). 이 세 가지 의식이 하나님의 영 안에서 소생된 혼이 자유의지로 하나님을 나타내고자 하는 '영광 의식'이다.

---

51 일례로 당신 앞에 컵이 있다고 가정해보자. 당신은 그것을 보자마자 컵이라고 생각하고 말한다. 왜 당신은 그것을 컵이라고 말하는지 질문하면, 컵이기 때문에 컵이라고 말하지 그럼 무엇이라고 말해야 하느냐고 반문할 것이다. 다시 생각해보라. 당신은 지금 이미 당신의 경험 속에 있는 것에 기초하여 투사하고 그것을 인식한 것뿐이다. 자아의식이 만들어진 후에 모든 것을 그렇게 보고 판단하는 것이다. 모든 문제는 우리 안에 있는 것이지, 우리 밖에 있는 것이 아님을 알아야 한다.

[사 43:7] 내 이름으로 불려지는 모든 자 곧 내가 내 영광을 위하여 창조한 자를 오게 하라 그를 내가 지었고 그를 내가 만들었느니라

우리의 혼(의식)이 거짓자아가 만든 가공세계에서 벗어나 그리스도 의식으로 깨어난다는 것은 마치 꿈이라는 것을 자각하면서 그 꿈속에서 살아가는 자신을 보는 것과 같다. 꿈속에 있는 나는(거짓자아) 시공간 안에서(과거와 미래 그리고 한 장소에서 다른 장소로 다니며) 인과법칙에 따라 다양한 일과 상황과 사건을 경험하지만, 꿈을 깨면 진정한 자신은 언제나 현존해 있는 것을 깨닫게 된다. 우리가 꿈을 꿀 때 꿈속의 내가 진짜 나인 것처럼 생각하지만 꿈을 깨면 진정한 나는 그 꿈을 있는 그대로 자각하는 존재(혼 또는 의식)이며, 그 혼이 지금 하나님의 영 안에 거하고 있는 것이다.

거짓자아는 자신이 삶을 경험한다고 착각한다. 하지만 '그리스도 안에 있는 나'는 삶이라는 꿈을 목격하고 있는 혼(의식)이다. 현재적 하나님나라에서 내 자아는 하나님의 영 안에 존재하며, 소생된 혼은 내 몸을 통하여 하나님과 세상을 경험하고 동시에 이 세상에 하나님을 나타내는 것이다. 우리의 혼이 하나님의 영원한 생명 안에 거함으로 시공간을 초월한, 더 이상 시간의 축상에서 인과법칙의 영향을 받지 않는, 그리고 자아독립적 개체라는 인식이 없는 의식상태를 경험하는 것이다. 이것은 그리스도 안에서만 누릴 수 있는 신비로, 거짓자아로부터의 해방과 자유를 누린 자만이 체험할 수 있는 하나님의 영 안에 거하는 혼(의식)의 상태이다.

예수 그리스도를 통하여 우리 안에 임한 하나님나라에서 그리스도

의식으로 주의 뜻을 이루어가는 하나님의 하루를 살아가기 위해서는 매일 상황과 처지에 따라 이 두 가지의 훈련이 필요하다. 그렇게 할 때 삶의 환난과 고난은 우리에게 거짓자아로부터 벗어나는 해방과 자유의 길을 갈 수 있게 해주고, 하나님나라에서의 그리스도 의식은 예수 그리스도 안에 있는 믿음으로 뜻이 하늘에서 이루어진 것같이 땅에서 이루어지도록 하는 삶을 살게 해준다.

> **[빌 3:10-11]** 내가 그리스도와 그 부활의 권능과 그 고난에 참여함을 알고자 하여 그의 죽으심을 본받아 어떻게 해서든지 죽은 자 가운데서 부활에 이르려 하노니

자기십자가를 지면 자기를 더 쉽게 부인하게 되고, 자기를 부인하면 자기십자가를 더 쉽게 질 수 있다. 상승작용이 일어나게 되는 것이다. 몸에 묶이는 시간보다 그리스도 안에 거하는 시간이 점점 더 많아지게 된다. 그리스도 안에서 이리 뛰고 저리 뛰고, 이 생각 저 생각 등 제멋대로 뛰노는 내 마음을 더 쉽게 볼 수 있게 되는 것이다. 문제로부터의 해방과 자유함을 누리는 것이 아니라 거짓자아로부터 해방과 자유함을 누리는 것이다. 바로 이것이 그리스도인이 하나님나라에서 누리는 평강과 기쁨이다(롬 14:17). 거짓자아의 의식은 세상을 보지만, 그리스도 의식은 세상에 묶여 있는 자기 마음을 보는 것이다. 거짓자아는 세상 신의 통치함을 받지만, 그리스도 의식은 하나님의 통치를 받는 것이다. 거짓자아는 말씀을 가지고 상황을 바꾸고자 애쓰지만, 그리스도 의식은 말씀을 가지고 자신의 마음을 변화시키고자 한다. 이것이 바

로 그의 나라와 의를 구한다는 뜻이다. 이 훈련이 되면 될수록 점차 내 혼(의식)이 마음의 생각과 감정으로부터 분리되고, 하나님 안에 거하는 것을 느끼게 될 것이다. 그리스도의 세계를 경험하는 것이다.

　이 훈련을 통하여 거짓자아가 아니라 그리스도 안에서 그리스도 의식으로 자신과 세상을 보게 되면, 어떠한 생각이나 감정도 내 존재에 아무런 영향을 미치지 않을 뿐만 아니라, 그 생각과 감정은 어떤 것이라도 하나의 경험으로 내 의식에 들어와 흘러가면서 삶을 이루는 것임을 알게 된다. 더 이상 거짓자아가 내 삶의 행위자(주체)가 되는 것이 아니라 삶 자체가 그리스도 안에 있는 내가 되는 것이다. 내가 영원히 현존하시는 그리스도 안에 거할 때 지금 이 순간 여기에서 모든 것을 온전함으로, 있는 그대로 받아들여지게 되고, 실재하는 몸으로 주님을 경험하고 그 몸으로 하나님을 나타내게 되는 것이다. 할렐루야!

1 하나님의 은혜로 믿음으로 구원을 받는다는 것은 두 차원을 포함하고 있다. 즉 하나님의 선택과 예정은 우리 영의 차원에서 일어나는 일이고, 그 성령의 감동으로 우리의 혼이 반응할 때 우리는 비로소 의지적 믿음으로 받아들이게 되는 것이다. 우리는 흔히 자유의지로 예수 그리스도를 믿음으로 구원을 받는다고 생각하지만, 사실은 성령의 역사로 인하여 믿어지는 것이다. 따라서 하나님의 섭리와 인간의 자유의지에 대한 대립적 주장은 다른 차원에서 일어나는 일을 동일한 선상의 대척점에서 대립관계로 본 잘못된 결과이다.

2 신구약 성경이 일관적으로 제시하는 하나님의 예정과 선택은 '개인주의적'(individualistic)이지 않으며 '예수 그리스도 중심적'(Christocentric)이며 '공동체적'(corporate)이다. 하나님의 예정과 선택은 온 인류를 구원하기 위한 하나님의 사랑에 기초한 은혜의 역사이다. 각 개인은 하나님께서 정하신 공동체(구약 : 이스라엘 민족, 신약 : 예수 그리스도의 몸인 교회)에 속함으로써 예수 그리스도 안에 있는 예정과 선택의 수혜자가 되는 것이다.

3 하나님의 섭리와 인간의 자유의지를 차원적으로 균형 있게 보기 위해서는, 구원 전후의 혼의 자유의지를 제대로 알아야 한다. 타락 후 혼의 자유의지는 세상 신의 뜻을 이루고자 하는(자신이 원하는 대로 살고자 하는) 자유의지이다(엡 2:2-3). 즉 그 마음에 하나님을 두기 싫어하는 타락한 자유의지이다(롬 1:21). 그러나 구원을 받은 후 혼의 자유의지는 하나님의 생명 안에서 성령의 소욕에 이끌림으로써 하나님의 영광을 드러내고자 하는 자유의지이자 동시에 자신의 생각과 감정에 묶여 과거의 습관대로 살고자 하는 자유의지가 함께하며 늘 충돌한다. 이것이 혼의 상태에 따른 속사람과 겉사람의 싸움이며, 우리가 그리스도 의식으로 살기 위해서 늘 성령과 말씀으로 믿음의 선한 싸움을 해야 하는 이유이다.

4 구원받은 자의 현실적인 삶에 기초하여, 과거에 믿음으로 예수를 주로 고백하여 칭의 또는 구원을 받았다고 하더라도, 종말의 칭의 또는 구원의 완성에 이르지 못하고 탈락할 수 있다는 유보적 칭의론이 제기되고 있다. 그러나 하나님나라의 관점에서 볼 때 그 주장은 칭의에 대해서는 그리스도 의식으로, 성화에 대해서 거짓자아 의식으로 해석하는 오류에서 나타난 것일 뿐이다. 하나님의 전적인 은혜로 구원받은 자가 그리스도를 믿지만 그리스도 안에 거하지 않고 그리스도 밖에서 구원을 이루어가는 것을 보는 것과 같다.

5 한 번 구원을 받은 자도 구원에 이르지 못할 수 있는가? 물론이다. 그러나 거짓자아의 관점에서 본 의로운 행위와 윤리 도덕적 삶을 살지 않았기 때문에 구원의 탈락에 이르는 것이 아니라(의로운 행위와 윤리 도덕적 삶을 살지 말라거나 살지 않아도 괜찮다는 것이 아니라) 그리스도 안에서 새로운 혼의 자유의지로 주를 나타내는 삶을 살지 않았기 때문에 탈락되는 것이다.

6 복음은 인식의 변화가 아니라 새로운 의식을 가지고 누리는 것이다. 따라서 우리는 우리가 구원을 받았고 하나님나라의 시민권을 가진 자가 되었다는 믿는 것이 아니라, 실제로 성령님을 통하여 그리스도 의식을 가지고 이 칭의를 누려야 한다. 그럴 때 우리의 몸으로 하나님의 의를 나타내는 성화의 삶을 살게 된다.

7 하나님께서 우리에게 마귀의 시험과 인생의 환난을 허용하시는 것은 거짓자아로부터 벗어나(우리의 혼이 자기를 부인하고 자기십자가를 짊어짐으로써) 그리스도 안에 거하고(참자아를 체험하고) 그의 나라와 의를 구할 수 있는 기회를 갖도록 하기 위해서다. 그것은 문제로부터의 해방과 자유가 아니라 그 문제에 대해서 생각하는 거짓자아로부터의 해방과 자유를 누리는 것이다. 그 결과가 바로 하나님나라의 상태이다(롬 14:17).

8 인간의 관점에서 구원의 여정을 볼 때 구원의 시작점인, 즉 구원받을 때 주어지는 영혼의 구원에 초점을 맞추지만, 하나님나라의 관점에서 본 구원의 여정은 영혼몸의 구원 모두에 초점을 맞춘다. 구원받을 때 주어지는 영의 구원이 구원 이후에 이루어가야 하는 혼의 구원으로, 혼의 구원을 이루어감으로써 종국에는 몸의 구원을 통해 완성되는 것이다. 몸의 구원은 역설적이지만 몸의 죽음을 통해서 완성된다. 왜냐하면 그리스도 안에서의 몸의 죽음은 몸의 부활을 전제로 하기 때문이다. 구원의 완성은 몸의 죽음을 통하여 시작되며, 예수 그리스도의 재림 때 몸의 부활을 통해서 영혼몸 전부가 온전하게 되는 것이다. 따라서 하나님나라의 관점에서 볼 때 하나님의 자녀의 죽음은 마지막이 아니라 영원한 구원의 여정의 클라이맥스이다. 천국 혼인잔치의 택함을 입는 것이다.

9 기독교 내 양분된 주장을 보면 한쪽은 하나님의 섭리만을 중요시하는 반면에 실제적인 삶을 어떻게 살아야 하는지 제대로 가르치지 않고, 다른 한쪽은 하나님의 섭리를 제대로 가르치지 않으면서 구원을 받았지만 우리가 불순종하거나 열심을 내지 않으면 실족할 수 있다는 것을 지나치게 강조한다. 양쪽 모두 칭의와 성화를 하나님나라의 관점에서 법적, 현실적, 차원적 관점에서 올바르게 보지 않기 때문이다. 이러한 가르침은 결국 구원으로 인한 내 존재의 변화를 알지 못한 채 구원받은 후에도 구원 전의 나와 동일한 내가 의지적으로 다른 삶을 살아야 한다고 느낄 수밖에 없다. 결국, 행위보상적인 사고방식으로 구약적인 삶을 살게 만드는 것이다.

10 혼의 구원을 이루어가는 삶을 살기 위해서는 두 가지 영성의 길이 있다. 하나는 자기부정의 길이고(마 16:24-25) 다른 하나는 자기긍정의 길이다(마 6:33). 자기부정의 길은 혼이 자신의 생각과 감정의 묶임에서 벗어나 그리스도 안으로 들어가는 길이고, 자기긍정의 길은 자신이 그리스도 안에 있는 새로운 자아라는 사실을 경험한 혼이 자신의 몸을 통해서 예수 그리스도 안에서 그분의 뜻을 나타내는 길이다.

　책을 탈고한 뒤 눈을 감고 하나님께 감사할 때 감사보다는 오히려 수십 년 신앙생활하는 동안 혼미함 속에 헤맸던 기억들이 주마등처럼 스쳐 지나갔다. 생각건대 그 흔적들 때문에 이 책을 집필하게 된 것이며 그것들이 감사의 이유라고 여겨졌다.

　처음 세례를 받고 구원을 얻었다고 믿었을 때 정말 열심히 신앙생활 했던 기억이 지금도 선하다. 왜냐하면 내 삶의 상태에 따라 구원에 대한 확신이 있었다가 없었다가 했기 때문이다. 한마디로 동일한 '나'로, 그 전에는 부처 믿고 절에 다녔는데, 구원받은 후에는 예수 믿고 교회에 다닌 것이다. 나 자신을 변화시키고자 최선을 다했지만 나라는 존재는 변한 것이 없었다. 지금 생각하면, 그리스도 안에서 내가 누구인지를 체험하지 못한 채 거짓자아로 최선을 다하여 주님을 섬겼던 것이다.

　한편으로 처음 신앙생활을 할 때 가장 힘들었던 것은 성경을 읽으면 읽을수록 말씀이 서로 일관성이 없는 것처럼 느껴지고, 구원의 서정에 대해 이해하려고 하면 할수록 점점 더 모호해진다는 것이었다. 그러면 그럴수록 더 알고 싶은 욕망에, 성령님의 인도함을 받기보다는 내 자신의 경험과 지식에 기초한 생각으로 해석하고 이해하고자 노력했다. 그 일환으로 관련 서적을 많이 읽어보았지만, 그 결과 혼란만 더 가중

되었고 속시원히 정리가 되지 않았다.

되돌아보면, 하나님께서 1999년 성령 체험을 통해서 내가 누구인지를 체험적으로 알게 하신 다음 2005년부터 하나님나라에 대하여 공부하고 알리게 하셨다. 그때부터 내 심중에는 성경을 이해하고 깨닫고 누리는 새로운 기준이 생겼다. 그것은 바로 모든 말씀을 성령님의 인도하심에 따라 하나님나라의 복음에 기초하여 새롭게 보는 것이었다. 비로소 세상적 사고방식에서 벗어나 하나님나라의 사고방식(kingdom mentality)을 가지게 된 것이다.

그때부터 나에게는 엄청난 변화가 시작되었다. 성경의 말씀을 지엽적으로 보는 것이 아니라 창세기부터 요한계시록에 이르기까지 하나님나라의 관점에서 예수 그리스도의 참 빛에 비추어 통전적으로(holistic) 볼 수 있게 된 것이다. 또한 성령의 인도하심으로 거짓자아에서 벗어나 그리스도 안에 있는 새로운 피조물로서 그리스도 의식을 체험할 때 '전에는 그러나 이제는'(then… but now)이라는 개념을 통해 거듭남의 비밀이 깨달아지기 시작했고, 현재적 하나님나라의 '이미 그러나 아직'(already… but not yet)의 개념을 시간적 관점뿐만 아니라 차원적 관점으로 알 수 있게 되었다. 이를 통해 비로소 예수님께서 하나님나라의 비밀을 비유로 설명하신 이유를 이해할 수 있었다.

구원의 문제도 마찬가지였다. 알파요 오메가이신 예수 그리스도께서 어떻게 이 땅의 모형과 그림자로서 아버지가 이끌어 가시는 하나님나라를 설명하시고 그분 자신과 그분께서 하신 일을 예표하시는지를 알아가게 됨으로써, 구원이 단순히 하나님의 아들이신 예수 그리스도를 믿는 것에서부터 출발하는 것이 아니라, 그분께서 우리에게 알려주신 하나님나라 안에서의 구원의 서정을 볼 수 있게 된 것이다. 하나님께서 생명과 사랑으로 창조하신 그분의 자녀들이 온전함을 누리고 하나님의 영광을 드러내도록 하기 위해서 혼의 자유의지를 주셨고, 또한 타락한 자들이 다시 그것을 누릴 수 있는 기회를 주시기 위해 예수 그리스도를 이 땅에 보내셨다는 것을 신구약과 재림 후의 영원한 언약을 통해서 보게 하셨다.

특별히 이것을 깨달은 핵심인 영혼몸에 대한 이야기는 더더욱 그러했다. 구약과 새 언약 그리고 그 새 언약의 성취가 바로 하나님나라의 복음이라는 사실을 알게 됨으로써, 구원의 서정에 따른 우리의 존재를 영혼몸의 관점에서 분명히 알게 되었고, 구원을 이루어간다는 의미를 좀 더 정확하고 구체적으로 깨닫게 되어 삶에 적용할 수 있게 된 것이다. 가장 놀라운 사실은 한글성경 뿐만 아니라 히브리어, 헬라어 성경 그리고 여러 영어성경 역본들을 참고함으로써, 서로 다른 저자에 의해 쓰여졌지만 한 분 성령님의 인도함을 받아 썼기 때문에 놀라운 조화와 일치를 이루고 있음을 알게 되었다.

몇 차례에 걸쳐 강조한 것처럼, 이 책은 어떤 신학적인 옳고 그름을 위해서 쓴 것이 아니라 하나님나라의 복음의 관점에서 구원의 서정을 영혼몸으로 설명하고자 쓴 것이다. 나는 지금도 성경 말씀을 묵상하며 진리를 깨닫고, 그 말씀대로 체험하기에 목말라하고 있다. 따라서 본서는 하나님의 부르심을 받고 사역을 시작하고 나서 지난 20여 년에 걸친 성경공부와 묵상과 체험을 통한 지금까지의 결과를 기록한 책일 뿐이다.

본서의 모든 주장에 다 동의하지 않을지라도, 모쪼록 많은 독자들이 이 책을 통하여 하나님나라의 실제적인 삶에 대한 새로운 관점을 가지게 되기를 바라고, 이 책이 밑거름이 되어 성경의 말씀에 대한 새로운 통찰을 얻기를 소망한다. 탈고하고 나서 돌아보니 나름 일반 독자를 위해 평이하게 집필하려고 애를 썼지만, 결국 이론서에 가깝게 되어버렸다. 다음에는 '그리스도 안에 자유하기'(가칭)라는 제목으로 영성의 두 가지 길에 대한 실제적 훈련서가 필요할 것 같다. 하나님나라의 복음적 관점에서의 내적 치유, 성령님을 통한 하나님의 임재 훈련, 내면의 부정적 저항 에너지 제거하기, 자기부인과 자기십자가 지기, 그리스도 의식을 통한 하나님의 형상 회복하기, 믿음을 통한 말씀의 실체화 등이 포함될 예정이다.

마지막으로 이 책을 쓰는 동안 성령님의 절대적인 도우심을 받았지만, 그동안 수많은 신앙의 선배들에 의한 깨달음의 기록과 선포에도 많은 도움을 받았다. 이 책의 내용과 동일한, 혹은 다른 깨달음을 가졌던 모든 분들에게 이 지면을 빌어 진심으로 감사의 마음을 전하고 싶다.

[고전 13:12] 우리가 지금은 거울로 보는 것 같이 희미하나 그 때에는 얼굴과 얼굴을 대하여 볼 것이요 지금은 내가 부분적으로 아나 그 때에는 주께서 나를 아신 것같이 내가 온전히 알리라

손기철

수수께끼 같던 영혼몸의 비밀이 풀린다

초판 1쇄 발행	2021년 11월 15일
초판 7쇄 발행	2024년 7월 11일

지은이　손기철

펴낸이　여진구
책임편집　안수경 김도연
편집　이영주 박소영 최현수 김아진 정아혜
책임디자인　노지현 마영애 | 조은혜 이하은
홍보·외서　진효지
마케팅　김상순 강성민　　　**마케팅지원**　최영배 정나영
제작　조영석 허병용　　　**경영지원**　김혜경 김경희

303비전성경암송학교 유니게 과정
이슬비전도학교 / 303비전성경암송학교 / 303비전꿈나무장학회

펴낸곳　규장

주소　06770 서울시 서초구 매헌로 16길 20(양재2동) 규장선교센터
전화　02)578-0003　　팩스　02)578-7332
이메일　kyujang0691@gmail.com　　　홈페이지　www.kyujang.com
페이스북　facebook.com/kyujangbook　　인스타그램　instagram.com/kyujang_com
카카오스토리　story.kakao.com/kyujangbook
등록일　1978.8.14. 제1-22

ⓒ 저자와의 협약 아래 인지는 생략되었습니다.
이 출판물은 저작권법에 의해 보호를 받는 저작물이므로 무단 전재와 무단 복제를 할 수 없습니다.

책값　뒤표지에 있습니다.
ISBN　979-11-6504-236-3　03230

규 | 장 | 수 | 칙

1. 기도로 기획하고 기도로 제작한다.
2. 오직 그리스도의 성품을 사모하는 독자가 원하고 필요로 하는 책만을 출판한다.
3. 한 활자 한 문장에 온 정성을 쏟는다.
4. 성실과 정확을 생명으로 삼고 일한다.
5. 긍정적이며 적극적인 신앙과 신행일치에의 안내자의 사명을 다한다.
6. 충고와 조언을 항상 감사로 경청한다.
7. 지상목표는 문서선교에 있다.

하나님을 사랑하는 자 곧 그의 뜻대로 부르심을 입은 자들에게는 모든 것이 合力하여 善을 이루느니라(롬 8:28)

규장은 문서를 통해 복음전파와 신앙교육에 주력하는 국제적 출판사들의 협의체인 복음주의출판협회(E.C.P.A:Evangelical Christian Publishers Association)의 출판정신에 동참하는 회원(Associate Member)입니다.